Hanno Beck

Geld denkt nicht

Hanno Beck

GELD DENKT NICHT

Wie wir in Gelddingen einen klaren Kopf behalten

HANSER

MIX
Papier aus verantwortungsvollen Quellen
FSC® C014889
FSC
www.fsc.org

Bibliografische Information der Deutschen Nationalbibliothek
Die Deutsche Nationalbibliothek verzeichnet diese Publikation in der Deutschen Nationalbibliografie; detaillierte bibliografische Daten sind im Internet über http://dnb.d-nb.de abrufbar.

1 2 3 4 5 16 15 14 13 12

Internet: http://www.hanser-literaturverlage.de
Lektorat: Martin Janik
Herstellung: Stefanie König, Andrea Stolz
Umschlaggestaltung: Birgit Schweitzer, unter Verwendung eines Motivs von ©iStockphoto.com/limpido
Satz: Kösel, Krugzell
Druck und Bindung: Friedrich Pustet, Regensburg
Printed in Germany

ISBN 978-3-446-43202-4
E-Book ISBN 978-3-446-43301-4

INHALT

VORWORT: NARRENGOLD ODER: FRANKFURT, WIR HABEN EIN PROBLEM

Der 1. Oktober 1998 war mein erster Arbeitstag als Finanzjournalist einer großen deutschen Tageszeitung. Ich bezog ein Büro in der deutschen Börsenhauptstadt Frankfurt, nicht weit entfernt von den Glaspalästen der Banken und der geschäftigen Frankfurter Innenstadt. Meine erste Aufgabe in meinem neuen Job bestand darin, die sogenannten »Marktberichte« zu verfassen. Das waren kurze Berichte darüber, was aktuell am betreffenden Tag an der Börse los war, was die Kurse bewegt hatte. Dazu musste ich in den Handelssälen der großen Banken anrufen, mich mit einem Händler verbinden lassen und ihn fragen, was denn gerade so an der Börse los sei.

Also machte ich mich an die Arbeit, bewaffnet mit vielen theoretischen und empirischen Ideen der Ökonomen – Wechselkurstheorien, Zinsmodelle, Kapitalmarkttheoreme, eben allem, was aus der Sicht von Volkswirten und Ökonomen erklären kann, warum die Börsenkurse so sind, wie sie sind. Am ersten Tag schien das ganz gut zu laufen: Ich erwischte einen Händler, der mir erklärte, warum der deutsche Aktienmarkt ausgerechnet heute auf Talfahrt geht – es sei der starke Euro, der den deutschen Aktien zu schaffen mache. Das stand recht gut im Einklang mit den Wechselkurstheorien, die man mir auf der Universität eingetrichtert hatte, schien alles so richtig Hand und Fuß zu haben. Ich schrieb die Kommentare des Händlers auf, garnierte das Ganze mit ein paar Aktienkursen, und fertig war der erste Börsenbericht des frischgebackenen Jungredakteurs.

Der zweite Tag allerdings brachte Ernüchterung: Wieder rief ich einen Händler an, um mir erklären zu lassen, warum die deutschen Aktien heute steigen. Und da passierte es: Der Händler, den ich nun an der Strippe hatte, erklärte mir, dass die deutschen Aktien heute steigen, weil der Euro ja so stark sei. Wie bitte? Gestern waren die Aktien doch wegen des starken Euro gefallen – heute steigen sie deswegen? Das Dumme daran war, dass die Erklärungen des Händlers absolut einleuchtend waren, ja sie standen noch nicht einmal im Widerspruch zu den anderen klugen Theorien, die in den Büchern stehen, die ich von der Universität in mein Redaktionsbüro umgezogen hatte. Rasch wurde mir klar, dass ein riesiges Haar in der theoretischen Suppe namens »Kapitalmärkte« schwamm. Frankfurt, wir haben ein Problem.

Ich sollte mich rasch an die Widersprüchlichkeiten gewöhnen, die an den Kapitalmärkten hervorragend gedeihen: Alles geht, und alles ist irgendwie plausibel und nachvollziehbar. Ich traf Fondsmanager, Vermögensverwalter, Bankvorstände, Kapitalmarktexperten, Juristen, Journalisten, Chefvolkswirte und Unternehmensvorstände – und sie alle waren mehr oder weniger clever, intelligent, erfahren, jeder von ihnen wusste eine plausible Geschichte zu erzählen, und es war keine Seltenheit, dass sich zwei Geschichten widersprachen – aber beide plausibel waren. Und es war auch keine Seltenheit, dass sich manche der klugen Ideen, die ich kennenlernte, im Nachhinein als Narrengold herausstellten – bei der Suche nach Gold war man auf gelbes Metall gestoßen, das man irrtümlicherweise für Gold hielt, das in Wirklichkeit aber wertlos war. Oft bemerkte man das viel zu spät.

Mit jedem Tag, an dem ich Experten, Händler, Analysten oder Vorstände traf, und mit jedem Tag, an dem ich das Privileg hatte, mit klugen Menschen Ideen und Meinungen auszutauschen, würde mir klar, dass Kapitalmärkte mehr sind als ein Spielplatz, an dem man ökonomische Theorien ausprobieren kann. Viel von dem, was dort passierte, passte nicht in den Werkzeugkasten der klassischen Ökonomie – zumindest nicht auf den ersten Blick –, und viel von dem, was dort passierte, war menschlich, allzu menschlich.

Auch am eigenen Leib konnte ich diesen menschlichen Faktor bewundern: Je mehr ich mich mit Kapitalmärkten und Investitionstheorien beschäftigte, umso mehr musste ich feststellen, dass nicht einmal ich selbst mich immer so verhielt, wie meine Lehrbücher das von mir verlangten. Mein Investmentverhalten war nicht immer lehrbuchkompatibel – trotz lehrbuchpolitisch korrekter Kommentare, die ich schrieb. Peinlich, peinlich.

Ebenso wenig kompatibel mit meinen Lehrbüchern war das Geschehen um die Jahrtausendwende, das ich aus nächster Nähe miterlebte: Die Straßen Frankfurts schienen mit Gold gepflastert, und jeder, der sich bei einem Online-Broker anmeldete, durfte es aufheben und reich werden. Selbst ernannte und von den Medien hochgejazzte Gurus zogen durch Frankfurt und erzählten Märchen vom ewigen Reichtum und der Neuen Ökonomie, die Kurse der Aktien schossen in den Himmel, und die Welt schien selbigem immer näher zu kommen. Die Anleger, die Firmen, die Banken, ja auch die Medien warfen das Geld mit beiden Händen zum Fenster hinaus, in der festen Ansicht, dass es verdoppelt wieder zur Tür hereinkommen wird. Teure Partys, aberwitzige Welteroberungspläne, kuriose Prognosen, schrille Strategien und noch schrillere Abenteurer – das war die Börse, das waren die Kapitalmärkte, wie ich sie aus nächster Nähe kennenlernte. Irrsinn pur. Auch die darauffolgende Krise passte so gar nicht ins Drehbuch meiner Universitätslektüre, und viele andere Geschichten, die ich in den folgenden Jahren in Frankfurt erlebte oder hörte, waren unerhört – wie kann denn so etwas sein?

Neugierig und auf der Suche nach Antworten beschäftigte ich mich zunehmend mit den Ideen der Behavioral Economics, einer Spezialdisziplin der Ökonomie, die versucht, Erkenntnisse aus der Psychologie mit den Ideen der Ökonomen zu verheiraten – ein fruchtbares und mittlerweile nobelpreisgeadeltes Forschungsfeld. Und ein Ableger dieser Forschung, sozusagen ein Franchise, ist die Behavioral Finance, die versucht, die Ideen der Psychologen auf das Geschehen an den Kapitalmärkten anzuwenden. Auf einmal wurden viele Phänomene, über die ich während meiner Frankfurter Tätigkeit stolperte, plausibel, auf einmal taten sich Türen auf, die vorher verschlossen waren. Die Idee ist einfach und mächtig: Kapitalmärkte sind – anders, als es die Presse uns glauben machen will – keine selbständigen Lebewesen, sondern die Summe menschlichen Verhaltens. Und wenn Menschen Fehler machen, sich seltsam verhalten, dann werden sich auch Kapitalmärkte seltsam verhalten. Ob Massenhysterien, Finanzkrisen oder geprellte Anleger, ob Kapitalmarktbetrügereien oder Fehlinvestitionen – erschreckend oft ist es die Psyche der Akteure, die Purzelbäume schlägt.

Es ist an der Zeit, einen etwas anderen Blick auf die Kapitalmärkte zu werfen. In diesem Buch geht es nicht darum, zu lernen, wie man die beste Aktie oder den billigsten Online-Broker findet, wie man sein Portfolio zusammenstellt oder wie Optionsscheine funktionieren – solche Bücher gibt es genug. Dieses Buch handelt von der anderen Seite des Kapitalmarktes, von denen, die Aktien kaufen oder verkaufen, und von den Stolpersteinen, die sie sich selbst in den Weg legen. Wie kann es zu Herdenbewegungen an der Börse kommen? Warum glauben wir an Börsenastrologen? Wieso schaffen wir es nicht, für das

Alter vorzusorgen? Warum schaffen wir es nicht, verlustreiche Investments zu beenden, und verkaufen stattdessen die Gewinnerinvestments? Wieso werfen wir dem schlechten Geld gutes hinterher? Diese Fragen – und noch viel mehr – wollen wir etwas näher beleuchten und dabei etwas über uns selbst lernen. Das will dann noch nicht bedeuten, dass wir dadurch automatisch bessere Anleger oder gar bessere Menschen werden, aber wer Einsicht in seine Fehler hat, erhält zumindest die Chance, etwas daran zu ändern. Aber selbst wenn er das nicht schafft, so gewinnt er doch einen amüsanten Blick auf die eigenen Schwächen, auch das kann unterhaltsam sein.

Fangen wir mit einem Ereignis an, das nicht unterhaltsam, sondern grauenhaft war: mit einem Massenselbstmord im Dschungel von Guyana.

1 DER RUF DER HERDE

Tragödie im Dschungel

Der 18. November 1978 war Zeuge des größten Massenselbstmordes in der jüngeren Geschichte der Zivilisation: Mehr als 900 Menschen des Peoples Temple, einer amerikanischen Sekte, die in den südamerikanischen Dschungelstaat Guyana geflüchtet war, tranken an diesem Tag auf Geheiß ihres Anführers James Warren Jones ein tödliches Gebräu aus Zyankali, Beruhigungsmitteln und Limonade. Säuglingen und Kindern spritzten die Eltern das Gift per Wegwerfspritze in die Rachen. »Die Zeit ist gekommen, dass wir uns an einem anderen Ort treffen«, verkündete Sektenführer Jones seiner Gemeinde via Lautsprecher – und die Gemeinde folgte.

Wie alle Tragödien und Katastrophen hatte auch diese Tragödie eine lange Vorgeschichte. Jones, Sohn eines Ku-Klux-Klan-Mitglieds und ein charismatischer Anführer, gab Arbeitslosen, Armen, Drogensüchtigen und vom Leben, dem Staat, der modernen Welt enttäuschten Aussteigern Halt, er versprach ihnen eine andere, neue Welt, ohne Rassismus, Kapitalismus, Ausbeutung oder Diskriminierung. Als aber Aussteiger über Prügelstrafen, Stromstöße, Erpressung, Drogenexzesse und sexuellen Missbrauch von Frauen und Kindern berichteten, floh Jones mit seinen Anhängern von Kalifornien nach Südamerika, in den Dschungel von Guyana. Zur Katastrophe kam es, als der demokratische Kongressabgeordnete Leo J. Ryan im November 1978 mit einer Delegation aus Journalisten, ehemaligen Sektenmitgliedern und Anwälten nach Guyana reiste, um den Vorgängen um die Sekte auf den Grund zu gehen. Als Ryan zusammen mit 20 Sektenmitgliedern, die Jones entkommen wollten, abfliegen wollte, kam es zu einer Schießerei auf dem Flugfeld, der Kongressabgeordnete Ryan, drei Journalisten und ein Templer starben. Zehn weitere Menschen wurden durch Schüsse verletzt, fünf von ihnen schwer.

Für einen einigermaßen normalen Menschen – was immer man darunter auch verstehen mag – mutet diese Geschichte bizarr an: Wie können 900 Menschen einem dubiosen Anführer in einen schrecklichen Tod folgen, ihre eigenen Kinder vergiften, zusehen, wie ihre Freunde sterben? Wie kann es passieren, dass so viele Menschen einem solchen kollektiven Wahn verfallen? Wer aber einen Blick durch die Geschichte der Menschheit schweifen lässt, stößt immer wieder auf solche Phänomene: Menschen, die von einem kollektiven Wahn befallen, einer Idee, einem Führer, einem Gott oder einer Vision hinterherrennen, sich anstecken lassen von dem Handeln anderer Menschen, die wie Lemminge in eine Richtung laufen. Und wer kennt nicht die Geschichten von denjenigen, die versuchten, sich der Herde entgegenzustellen, die anders dachten, handelten und sprachen als der Chor der Herde? Je nach Ausgang der Geschichte werden sie heute als Narren belächelt oder als standhafte Helden gefeiert.

Diesen Herdentrieb gibt es überall, wo Menschen sind, und oft liegen nur ein paar Jahre zwischen dem Idioten und dem Helden: beispielsweise die fünf Jahre zwischen dem Jahr 2000 und dem Jahr 2005. Im Jahr 2000 investierte alle Welt in Technologieaktien, es konnte gar nicht schnell genug gehen mit der Rendite: zehn, 20, 50 Prozent – wie viel Kursgewinn darf es denn sein? Analysehäuser, Banken, Broker überboten sich mit spektakulären Aktientipps, reich werden schien allenfalls nur eine Frage der Zeit und der Krawattenfarbe zu sein – wenn man überhaupt noch eine Krawatte trug. Wer in dieser Zeit das Privileg hatte, in der Finanzbranche oder an ihren Rändern zu arbeiten, musste sich fühlen, als seien die Straßen mit Gold gepflastert. Jubelnde Aktienkurse, ausladende Partys im Frankfurter Finanzdistrikt, triumphale Pressekonferenzen, auf denen der neueste Stein der Technologie-Weisen vorgestellt wurde, Telefonkonferenzen, in denen sich Firmenvorstände mit rasanten Gewinnschätzungen überboten – das war das Frankfurt des Jahres 2000.

In diesem Jahr traf ich Hank, einen Fondsmanager eines großen amerikanischen Vermögensverwalters, er war zu Besuch in Frankfurt. Hank ist einer jener Menschen, die versuchen, das Geld anderer Menschen, ihrer Kunden, zu vermehren. Und Hank ist ein ganz besonderer Investor, ein sogenannter Value-Investor. Das ist eine spezielle Gattung von Profis, welche nur in bestimmte Arten von Unternehmen investieren, sogenannte Value-Werte. Unter Value-Werten versteht man grob gesagt Unternehmen, die sich durch ihre Solidität, ihre Substanz, ihre guten Geschäftszahlen, ihre günstige Bewertung und ihr nachhaltiges, solides Geschäftsmodell auszeichnen. Value-Unternehmen sind so etwas wie das Schwarzbrot der Finanzmärkte: solide, verlässlich, schwer zu verdauen und langweilig. Wer Pressekonferenzen von Value-Unternehmen besucht, bekommt Zahlen und Präsentationen, die ebenso trocken sind wie die Kekse, welche die Pressedamen über den Tisch des biederen Konferenzraums schubsen, in dem die Präsentation stattfindet. Und als Beigabe gibt es einen Kugelschreiber, einen Block mit dem Firmenlogo und dicke, unlesbare, zahlengespickte, staubtrockene Geschäftsberichte.

Was für ein ungleicher Wettstreit: Hier die schimmernden, glänzenden Internet- und Technologiewerte, mit ihren jugendlichen Vorständen, die ohne Krawatte so lässig und hipp in Magazinen mit geistreichen Interviews und Visionen glänzen, und da die Value-Unternehmen, die so langweilige Sachen wie Strom oder Limonade herstellen, und deren Vorstände zumeist graue, alte Herren sind, die statt über das Netz der Netze zu parlieren, trockene Zahlen und Bilanzbegriffe über ihren Gesprächspartnern ausschütten. Und das Schlimmste: Während die Technologiewerte von einem Kursrekord zum anderen eilten, dümpelten die Value-Werte so vor sich hin. Sicher, da waren ganz nette Kursgewinne von drei, fünf, vielleicht auch acht Prozent drin, aber was war das verglichen mit den 20, 30 oder 90 Prozent der schimmernden Börsenstars der New Economy?

»Die Leute halten mich für einen Idioten«

»Die Leute halten mich für einen Idioten«, knurrt Hank, während er sich auf das Sofa in der Lobby eines Frankfurter Hotels fallen lässt. Er ist ein wenig, wie man sich den typischen Texaner vorstellt: groß, massig, eine polternde Stimme, ausladende Gestik und statt einer Krawatte eine bola tie um den Hals, ein Lederband, das von einer dekorativen Brosche zusammengehalten wird. Ein Texaner trägt keine Krawatte. Hanks Problem ist aber nicht die fehlende Krawatte: Es ist das Jahr 2000, und an den Börsen explodieren die Kurse von Technologie- und Internetwerten. Aber das sind nicht die Werte, in die Hank investiert, die Value-Werte. Die Folge: Seine Kunden laufen ihm in Scharen davon. »Die Leute rufen mich an, schreiben mir Mails, sagen mir, dass ich in Technologiewerte investieren soll. Wenn ich ihnen dann sage, dass ich das für Unfug und einen ausgemachten Schwindel halte, werden sie ausfällig und kündigen.« Hank war in den Augen seiner Kunden ein kompletter Idiot. »Wir wollen in die Zukunft investieren, nicht in die Vergangenheit«, mussten sich Leute wie Hank anhören, wenn sie ihren Kunden zu Value-Werten rieten.

Runde fünf Jahre später treffe ich Hank in der Lobby eines Frankfurter Hotels wieder – deutlich entspannter und besser gelaunt. Die New-Economy-Blase ist geplatzt, viele der so hochgelobten Aktien sind vom Kurszettel getilgt, haben ihren Investoren 90, 95, 100 Prozent Verlust beschert – und Hanks Geschäfte gehen besser denn je. Seine Werte – die langweiligen Value-Werte, das Schwarzbrot – sind gut durch die Krise marschiert, seine Anleger lieben ihn, den Idioten, der sich auf einmal als Mann mit Weitblick und Standfestigkeit erwiesen hat. Vom Idioten zum Helden in weniger als fünf Jahren.

»Andere hätten das nicht überlebt«, sagt Hank nachdenklich, und er hat recht: Was ihn rettete, war sein Ruf, seine langjährige Erfahrung, seine Reputation als erfolgreicher Investor – viele seiner Kunden vertrauten ihm, ebenso wie seine Chefs. Damit hatte er mehr Glück als so mancher andere, der auch die Krise der Neuen Ökonomie hatte kommen sehen: Wer nicht bekannt war, keinen Ruf als Fachmann hatte, musste damit rechnen, dass die Anleger ihn für einen Idioten hielten und ihm den Auftrag entzogen. Es war wie ein kollektiver Wahn: Wer nicht in Technologiewerte investierte, wer nicht seine 20, 30 oder 90 Prozent machte, war ein Idiot, der die Zeichen der Zeit nicht begriffen hatte. Eine Herde von potenziellen Millionären hatte sich in Marsch gesetzt und drohte, jeden zu überrollen, der sich ihr nicht anschloss. Die Herde kam erst zum Stillstand, als sogenannte Cash-Burn-Listen auftauchten, in denen Magazine wie *Barron's* vorrechneten, wie schnell Technologieunternehmen ihre Gelder mit windigen Geschäftsmodellen verbrennen. Eigentlich aber kam die Herde nicht zum Stillstand, sondern wechselte nun panikartig die Richtung und riss die Börse mit nach unten.

Jetzt, im Rückspiegel, scheinen die damaligen Helden die Idioten zu sein: Wer konnte ernsthaft glauben, dass langfristig Gewinne von 20, 50 oder 90 Prozent möglich sind? War das nicht voraussehbar, dass das nicht funktioniert? Vielleicht tut man aber denjenigen, die Hank und seine Kollegen für Idioten gehalten hatten, die sich der Masse angeschlossen hatten, unrecht. Zum einen hat man immer besondere prognostische Fähigkeiten, wenn man in den Rückspiegel schaut. Im Nachhinein weiß man es immer besser. Dieser Effekt ist so mächtig, dass wir ihm ein eigenes Kapitel widmen wollen.

Der zweite Punkt aber bringt uns zurück zu James Jones und seiner Sekte: Können sich Menschen dem Druck der Menge entziehen? Kann man sich so einfach der Herde entgegenstellen und sich verweigern? Was, wenn man sich in den Tagen des Jahres 2000 nicht dem Sog von Reichtum, Glanz, Glamour und plausiblen Börsengeschichten entziehen konnte? Was brachte Menschen dazu, ihren gesicherten Job aufzugeben, um an der Börse zu spekulieren? Was brachte erwachsene Menschen dazu – wie mir ein Fondsmanager erzählte –, mit einem Koffer voller Geld ins Foyer einer Investmentgesellschaft zu marschieren und dort nach dem Chef zu fragen, der bitte das Geld entgegennehmen und investieren möge? Warum kündigten Lehrer ihren Job, um an der Börse zu spekulieren? Waren das alles schlichte Gemüter, einfach zu beeindrucken und leicht zu begeistern – auch für einfältige Ideen?

Wer beispielsweise Alexander kennenlernt, verabschiedet sich von dieser Vorstellung, dass ein paar Naivlinge auf der Suche nach Narrengold waren. In den Hochzeiten der Neuen Ökonomie war auch er ein Geldverwalter, der im Namen seiner Kunden Aktien kaufte – er war einer der Helden, die alles zu Gold machten, was sie anfassten: Die neue Softwareschmiede, der neue Online-Retailer, das neue B2B- oder B2C- oder B2-sonst-was-Geschäftsmodell – Alexander beherrschte die Fakten, Daten, Zahlen. Alexanders Begeisterung war ansteckend: Mit sanfter Stimme, mit leuchtenden Augen, mit sparsamer Gestik betete er die Regeln der neuen Welt herunter, lebhaft, aber nicht überschwänglich, begeistert, aber nicht verblendet. Alexander war ein Überzeugungstäter, und zwar ein hochgebildeter. »Ich habe mein Geld natürlich auch in die Werte investiert, die ich für meine Kunden kaufe«, erzählte er im Jahr 2000 gerne. Grundsätzlich eine gute Sache für die Kunden, weil sie nun davon ausgehen konnten, dass Alexander es ernst meint mit seiner Begeisterung für die Werte, in die er investiert – oder würden Sie einem Mann Geld anvertrauen, der davon Aktien kauft, die er selbst nicht anfasst?

Hätten die Protagonisten der Neuen Ökonomie ein wenig in die Geschichtsbücher geschaut, wären sie vielleicht vorsichtiger gewesen, denn der Begriff der Neuen Ökonomie ist kein Kind des Jahres 2000, sondern der 20er-Jahre, als neue Technologien – Eisenbahn, Auto, Rundfunk – ein neues goldenes Zeitalter der Menschheit heraufbeschworen. Und wie im Jahr 2000 finden sich in diesem Zeitalter die gleichen Szenen: Schuhjungen, die Börsentipps gaben, Dienstmädchen, die mit Aktien spekulierten, Familienväter, die auf Pump Aktien kauften und das Familienvermögen aufs Spiel setzten. Und als der große Börsenkrach kam, spielten sich auf dem Parkett dramatische Szenen ab: Am 24. Oktober des Jahres 1929 begann eine historische Talfahrt der Aktienkurse. Um halb elf, so schreibt der Wirtschaftshistoriker John Kenneth Galbraith, war die Börse von »blinder, hoffnungsloser Angst erfüllt«. In den folgenden Tagen wackelte die Börse, doch erst der 29. Oktober sollte als der schlimmste Tag des New Yorker Aktienhandels in die Geschichte eingehen: In den ersten Handelsminuten fielen die Kurse mancher Werte alle zehn Sekunden um einen Dollar. Panik machte sich breit. Zeitungsjungen verteilten Zeitungen mit Schlagzeilen wie »Lest und weint«. Die Herde setzte sich in Bewegung, um vor den anderen den Ausgang zu erreichen. Verkaufen. Nur noch verkaufen. Die letzte Notiz des Börsentickers an diesem Tag um kurz nach halb sechs: »Gesamtumsatz heute 16 410 000 (Aktien). Gute Nacht.« Die Talfahrt, zu der die amerikanische Börse angesetzt hatte, sollte fast drei Jahre dauern, und mit der Börse stürzte die amerikanische Wirtschaft ab und riss andere Länder mit in die Tiefe. Gute Nacht.

Doch neu sind auch diese Szenen nicht: Da wäre beispielsweise die legendäre Tulpenzwiebelhysterie in Holland zwischen 1636 und 1637, als Tulpenzwiebeln für den Preis eines Hauses gehandelt wurden. Einer Anekdote zufolge platzte die Blase, als ein Seemann ohne Kenntnis ihres Wertes eine Tulpe aufaß, die ihr Besitzer an der Börse auf einem Tisch abgelegt hatte. Realistischer sind da wohl Berichte, die davon sprechen, dass bei einer Versteigerung einer Tulpe sich kein Käufer mehr fand. Es war wie eine Massenhysterie. Nach dem Zusammenbruch der Blase stürzte das Land in eine tiefe Depression. »Eine Strafe Gottes für lästerliche Geldgier und Dummheit der Massen«, durften sich die verarmten Tulpenspekulanten daraufhin in der Kirche anhören. Ähnlich turbulente Szenen spielten sich an jenem Schwarzen Montag vom 19. Oktober 1987 ab, als der Dow-Jones-Index innerhalb eines Tages um mehr als 20 Prozent abstürzte und für Aufruhr an den Weltbörsen sorgte. Was ist das für eine seltsame Mechanik, die dazu führt, dass vernünftige Menschen kopflos ihr Geld in dubiose Werte stopfen und dann panikartig wieder verkaufen? Wie sieht das Drehbuch für solche wertevernichtenden Massenveranstaltungen aus? Warum folgen wir der Herde, welche seltsame Mechanik wirkt hier?

Die Mechanik der Herde

Für das Entstehen von Kapitalmarktturbulenzen gibt es kein einheitliches Drehbuch, aber viele Gemeinsamkeiten. Gemeinsamkeit Nummer eins besteht darin, dass die Notenbank mit sinkenden Zinsen und einer laxen Geldpolitik den Treibstoff für eine florierende Wirtschaft bereitstellt. Hinzu kommen oft technologische Neuerungen: Bahn, Auto, Radio, Internet – das alles erhöht die Produktivität der heimischen Wirtschaft, senkt die Arbeitslosigkeit, hält die Preise niedrig und schafft Wachstum. Flankiert wird das Ganze möglicherweise noch durch zunehmenden Wettbewerb (beispielsweise durch Liberalisierung und Globalisierung) oder sinkende Rohstoffpreise – beides hält zudem die Inflation niedrig.

In diesem Klima einer gut gehenden Wirtschaft, gepaart mit einer zu üppig bemessenen Geldmenge, investieren die Menschen. Ob in Aktien, Häuser oder Tulpenzwiebeln spielt dabei keine große Rolle, entscheidend sind eher die psychologischen Zutaten: eine plausible Geschichte und Neid.

Natürlich benötigen Investoren eine plausible Geschichte: Menschen denken in Geschichten, sie leben in Geschichten. Das Internet verbessert die Welt, schafft Wohlstand – also müssen doch die Kurse dieser Unternehmen steigen. Oder in der neuen Version: Wer in amerikanische Hypothekendarlehen investiert, kann dank der Genialität der Finanzalchimisten seine Rendite steigern, ohne ein höheres Risiko einzugehen. Klingt irgendwie plausibel, und vor allem ist es das, was wir gerne hören möchten: Wir werden ohne Mühen reicher, das Leben wird besser, weniger Arbeit, mehr Wohlstand – wer möchte so etwas nicht gerne hören? Also glauben wir diese Geschichte. Weil wir es wollen.

Wichtig an dieser Geschichte ist, dass sie plausibel

klingt – sie muss nicht stimmen, oftmals hält sie einem schärferen Blick nicht stand. So hätte man schon im Jahr 2000 und auch im Jahr 1929 argumentieren können, dass die Kurse nicht in den Himmel wachsen können, und man hätte im Jahr 2007 wissen können, dass mehr Rendite bei geringerem Risiko ein grundlegendes Axiom der Kapitalmarktlehre verletzt – mehr Geld gibt es nur gegen mehr Risiko. In einem solchen aufgeheizten Klima spielen solche Einwände eine eher untergeordnete Rolle, und wer zu viel nachfragt, wird – wie Hank – zum Idioten abgestempelt. Stell dich nicht gegen die Herde. Sei kein Idiot.

Der Boden ist bereitet, die Aktienkurse oder Häuserpreise steigen, und nun kommt die zweite psychologische Starthilfe auf dem Weg zum Börsenkrach: Neid. Die ersten Anleger machen Gewinne. Das spricht sich herum, und immer mehr Anleger sehen ihre Chance, mit wenig Arbeit rasch reich zu werden. Im Medienzeitalter haben die Medien einen Verstärkereffekt; sie locken die noch nicht investierten Anleger mit den Berichten über die enormen Gewinne in den Markt, was zusätzlich die Kurse treibt. Man mag das nennen, wie man will – Gier, Neid oder Wunschdenken –, die Berichte über leichtes Geld machen sinnlich und locken immer mehr Anleger in den Markt. Und je mehr Anleger in den Markt gelockt werden, umso mehr steigen die Preise, umso mehr Anleger werden angelockt, umso mehr steigen die Preise. Und umso mehr die Preise steigen, umso plausibler wirken die Geschichten, die man erzählt, um diese Preissteigerungen zu rechtfertigen.

Diese simple Psychologie wird gestützt von Besonderheiten der Kapitalmärkte. Da wären zum einen die sogenannten institutionellen Investoren, das sind Unternehmen, die professionell das Geld ihrer Kunden an den Kapitalmärkten anlegen – beispielsweise Versicherungen oder Pensionskassen. Diese Spieler, die täglich Milliarden um den Erdball schubsen, spielen eine wichtige Rolle bei der Entstehung von Herdentrieben an der Börse. Zum einen wollen diejenigen, die bei diesen Gesellschaften für die Anlagepolitik verantwortlich sind, keine Risiken eingehen und ihren Job behalten. Das geht am besten, indem sie das machen, was alle anderen machen. Das Kalkül ist einfach: Geht das gut, hat man keinen Fehler gemacht, geht das schief, kann man darauf verweisen, dass es die anderen auch nicht besser gewusst und gemacht haben. Wer in einem Rudel von Verlierern steht, kann leichten Herzens zugeben, dass auch er ein solcher ist – die anderen waren ja auch nicht besser. Diese Methode haben wir früher schon immer angewendet, wenn wir unseren Eltern die Fünf in Mathe erklären mussten – die anderen Kinder waren auch nicht besser, der Durchschnitt der Arbeit war miserabel. Dieser fatale Anreiz führt dazu, dass institutionelle Investoren den Auftrieb der Herde verstärken: Sie investieren in das, was der Rest kauft, und dadurch treiben sie weiter die Kurse, was den Kreislauf verstärkt.

Hinzu kommt, dass Analysten, Bankexperten und Vermögensverwalter systematischen Zwängen zum Zweckoptimismus unterliegen: Man kann nicht einfach seinen Kunden erzählen, dass die Kurse übertrieben sind und man darauf verzichtet, Gewinnaussichten von mehr als 100 Prozent mitzunehmen – genau das war ja Hanks Problem. Also werden Banken und Kapitalmarktexperten mit ihren Kommentaren die Kursblase befeuern. Leider tun das auch die Medien, denn Geschichten darüber, wie man 90 Prozent verdienen kann, verkaufen sich besser als Berichte darüber, wie man 100 Prozent verlieren kann. Menschen mögen keine Verluste – auch diesem Sachverhalt wollen wir ein eigenes Kapitel widmen.

Noch perfider wird die ganze Sache, wenn man die Logik eines Investors bemüht, der erkennt, dass die Märkte außer Kontrolle geraten: Auch wenn man sich sicher ist, dass die Kurse abstürzen werden, so sollte man trotzdem mitmachen, solange die Kurse steigen, sonst verpasst man viel Geld – man muss nur rechtzeitig aussteigen. Der Verkauf der Wertpapiere wird damit zu einem Schwarzer-Peter-Spiel: Solange man jemanden findet, dem man die Aktie oder Hypothek verkaufen kann, ist man im Spiel, erst für den letzten Investor wird das Wertpapier zum Schwarzen Peter – er verliert, kann nicht mehr verkaufen und steht mit einem Schrottinvestment da. Natürlich weiß niemand, wie lange dieses gewagte Spiel gut gehen kann, aber auch das ist eine der menschlichen Schwächen: Wir überschätzen unsere Fähigkeit, rechtzeitig auszusteigen. An der Börse wird zum Ausstieg nicht geklingelt, sagt ein Sprichwort – und dennoch glauben viele Investoren, dass sie die Glocken rechtzeitig hören werden. Wir sind doch schlauer als die breite Masse, oder? Klar.

Unter dem Strich ist es ein verhängnisvolles Gebräu von Selbstüberschätzung, Gier, Wunschdenken und simplen Marktmechaniken, die einen Markt geradewegs in die Katastrophe führen. Und die Helden von gestern werden die Idioten von heute. »Auf Veranstaltungen schrien manche Leute dich an, du wurdest niedergebrüllt«, erinnert sich Karl, ein Fondsmanager, an die Zeit nach dem Platzen der Internetblase, und seine Kollegen berichten von ähnlichen Erlebnissen. Wie soll man aufgebrachten Kunden, die ihren Helden ihr gesamtes Geld anvertraut hatten, erklären, dass die Ersparnisse futsch sind – und dass man keine Schuld daran hat?

Hat man keine Schuld? Die um ihren Reichtum gebrachten Kunden zumindest hatten rasch die Schuldigen ausgemacht: ihre ehemaligen Helden. Hätten sie das Fiasko nicht voraussagen können, ja müssen? Geahnt haben sie es schon, doch da gibt es noch einen weiteren Stolperstein: »Wir dachten, dass wir uns durch eine geschickte Auswahl von Einzeltiteln der Kursschmelze entziehen könnten«, sagt Alexander. Nein, das konnten sie nicht. Aber das wissen wir erst heute.

Das Ergebnis war zu allen Zeiten das gleiche: Scharen von Anlegern zogen wie Lemminge dem Ruf des leichten Geldes und der Herde hinterher. Herrschte Euphorie, dann wirkte sie ansteckend, herrschte Panik, brachen alle in Panik aus. Vielleicht verstehen wir jetzt ein wenig von der Mechanik solcher Herdenereignisse, aber wir wissen nur wenig von ihrer Psychologie. Was macht uns zu Herdentieren? Warum folgen wir der Masse, warum sind Menschen bereit, sich ins Unglück zu stürzen, nur weil andere Menschen das auch tun?

Der Geist der Herde

In der angelsächsischen Literatur spricht man vom »bandwagon effect«, was man frei mit Mitläufertum übersetzen könnte. Dieses Bild ist angelehnt an einen Wagen, auf dem eine Kapelle spielt, und dem Wagen folgen begeistert die Massen. Und je mehr Menschen dem Wagen folgen, umso mehr Menschen hängen sich dran, und der Zug der Massen wird immer größer.

Ein Motiv für dieses Verhalten könnte das Dazugehörigkeitsgefühl sein: Man will dabei sein, dazugehören, mitreden, einer von den Jungs sein – nichts ist schlimmer, als von der Herde ausgeschlossen zu werden. Wer es gerne evolutorisch hat, verweist auf unseren früheren Lebensraum: Wer vor Millionen Jahren von der Herde ausgestoßen wurde, war in einer feindlichen Umgebung dem sicheren Tod geweiht. Kein Wunder, dass unser Gehirn schmerzhaft darauf reagiert, von einer Gemeinschaft ausgestoßen zu werden. Wir laufen also mit, weil es einfacher ist, weil wir nicht vom Rest der Masse abgelehnt werden wollen.

Wie stark dieses Gefühl sein kann, lässt sich nur erahnen, wenn man an James Jones denkt und seine Jünger, die ihm folgten. Der Psychologe Robert Cialdini vermutet, dass der Massenselbstmord im Dschungel von Guyana auch dadurch begünstigt wurde, dass die Sektenmitglieder im Dschungel einer fremden, feindlichen Umgebung ausgesetzt waren – der einzige Halt, der sich ihnen bot, war die Gruppe. Das erhöhte den Druck, der Gruppe zu folgen. Wenn man niemanden mehr hat außer seiner Gruppe, der Herde, folgt man ihr umso leichter. Deswegen versuchen Sekten zumeist, ihre Mitglieder nach außen hin zu isolieren. Wer nur die Herde hat, bleibt bei der Herde.

Eine weitere Möglichkeit, Herdeneffekte zu erklären, besteht darin, auf die Informationslage der an der Herde Beteiligten abzustellen. Dazu eine ganz einfache Frage: Was machen Sie, wenn Ihre Nachbarn die Mülltonne rausstellen? Vermutlich ebenfalls Ihre Tonne rausstellen – und diese Handlung verrät uns einiges über den Herdentrieb. Sie haben vielleicht nicht gerade im Kopf, wann die Müllabfuhr kommt – also verlassen Sie sich darauf, dass Ihre Nachbarn den Termin im Kopf haben und sich richtig verhalten, und hängen sich einfach an diesen Wagen dran. Das ist durchaus eine clevere Strategie: Man schaut einfach, was die Mehrheit der Menschen tut, vermutet hinter diesem Verhalten eine rationale, kluge Strategie und kopiert diese.

Das kann in vielen Fällen funktionieren. Nehmen Sie den Fall, dass Sie in eine fremde Stadt kommen und ein Restaurant suchen. Der einfachste Weg besteht darin, dorthin zu gehen, wo alle Einheimischen hingehen – wenn die nicht wissen, welches Restaurant gut und billig ist, wer soll es sonst wissen? Dieses Argument legt nahe, dass die Strategie, das zu tun, was alle anderen tun, rational, effizient und zeitsparend ist – man erspart sich die Mühe, eigene Informationen zu sammeln und zu bewerten, und vertraut darauf, dass die Herde weiß, was das Beste ist. Man vermutet, dass die Mitglieder der Herde bessere Informationen haben als man selbst, und springt auf den

Zug auf. Diese Strategie wird umso sinnvoller, je mehr diejenigen, die bereits auf dem Herdenzug sind, uns ähneln, denn umso mehr vermuten wir, dass sie ähnliche Interessen und Wertvorstellungen haben wie wir. Wenn unser Nachbar, der im gleichen Vorort wohnt, den gleichen Wagen fährt und einen ähnlichen Anzug hat, mit Internetaktien Geld verdient, warum sollten wir dann nicht auch damit Geld verdienen? So betrachtet ist Herdenverhalten nicht irrational.

Leider kann diese Strategie ins Verderben führen: Sind erst einmal ein paar Mitglieder einer Gruppe in die falsche Richtung marschiert, dann hängen sich weitere Mitglieder an den Zug dran, weil sie bessere Informationen vermuten, obwohl hier nur ein paar Lemminge irrtümlich in die falsche Richtung marschieren. Oder um es platter zu sagen: Auch wenn alle einer Meinung sind, können doch alle unrecht haben. Und je mehr andere Trittbrettfahrer aufspringen, umso mehr Trittbrettfahrer springen auf. An Börsen kommt nun noch ein fataler Umstand hinzu: Je mehr Menschen beginnen, Aktien (oder andere Vermögenswerte) zu kaufen, umso höher steigen deren Preise, und umso mehr Menschen werden angelockt, die im Gleichschritt der Herde laufen, was wiederum die Preise treibt – und so weiter. Aus einem kleinen anfänglichen Fehler entsteht trotz – oder gerade wegen – rationalem Verhalten eine Katastrophe.

Ein weiterer Treibsatz einer Herde dürfte das Informationsverhalten der Menschen sein. Nehmen wir doch wieder das Beispiel der Internetblase: Im Jahr 2000 hatten Börsenmagazine und -zeitschriften Hochkonjunktur. »Wir stellen alles ein, was einen Stift halten kann und nicht bei drei auf den Bäumen ist«, erzählt mir Uwe, der Ressortleiter eines solchen Magazins im Jahr 2000 hinter vorgehaltener Hand. Ob Theologe oder Sportstudent – sein Magazin hat wirklich alles eingestellt.

Börsenjournalisten waren Mangelware, so groß war

der Hunger der Anleger nach Börsengeschichten. Die Geschichten hatten alle zumeist den gleichen Inhalt: die nächste heiße Aktie, das nächste heiße Investment, das Porträt des charismatischen Firmeneigners oder -gründers, ein paar Steuertipps und volkswirtschaftliche Analysen, die erklärten, warum das Goldene Zeitalter der Aktie angebrochen ist. Und die Anleger kauften die Magazine wie warme Wurstsemmeln, saugten die Berichte über den nahenden Reichtum auf wie Schwämme. Da waren sie, die Geschichten, die den ganzen Wahnsinn plausibel machten und außerdem das erzählten, was man gerne hören mag. Ich muss nur ein wenig Aktienanalyse betreiben – Umsätze, Geschäftsmodell, Gewinne oder den Kursverlauf – und schon habe ich das Heft in der Hand, weiß, was geschieht, bestimme, wo es langgeht. Kontrollillusion nennen Psychologen das: Wir glauben, dass wir fest im Sattel sitzen und das Lenkrad halten, obwohl, wie Spötter sagen, wir oft nur auf dem Beifahrersitz Platz nehmen dürfen. Darüber werden wir auch noch einmal sprechen.

Doch mit dem Niedergang der Börse rutschten auch die Auflagenzahlen dieser Magazine in den Keller – es war fast, als wäre ihre Leserzahl an die Aktienkurse gekoppelt – obwohl es doch gerade in Krisenzeiten viel wichtiger ist, gut informiert zu sein. Was war passiert?

Die Börsenzeitschriften profitierten von dem, was Profis als »Kongruenz« bezeichnen: Menschen wollen, dass es in ihrer Welt einheitlich zugeht, dass sich ihnen die Welt aus einem Guss präsentiert – Menschen wollen keine widersprüchlichen Informationen. Die Börsenmagazine erfüllten einen wichtigen Zweck: Den Anlegern ihre längst gefasste Meinung zu bestätigen, sie in ihren Entscheidungen zu bestätigen. Und wer nicht ihrer Meinung war – so wie Hank –, der war eben ein Idiot. Haben Menschen einmal eine Meinung gefasst, so haben sie die Neigung, sich Informationen zu verschließen, die nicht dieser Meinung, diesem Weltbild entsprechen. Ein Paradebeispiel war der Besucher einer Podiumsdiskussion, der mir nach dem Ende der Debatte eröffnete, dass er all seine Argumente entkräftet sehe und keine Gegenargumente habe – aber bei seiner Meinung bleibe. Leider ist das so: Wer CSU wählt, liest den *Bayernkurier* und nicht den *Vorwärts* – obwohl doch Letzterer gerade für einen konservativen Wähler interessant wäre, weil er Informationen mit einer anderen Perspektive bietet.

Das Streben der Menschen nach einem einheitlichen Weltbild kann dazu führen, dass sie neue Informationen entweder ausblenden, im Sinne ihrer bisherigen Meinung umdeuten oder aber verleugnen – im Zweifelsfall ist die Quelle unglaubwürdig, der Informant indoktriniert oder blöde. Menschen versuchen, ihre Umwelt harmonisch zu gestalten, dissonante Informationen werden ausgeblendet – sie suchen aktiv nach bestätigenden Informationen. Und hier kommt wieder die Herde ins Spiel: Je mehr andere Menschen der eigenen Meinung sind, umso bestätigter fühlt man sich, man schöpft Optimismus daraus, dass auch andere Menschen die eigene Meinung teilen. Und wer anderer Meinung ist – aber das hatten wir ja schon.

Allerdings kommt irgendwann der Punkt, an dem die Informationen, die gegen die eigene Position sprechen, zu überwältigend werden, der Punkt, an dem die Realität zu deutliche Fakten schafft – beispielsweise in Form fallender Kurse. Dann folgt ein radikaler Schwenk, die eigene Position wird umgedeutet und wieder in Einklang gebracht mit der neuen Faktenlage. Das war der Punkt, an dem die Anleger den Börsenzeitschriften die Gefolgschaft versagten. Der thematische Schwenk der Zeitschriften – wie retten Sie Ihr Geld, wie lange dauert die Krise? – war für die Anleger nicht überzeugend genug, vor allem sind das Geschichten, die einem weder leichten Reichtum noch eine überzeugende Perspektive versprechen, sondern dem Leser seine Ohnmacht vorführen. Die Zeitschriften konnten dem Leser nur Unsicherheit und Tränen verkaufen – kein gutes Geschäftsmodell.

Die Ökonomen Elena Argentesi, Helmut Lütkepohl und Massimo Motta haben diese Ideen für den italienischen Aktienmarkt überprüft: Sie haben sich angeschaut, wie sich die Verkaufszahlen der italienischen Finanzgazette *Il Sole 24 Ore* und der italienische Aktienmarkt entwickeln – und das Ergebnis war eindeutig: Steigen die Aktienkurse an Italiens Börse, so steigen auch die Verkaufszahlen von *Il Sole 24 Ore*. Mithilfe einiger trickreicher statistischer Techniken konnten sie zeigen, dass die Kausalität in Richtung der Verkaufszahlen läuft – es waren also die steigenden Aktienkurse, die zu höheren Verkaufszahlen führten. Fielen die Aktienkurse, so gingen auch die Auflagenzahlen der Finanzpresse zurück.

Als Ursache dieses Zusammenhangs sehen die Wissenschaftler genau jene kognitive Dissonanz: Sinken die Aktienkurse, entsteht in unserem Kopf ein unangenehmes Gefühl – die Kurse der Aktien, die wir besitzen, fallen. Das tut weh. Jetzt gibt es zwei Möglichkeiten, zu handeln, Nummer eins: Man verkauft die Aktien und gesteht sich – oder noch schlimmer: dem Lebensabschnittspartner und den Freunden, Kollegen – die Verluste ein. Blöde Idee. Also Möglichkeit Nummer zwei: Man eliminiert die Ursache des Unwohlseins, nämlich die Informationen. Man liest also nicht mehr die Finanzpresse, und damit verschwindet das unangenehme Gefühl. Andersherum funktioniert das bei steigenden Aktienkursen: Steigen die Kurse der Aktien, die man besitzt, so nimmt man gerne jede Information wahr, die einen in der Entscheidung bestätigt, Aktien gekauft zu haben. Also kauft man *Il Sole 24 Ore*.

Den gleichen Zusammenhang fanden die Ökonomen auch für den britischen Aktienmarkt – hier zeigte sich, dass bei steigenden Aktienkursen vermehrt die *Financial Times* gelesen wird. Steigen die Kurse, so liest man das gerne noch einmal in der Presse, da sie einem ja bestätigt, dass man richtiglag mit der Entscheidung, Aktien zu kaufen. Fallen die Kurse, möchte man daran nicht erinnert werden, dass man möglicherweise Geld verliert und eine falsche Entscheidung getroffen hat. Also greift man in der Krise lieber zum Sportteil oder zu Gesellschaftsmagazinen. Wir wollen Kongruenz.

Gut, jetzt wissen wir ein wenig über die Mechanik und den Geist der Herde – aber kann man sich davor schützen? Was lernen wir daraus? Zeit für eine Reise nach Newport Beach.

Was lernen wir daraus?

Newport Beach ist ein wenig glamouröses kalifornisches Küstenstädtchen, das von verspiegelten Bürotürmen, Rasenflächen und Palmen dominiert wird. Einen malerischen Hafen hat es hier, wo man Boote mieten kann und auf Walexkursionen gehen kann, man kann surfen, das Newport Beach International Film Festival oder eines der zahlreichen Museen besuchen.

Newport Beach ist weit weg vom hektischen Treiben der Wall Street, der Finanzdistrikte der Welt, aber Newport Beach ist Heimat eines der erfolgreichsten privaten Finanzunternehmen der Welt: die Pacific Investment Management Company, abgekürzt »Pimco«, wurde 1971 gegründet, seit dem Jahr 2000 gehört sie zum Münchener Allianz-Konzern. Pimco verwaltet für seine Kunden mittlerweile mehr als eine Billion Dollar, die vorwiegend in Anleihen investiert sind. Pimco, das ist Bill Gross, Manager und Gründer des Unternehmens, eine Legende an der Börse. Gross ist Pimco, und Pimcos Erfolg ist der von Gross. Natürlich haben Legionen von Zeitschriften, Zeitungen, Magazinen und Reportern sich darum bemüht, das Geheimnis des Erfolges zu lüften – was hat Bill Gross zu einer Investmentlegende gemacht?

Ein anderer, mindestens ebenso bekannter legendärer Investor ist Warren Buffett, den sie »das Orakel von Omaha« nennen. Buffett wohnt nicht in New York, nicht in der Nähe der Wall Street, er wohnt in Omaha seit knapp 40 Jahren im gleichen Haus, für das er 31500 Dollar bezahlte, liebt Steaks, dazu viel Cherry Coke und hasst Cocktailpartys. Mit fünf Jahren, so erzählt er gerne, habe er sein erstes Geld mit dem Verkauf von Kaugummi verdient, als Sechsjähriger habe er das Sixpack Coca-Cola für einen Vierteldollar gekauft und die Flasche für fünf Cent verkauft. Nicht nur Buffett lebt in der Farnam Street in Omaha, das Hauptquartier seiner Investmentgesellschaft Berkshire Hathaway befindet sich ebenfalls in Omaha, fernab der hektischen Wall Street. Buffett hat den Verlockungen der Technologiewerte widerstanden; auch Internetwerte waren ihm nicht investierwürdig. Er gilt in Amerika als Investmentlegende.

Was macht solche Menschen wie Buffett oder Gross erfolgreich? Vermutlich eine Fülle von Charaktereigenschaften, Umständen, Prinzipien, vermutlich auch ein wenig Glück. Aber eines haben Gross und Buffett gemeinsam: Sie residieren nicht an der Wall Street, sie leben fernab von der berühmten Straße in Lower Manhattan, in der das Herz der Finanzmärkte schlägt, in der sich den ganzen Tag geschäftige Menschen in grauen und schwarzen Anzügen treffen, miteinander Geschäfte machen, Aktien, Geld und Meinungen austauschen.

Vielleicht ist das ein Schwachpunkt des Lebens an der Wall Street: Man ist ständig an der Wall Street. Die meisten Firmen suchen genau das, sie wollen da sein, wo die Geschäfte gemacht werden, wo man den Finger am Puls des Marktes und des Geschäfts hat; damit man weiß, was wichtig ist, was die neuesten Trends sind, wer die angesagten Personen sind, die man kennen muss. Ein besserer Nachrichtenfluss, wichtige Bekanntschaften, informelle Kontakte, Netzwerke – das alles macht das Geschäft leichter.

Das hört sich vernünftig an, ist aber mit Blick auf den Geist der Herde ein Fehler: Wer jeden Tag von Menschen umgeben ist, die das Gleiche denken, sagen, glauben, fühlen, wird sich kaum diesem Denken, Glauben, Fühlen entziehen können – er wird vom Sog der Herde mitgezogen. Vielleicht ist das ein Teil des Erfolgsgeheimnisses von Bill Gross und Warren Buffett: Sie treffen ihre Entscheidungen fernab der Wall Street und entziehen sich damit dem Sog, den solche mächtigen Trends entfalten können. Wer einmal auf einer Party, einem Fußballspiel oder einer anderen Massenveranstaltung war, weiß, wie wenig man sich der mitreißenden Kraft des Kollektivs entziehen kann – und auf einmal ertappt man sich dabei, wie man albere Party-Lieder über rote Pferde grölt und dabei auf und ab springt. Wer einmal am Rosenmontag in der Fastnachtshochburg Mainz war, kann das sofort nachvollziehen. Und wer einmal am Rosenmontag geschäftlich in Mainz war und nicht mitfeiern konnte, der kennt das Gefühl der Befremdung, das einen beschleicht, wenn man die feiernden und johlenden Horden an sich vorbeiziehen sieht – man ist nicht Teil der Herde, deswegen versteht man ihren Geist nicht.

So muss es wohl auch Warren Buffett ergangen sein, der fernab, in Omaha, in seinem 31500-Dollar-Haus, das er seit jeher bewohnt, die Bilder und Interviews von der Wall Street hörte, wo technikgläubige Wunderkinder vom neuen Zeitalter und 100 Prozent Gewinnen erzählten. Vielleicht hat ihm auch sein Alter geholfen – er gehört nicht zu der Generation der Wunderkinder, die mit erst 27 bereits an der Börse zaubern und mit der neuen Technologie aufgewachsen sind, auch das führt zu einer Entfremdung. Und diese Entfremdung, verursacht durch räumliche, kulturelle und persönliche Distanz, hilft, dem Lockruf der Herde zu widerstehen. »An der Wall Street hätte mein Vater ein ganz anderes Leben geführt«, sagt Buffetts Sohn Peter. »Er wäre Dingen hinterhergejagt, weil andere Leute sie auch wollten.« Besser kann man das nicht auf den Punkt bringen, höchstens, wie es einmal ein deutscher Fondsmanager erklärte – er vermeide Meetings und tägliche Börsengespräche, dort gebe es zu viele irrelevante Informationen.

Für Anleger bedeutet das, dass sie sich ganz bewusst ein Stück von der Hektik des Tagesgeschäftes fernhalten sollten. Nicht jeden Tag ins Depot schauen, nicht jeden Tag die Kurse vergleichen, nicht jeden Tag die Börsenzeitschrift mit den neuesten heißen Aktientipps lesen – einfach eine gesunde Distanz zum alltäglichen Irrsinn herstellen. Der Hedgefonds-Manager Guy Spier beispielsweise – ein Mann, den man also beileibe nicht als Amateur abtun kann, schaut nach eigenem Bekunden nur einmal pro Woche auf den Kurszettel.

Wer hingegen das Abenteuer liebt, den Nervenkitzel, die Erregung einer solchen hektischen Welt, der sollte sein Depot teilen: einen Teil als Altersversorgung, den man langfristig investiert und wegschließt, einen Teil als Spielgeld, um am aufregenden Treiben der Kapitalmärkte mitzuhalten – immer der Tatsache gewahr, dass dieses Spielgeld rasch verbrannt sein kann. Den wichtigen Teil Ihres Portfolios hingegen sollten Sie fernhalten vom Treiben der Herde.

Der Psychologe Paul Andreassen hat dazu ein erhellendes Experiment gemacht: Zwei Gruppen von Studenten wählten für ihr Portfolio Aktien aus, von denen sie genügend wussten, um eine Vorstellung von deren Wert zu haben – dann sollten sie mit den Aktien handeln. Dabei gab es aber nur einen Unterschied: Die Studenten der ersten Gruppe sahen nur, wie sich der Kurs ihrer Aktien änderte, sie erhielten aber keine zusätzlichen Informationen. Die zweite Gruppe hingegen erhielt ständig Informationen über diese Aktien; Finanznachrichten, die Erklärungen darüber anboten, was warum mit diesen Aktien passierte. Das Ergebnis ist überraschend und spricht dafür, Abstand von der Herde zu halten: Die erste Gruppe der Studenten schnitt deutlich besser ab als Gruppe Nummer zwei. Die Studenten, die beständig mit Finanznachrichten berieselt wurden, tendierten dazu, die Relevanz dieser Informationen zu stark zu betonen. Nicht jede Information ist nützlich; manche sogar schädlich. Ein wenig Abstand zu den eigenen Investments – und der Herde – kann nicht schaden.

Für die Politik haben Herdentriebe an der Börse eine einfache Botschaft: Keine Finanzmarktkrise entsteht ohne eine zu laxe Geldpolitik, die zu viel Liquidität in die Wirtschaft pumpt und damit den Zug der Lemminge in Bewegung setzt. Hier ist der Anfang des Übels, und hier ist die wichtigste geldpolitische Prävention: Wer die Welt mit Papiergeld und Buchkrediten überflutet, darf sich nicht über die anschließende Sauerei auf dem Fußboden respektive die anschließenden Eskapaden der Vermögenspreise aufregen.

»Ich wollte niemals weg von Guyana, niemals zurück in mein altes Leben«, sagt Laura. Sie ist eine der wenigen Überlebenden des Massenselbstmordes im Dschungel von Guyana. Warum? Laura war an jenem verhängnisvollen 18. November 1978 nicht in der Dschungelsiedlung, sondern in Guyanas Hauptstadt Georgetown, wo die Sekte einen zweiten Sitz eingerichtet hatte. »Wenn ich dabei gewesen wäre, wie ein geliebter Mensch nach dem anderen tot umfällt, hätte ich auch nicht mehr leben wollen«, sagt sie. Laura hört im Radio von dem Massensterben, aber sie überlebt – vermutlich, weil sie genügend Distanz zur Herde hat. Wer von ihr nicht mitgerissen werden will, muss Abstand halten.

Abstand halten sollte man auch zu einer anderen menschlichen Schwäche – lassen Sie uns einen Blick in die Kristallkugel werfen, respektive in eine große deutsche Tageszeitung.

2 NARREN DES ZUFALLS

Ein Blick in die Kristallkugel

Im Jahr 2006 findet sich ein prophetischer Artikel in einer großen deutschen Tageszeitung: »Der Dax wird langfristig unter 2000 Punkte fallen«, plärrt es dem Leser von den Schlagzeilen entgegen. Das ist bemerkenswert: Da verspricht ein Börsenexperte uns im Jahr 2006, wie die Welt 2015 aussehen wird. Allen Unwägbarkeiten auf dem Weg dorthin zum Trotz – Finanzkrisen, Kriege, Umstürze, Regierungswechsel, Flutkatastrophen, neue Erfindungen – verspricht uns hier jemand, dass er uns sagen kann, wie die Welt in neun Jahren aussieht. Respekt. In der bunten Welt der Börsenanalyse und -magazine liest sich das in etwa so:

> »In der abgelaufenen Woche glänzte der Dax mit einer beeindruckenden Kursrallye, in der die 200-Tage-Linie und die 6000-Punkte-Marke zurückerobert wurden. Nun steht der Index aber bereits vor dem nächsten Widerstand in Form der 38-Tage-Linie bei 6118 Zählern. Ein Ausbruch über diese Hürde würde eine Erholung bis auf 6250 Punkte begünstigen. Mit einem Abprall nach unten wäre allerdings ein Wiedersehen mit der 200-Tage-Linie bei 5963 Zählern vorprogrammiert.«

Wohlgemerkt, die 200-Tage-Linie liegt nicht bei 5962 Punkten, auch nicht bei 5964 Punkten, sondern genau bei 5963 Punkten. Und natürlich ist es die 38-Tage-Linie, die zählt, nicht die 39-Tage-Linie oder die 37-Tage-Linie. So präzise kann die Chartanalyse sein.

Kann sie? Dieses Kapitel ist über den gefährlichsten Feind, dem man an der Börse begegnen kann, einen Feind, der sich in vielen Verkleidungen zeigt, der immer dort auftaucht, wo man ihn am wenigsten erwartet, und der immer dann, wenn man es am wenigsten braucht, uns einen Strich durch die Rechnung macht: Dieses Kapitel ist über den Zufall. Und der Zufall narrt auch solche Experten mit imposantem Fachvokabular und gewagten Prognosen.

Wer sind diese Leute? Diese Experten sind das, was das fachkundige Publikum »technische Analysten« nennt. Technische Analysten mischen die Bewegungen der Kurse von Wertpapieren mit sogenannten technischen Indikatoren und machen daraus eine Prognose. Überspitzt gesagt könnte man formulieren, dass diese Menschen versuchen, die innere Mechanik der Welt zu verstehen: Wenn ich einmal begriffen habe, wie bestimmte Zusammenhänge aussehen und welche Muster diese Zusammenhänge produzieren, dann muss ich nur die Muster erkennen, und schon kann ich eine Prognose häkeln. Vereinfacht gesagt kann man, sobald man ein bestimmtes Muster erkennt, aus ähnlichen Mustern der Vergangenheit folgern, wie es nun weitergehen wird – nämlich so wie bei den vergangenen Mustern. Ist das die Mechanik der Börse, die Mechanik der Welt?

Das klingt zu schön, um wahr zu sein, für manche klingt es sogar abwegig. Es gibt feste Muster in der Welt, die es zu erkennen gilt, und wer sie erkennt, dem öffnen sich die Pforten zur Zukunft? Das klingt mehr esoterisch als wissenschaftlich. Umso erstaunlicher ist, dass der Verantwortliche der Zeitung, die den Artikel zum Dax-Kurs in neun Jahren abdruckte, im Gespräch eröffnet, dass die Leserschaft ganz wild sei nach solchen technischen Analysen: Die Publikumsreaktionen – Leserbriefe, telefonische Anfragen, Mails – zeigten den Zeitungsherstellern klar, wie groß das Bedürfnis nach dieser Sorte von Analysen sei. »Wir haben eine Serie zur technischen Analyse gemacht – das Echo war riesig«, sagt der Ressortleiter der Zeitung, der es wissen muss. Ja selbst Universitäten hätten angefragt, ob man Nachdrucke solcher Artikel haben könne. Selbst einige der verantwortlichen Redakteure schüttelten den Kopf – was treibt diese Menschen, warum ist ihr Interesse an diesen Dingen so groß?

Vielleicht hilft uns ein einfaches Experiment, zu verstehen, was hier passiert. Man bittet Versuchspersonen, sich eine Personenbeschreibung anzuschauen, beispielsweise diese:

> Steve ist scheu und lebt zurückgezogen, sehr hilfreich, aber wenig an Menschen interessiert. Er braucht Ordnung und Struktur und hat einen Sinn für Details.

Was glauben Sie, hat Steve für einen Beruf? Ist er Bibliothekar oder Bauer? Natürlich werden Sie ohne zu zögern vermuten, dass Steve Bibliothekar ist, ganz einfach deswegen, weil seine Personenbeschreibung auf einen Bibliothekar passt. Ein Bauer mit Sinn für Details? Ach wo. Ein Landwirt, der zurückgezogen lebt? Hört sich komisch an. Steve muss einfach ein Bibliothekar sein.

Ohne es zu wissen, haben Sie hier eine spezielle Entscheidungstechnik angewendet, eine sogenannte Heuristik. Eine Heuristik ist ein Verfahren, das uns hilft, komplexe Probleme einfach zu entscheiden. Das Problem, vor das Sie die Frage nach Steves Beruf stellt, ist sehr schwierig: Wie soll man den Beruf eines Menschen erraten, von dem man fast nichts weiß? Ein perfekt analytischer Mensch würde folgenden Weg wählen: Er würde überlegen, welcher Beruf in der Bundesrepublik am häufigsten vorkommt, und tippen, dass Steve diesen Beruf hat. Also: Nehmen wir einmal an, in der deutschen Bevölkerung sind zwei Prozent aller Männer Bibliothekare und vier Prozent der Männer Landwirte. Dann sollte man darauf tippen, dass Steve Landwirt ist, wahrscheinlichkeitstheoretisch ist das der bessere Tipp. Warum? Ganz einfach: Solange wir davon ausgehen, dass Steve zufällig aus der Menge der deutschen Arbeitnehmer herausgepickt wurde, liegen die Chancen, dass ein Bibliothekar gewählt wird, bei zwei Prozent; die Chancen auf einen Landwirt bei vier Prozent. Also sollte man auf Landwirt tippen.

Klingt logisch, widerstrebt uns aber: Die Beschreibung klingt einfach nicht nach Landwirt, sondern nach Bibliothekar. Also haben wir aus den Charaktereigenschaften, die wir über Steve erfahren haben, geschlossen, dass er Bibliothekar ist. Damit haben wir uns der sogenannten Repräsentativitätsheuristik bedient: Wir haben beschlossen, dass das, was wir von Steve wissen, repräsentativ für einen Bibliothekar ist – also muss er ein Bibliothekar sein. Die Prozentzahlen, die wir ohnehin nicht kennen, haben wir ignoriert. Wir haben die schwierige Frage nach Steves Beruf durch eine einfache Methode gelöst – wer aussieht wie ein Bibliothekar, der ist auch einer. Das ist deutlich schneller und einfacher als die Idee, zu raten, wie viel Prozent der Bevölkerung Bibliothekar oder Landwirt sind.

Grundsätzlich ist diese Idee gar nicht schlecht, sie kann recht gut funktionieren: Wer einen Menschen in Lederklamotten, mit Tätowierungen, Höllenmaschine und Bierfahne sieht, vermutet hinter ihm keinen Religionslehrer, und das in 99 Prozent aller Fälle sicherlich zu Recht. Doch funktioniert diese Technik immer? Wie wäre es damit:

> Steve ist sehr genau in dem, was er tut, überlegt und fleißig. Er arbeitet viel, ist an Menschen interessiert, überlässt nichts dem Zufall und arbeitet hoch konzentriert.

Was, wenn wir entscheiden sollen, ob Steve ein Sachbearbeiter im Büro oder ein Herzchirurg ist? Die Personenbeschreibung deutet vielleicht eher auf einen Chirurgen hin, aber wie viele gibt es davon in Deutschland, und wie viele Sachbearbeiter gibt es? Wäre es da nicht besser, auf Sachbearbeiter zu tippen?

Die Gefahr ist groß, dass wir diese Heuristik falsch anwenden, wie ein weiteres Experiment zeigt: Jetzt bitten wir die Versuchspersonen, aus einer Gruppe von 100 Personen eine Person zufällig herauszupicken und deren Beruf zu raten, genauer gesagt die Wahrscheinlichkeit, dass sie einen bestimmten Beruf hat. Dabei haben wir der Versuchsperson zusätzlich die Information gegeben, dass die Gruppe aus 30 Ingenieuren und 70 Rechtsanwälten besteht. Die Wahrscheinlichkeit, dass eine zufällig herausgesuchte Person aus der Gruppe ein Rechtsanwalt ist, beläuft sich damit auf 70 Prozent. Das haben die Versuchspersonen auch begriffen: Gab man ihnen keine Personenbeschreibung, dann schätzten sie, dass die herausgepickte Person zu 70 Prozent ein Anwalt ist. Jetzt aber kommt die Repräsentativitätsfalle: Gab man den Probanden die zusätzliche Information, dass die ausgewählte Person technikbegeistert sei, dann war das für sie ganz klar ein Ingenieur – die Tatsache, dass die Mehrheit der Personen Anwalt war, ignorierten sie komplett. Das kann zu Fehleinschätzungen führen: Gäbe es nur einen Ingenieur unter den 100 Personen, so würde man trotz Technikbegeisterung die Wahrscheinlichkeit, dass es sich um einen Ingenieur handelt, gering veranschlagen. Also warum sollte man auch nicht berücksichtigen, dass immerhin 70 der 100 Personen Anwalt sind? Hier lauert eine Fehlerquelle.

Aber es wird noch skurriler: Jetzt gab man den Versuchspersonen eine Beschreibung der zufällig ausgewählten Person, die keinen Rückschluss darauf zuließ, ob es sich um einen Anwalt oder Ingenieur handelt. Was passierte? Bemerkenswerterweise schätzten sie nun die Wahrscheinlichkeit, dass es sich um einen Techniker handelt, auf 50 Prozent ein. Die 70 Prozent Wahrscheinlichkeit für einen Anwalt ignorierten sie komplett.

Gut, mögen Sie jetzt sagen, eine nette Sache, diese Repräsentativitätsheuristik, aber was hat sie mit der Börse zu tun, was mit dem Dollar-Kurs in 15 Jahren und den Prognosen der technischen Analysten? Einiges.

Beispielsweise das: Ein frappierendes Beispiel bietet die Aktiengesellschaft Biodata, ein ehemals am Neuen Markt notierter Hersteller für Verschlüsselungssoftware. Der Aktienkurs von Biodata folgte regelmäßig den Kurssprüngen von Biotechnologieaktien. Marktbeobachter waren sich einig, dass viele Anleger wegen des »Bio« im Firmennamen fälschlicherweise schlossen, das Unternehmen sei in der Biotechnologiebranche tätig. Die Aktie folgte dem Trend einer Branche, der das Unternehmen gar nicht angehörte. Repräsentativität pur. Und Unfug pur.

Aber es kommt noch dicker: Das Wortungetüm »Repräsentativitätsheuristik« kann zum sogenannten Spielerirrtum führen. Dazu gehen wir jetzt ins Kasino. Und sehen einem Mann zu, wie er den Zufall austrickst.

Der Spielerirrtum und das defekte Roulette-Rad

Als Joseph Jaggers 1873 in Monte Carlo ankommt, weiß er nichts über Roulette. Jaggers ist Ingenieur, er weiß alles über Achsen, Wellen und darüber, dass sich keine Achse vollkommen gleichförmig und gleichmäßig dreht. Irgendeine Unregelmäßigkeit gibt es immer. Und dieses Wissen macht sich Jaggers zunutze: Er heuert sechs Burschen an, die für ihn tagelang die Nummern aufschreiben, die an den Roulette-Tischen fallen. Dann macht er sich daran, diese Zahlen auszuwerten, und er findet das, was ihm sein Ingenieurinstinkt bereits gesagt hat: Eines der Roulette-Räder hat eine Unwucht, es läuft nicht gleichmäßig – damit fallen die Zahlen bei diesem Rad nicht gleichmäßig, es gibt eine Verschiebung hin zu einer bestimmten Zahlengruppe, die häufiger fällt, als es die Gesetze der Wahrscheinlichkeit zulassen. Jaggers hat, was er wollte, geht ins Kasino und beginnt zu spielen, und zwar nur an jenem Rad mit der Unwucht – und gewinnt. Das Management des Kasinos ist verstört und vertauscht angesichts der beunruhigenden Gewinne Jaggers nach Feierabend die Räder an den Tischen. Tags darauf verliert Jaggers, was ihn anfangs irritiert. Aber dann erinnert er sich: Sein Rad, das mit der Unwucht, hatte einen kleinen Kratzer. Also klappert er die anderen Tische ab und findet sein Rad wieder, das mit dem Kratzer und der Vorliebe für bestimmte Zahlen – und setzt seine Gewinnsträhne fort. Nachdem er 325 000 Dollar gewonnen hat, verlässt er Monte Carlo, um nie wieder zu spielen.

Nun stellen Sie sich vor, Sie haben im Kasino schon geraume Zeit der Roulette-Kugel beim Broterwerb zugesehen, und Ihnen ist aufgefallen, dass gerade eben sechsmal hintereinander Rot gefallen ist. Natürlich denken Sie jetzt an Jaggers – juckt es Sie jetzt nicht in den Fingern, ein wenig Geld auf Schwarz zu setzen? Dabei wissen Sie sicherlich genau, dass die Wahrscheinlichkeit für Rot oder Schwarz bei jedem neuen Wurf der Roulette-Kugel immer die gleiche ist, solange Sie nicht die Vermutung haben, dass das Rad eine Unwucht hat. Das Roulette-Rad hat kein Gedächtnis. Selbst wenn 100-mal hintereinander Rot gefallen ist, ist die Wahrscheinlichkeit für Schwarz beim 101. Versuch immer noch rund 48,6 Prozent (sie ist nicht 50 Prozent wegen der Null, beim amerikanischen Roulette ist sie noch geringer, da es dort die Null und die Doppelnull gibt).

Aber warum sagt Ihnen Ihre Intuition, dass jetzt eigentlich Schwarz dran wäre? Ganz einfach, weil 101-mal hintereinander Rot nicht unserer repräsentativen Vorstellung von Zufall entspricht. Zufall, das wäre für uns, wenn sich die Zahl der roten und schwarzen Würfe in etwa das Gleichgewicht halten. Das tun sie auch, aber nur langfristig, und das ist unser Problem. Hier stolpern wir über die Repräsentativitätsheuristik.

Der Denkfehler besteht darin, dass wir selbst bei wenigen Versuchen am Roulette-Rad erwarten, dass sich Rot und Schwarz die Waage halten. Sechsmal hintereinander Rot – das kann doch nicht wahr sein, wir wissen doch, dass es dreimal Rot und dreimal Schwarz sein muss. Oder? Wer so denkt, stellt sich den Zufall als wohlberechenbar vor, als höfliches Wesen, das sich auch in kleinen Ausschnitten gefälligst so zu verhalten hat, wie wir es erwarten. Doch genau das ist Zufall nicht, er ist wild und unberechenbar.

Und was den Zufall so unberechenbar macht, ist, dass er sogar in der Lage ist, Muster zu erzeugen – was uns zu unseren technischen Analysten bringt. Machen Sie ein einfaches Experiment: Werfen Sie 100-mal eine Münze, und tragen Sie die Ergebnisse dieser Münzwürfe in einer Grafik ab; jeder Münzwurf ergibt einen Punkt. Jede Wette, dass sich unter den 100 Datenpunkten, die Sie auf diese Weise erzeugen, Strecken finden, die wie ein Muster wirken – ein regelmäßiger Zickzack, ein steiler Aufwärtstrend, ein satter Abwärtstrend, vielleicht ein Wellenmuster. Mit anderen Worten: Sie entdecken eine Regelmäßigkeit, ein Muster in diesen zufällig zusammengeworfenen Daten, und die können Sie nun mit einer passenden Theorie adeln.

Genau das ist der Punkt an der Suche nach Gesetzmäßigkeiten an der Börse: Man findet sie zuhauf, zu Tausenden in den Kurscharts der Aktien, Währungen und sonstigen Preise – doch bedeutet das, dass diese Gesetzmäßigkeiten, diese Muster, einen tieferen Sinn haben? Wenn Sie Anhänger der technischen Analyse sind, sollten Sie daran glauben, denn wenn diese Muster rein zufällig entstehen, haben sie keinen tieferen Sinn – unser Verstand, die Bereitschaft unseres Auges, Muster zu erkennen, verleiht ihnen nur nachträglich Sinn, weil wir uns nicht vorstellen können, dass Muster rein zufällig entstehen – so wie das mit dem Zufall nun mal ist. Muster sind nicht repräsentativ für unsere Vorstellung von Zufall, also sagt uns die Repräsentativitätsheuristik, dass hinter diesem Muster ein systematischer Zusammenhang stehen muss. Wie beim Roulette-Rad.

Schütteln Sie hingegen die Repräsentativitätsheuristik ab, dann teilen Sie die Ansicht, dass Muster zufällig entstehen – dann mutiert die technische Analyse zum Narrengold der Börse: Man sucht unter Tausenden von Kursdaten solche, bei denen der Zufall Muster erzeugt hat, adelt diese Muster mit einer Theorie (»nach jeder Kopf-Schulter-Formation kommt ein Abwärtstrend«) und macht seine Vorhersagen aufgrund dieser Theorie. Man verleiht dem Zufall theoretische Flügel, auf denen man ins Prognose-Nirwana gleitet. Was stimmt denn nun? Zeit für einen näheren Blick: Wie funktioniert eigentlich technische Analyse?

Prognose mit Stift und Papier

Unter dem Begriff der technischen Analyse verbirgt sich ein Sammelsurium von Methoden, Ideen und Börsenindikatoren, mit deren Hilfe man Börsenkurse vorhersagen will. Ein fester Bestandteil dieser Disziplin ist die sogenannte Chartanalyse: Man liest aus dem Verlaufsmuster eines Börsenkurses, dem Chart, Hinweise auf dessen zukünftige Entwicklung. Hinter dieser Idee steht die Vorstellung, dass es Ereignisse gibt, die immer wiederkehren, dass es viele Ereignisse mit ähnlichen, wahrscheinlichen Zukunftsverläufen gibt. Bestimmte Muster in einem Chart gelten also als Vorboten zukünftiger Entwicklungen. Geometrische Muster, die man in dem Chart eines Wertpapierkurses findet, werden als Richtungsanzeiger verstanden: Gleitende Durchschnitte, Trendkanäle mit Unterstützung und Widerstandslinie, sogenannte Formationen wie die W- und M-Formation, Kopf-Schulter-Formation, Wimpel oder Flagge oder die legendären Elliot-Wellen markieren dieser Theorie zufolge die Wendepunkte eines Wertpapierkurses oder geben Anhaltspunkte dafür, wann und wie ein Kurs seinen Weg fortsetzt.

Vereinfacht gesagt schaut man sich als Chartanalyst also den Verlauf eines Börsenkurses an und versucht festzustellen, welches Muster dieser Chart aufweist. Hat er ein Muster – beispielsweise einen Trendkanal – erkannt, so prognostiziert er aus diesem Muster den zukünftigen Kursverlauf des betreffenden Wertpapiers. Das wirkt auf den unbeteiligten Beobachter ein wenig so, als wolle man aus dem Flug der Vögel die Zukunft lesen – eine Technik, die vor einigen Hundert Jahren durchaus verbreitet war, auch wenn man wenig über die Erfolge dieser Methode hört und sie zuletzt ein wenig aus der Mode gekommen zu sein scheint.

Wer keinen Unterschied zwischen dem Flug der Vögel und der Chartanalyse macht, sieht einen anderen Mechanismus am Werk, nämlich die Repräsentativität. Der Zufall, so die Kritik, macht die Chartgläubigen zu seinen Narren, er erzeugt Muster, und diese Muster sind für die Chartanalysten eben nicht repräsentativ für das, was sie als Zufall ansehen. So wie wir einfach nicht glauben wollen, dass jemand, der scheu und zurückgezogen lebt, Landwirt ist, können wir uns nicht vorstellen, dass der Zufall regelmäßige Muster erzeugt, die uns universell in verschiedenen Kurscharts begegnen. Die Folge liegt auf der Hand: Wenn diese Muster nicht zufällig erzeugt worden sind, dann muss ihnen ein tieferer Sinn zugrunde liegen, und diesen Sinn versucht die Chartanalyse zu ergründen. Und wer diesen Sinn entschlüsselt, kann damit Geld verdienen.

Also alles Zufall? Die Chartanalysten leugnen das, sie behaupten, dass die Charts eben nicht vom Zufall bestimmt werden, sondern – anders als Roulette-Kugeln – menschliches Verhalten widerspiegeln, das sich in bestimmten Situationen stets wiederholt. Klingt plausibel, aber angesichts der unendlichen Variabilität des menschlichen Charakters und Verhaltens und eingedenk der Millionen Variablen, die das menschliche Verhalten beeinflussen, ist das recht optimistisch – das alles lässt sich aus einer einzigen Kurve herauslesen? Und jetzt haben wir noch nicht darüber gesprochen, dass auch menschliches Verhalten vom Zufall gerüttelt wird.

Dem halten Chartanalysten entgegen, dass viele Kurse solchen charttechnischen Gesetzmäßigkeiten folgen würden – ist das nicht der Beweis für einen inneren Zusammenhang zwischen Chartgeometrie und Kursentwicklung und ein Indiz für allgemeine Gesetze der Kursbildung? Eher nein, diese Beobachtung lässt sich mit der Idee des sogenannten Data-Minings erklären: Man greift in die mit Millionen und Millionen von Wertpapierkursen gefüllte Kiste namens Finanzmarkt und sucht diejenigen Kursverläufe, die zufällig einem bestimmten Verlaufsmuster folgen – und preist das als Beweis dafür, dass es diese universellen Kursverläufe gibt. Wenn Sie Muße haben, probieren Sie das selbst: Machen Sie sagen wir zehn mal 100 Würfe mit der Münze, schreiben Sie wieder die Ergebnisse auf – die Wahrscheinlichkeit ist recht groß, dass Sie in den zehn Versuchen sich wiederholende Muster entdecken. Und wieder macht der Zufall uns eine lange Nase.

So kommen also die Muster in zufällige Zeitreihen: Man sucht einfach lange genug nach verschiedenen Kursen, die zufällig ähnlich verlaufen. Spötter nennen diese Methode »der mexikanische Scharfschütze«: Man schießt mit einer Pistole auf eine Wand, malt anschließend Zielscheiben um die Einschusslöcher und preist seine Fähigkeiten als Schütze – jeder Schuss ein Treffer. Wer darauf verweist, wie viele Kurse charttechnischen Verlaufsmustern folgen, muss auch das Gegenteil fragen: Wie viele Kurse gehorchen diesen Gesetzmäßigkeiten nicht? Ein solcher Vergleich könnte ernüchternd sein.

Dieses Argument gilt auch für den Einwand, dass es jede Menge technischer Analysten gebe, die mit diesen Methoden Geld verdienen. Klingt gut, lässt aber die Frage offen, wie viele Analysten damit Geld verlieren. Von dieser Spezies finden sich naturgemäß wenige, da sie nach hinreichendem Misserfolg vom Markt ausgespuckt werden – übrig bleiben dann nur diejenigen, die erfolgreich waren, möglicherweise nicht wegen, sondern trotz technischer Analyse. Ein erfolgreicher Chartanalyst ist vielleicht jemand, der zufällig überlebt hat; als Beweis für die Überlegenheit der Chartanalyse taugt er nicht. Wenn die Chartanalyse wirklich überlegen wäre, so muss man fragen, warum es Analysten gibt, die diese Methode nicht nutzen.

Zugespitzt bekommt der Streit um die Chartanalyse eine philosophische Dimension: Ist die Zukunft bereits festgezurrt, in den Kursen vom Schicksal festgeschrieben? Wenn das stimmt, dann sind Charttechniker die modernen Seher, die unser Schicksal respektive das Schicksal der Märkte nicht aus dem Flug der Vögel oder den Eingeweiden von Tieren, aber aus dem Kursverlauf der Aktien lesen. Aber: Wenn unser Leben wirklich vorherbestimmt ist – können wir es dann ändern, selbst wenn wir es erkennen? Die Suche nach charttechnischen Mustern gleicht damit der Suche nach der alles erklärenden einheitlichen Weltformel: Die Wertpapierkurse, der Vogelflug, die Ästhetik der Natur – das alles soll einem einheitlichen Gesetz, einem Muster, einer Weltformel folgen. Und einen Teil dieser Weltformel verrät uns die Chartanalyse mit Konzepten wie dem Goldenen Schnitt oder den Elliot-Wellen. Gottes Plan winkt uns aus den Kursen der Wertpapiere zu – wir müssen sie nur richtig lesen. Man muss kein ausgesprochen misstrauischer Mensch sein, um sich bei diesem Gedanken unwohl zu fühlen.

Jenseits solcher fundamentaler Überlegungen steht die Psychologie: Wenn die Ideen und Prognosen der Chartanalyse vielen Marktteilnehmern vertraut sind – was durch die Verbreitung und Popularisierung über Anlegermagazine immer mehr zutrifft –, kann Chartanalyse zu einer sich selbst erfüllenden Prophezeiung werden. Weil alle dran glauben und entsprechend handeln, tritt die Prophezeiung ein. Wer aufgrund der Chartanalyse steigende Kurse erwartet, kauft und treibt damit die Kurse selbst nach oben.

Möglicherweise sind die technische Analyse und unser Glauben daran in der Tat eher eine psychologische Angelegenheit: Unser Gehirn mag nicht glauben, dass solche Muster zufällig sind, adelt sie mit einer Erklärung, einem inneren Sinn, und erfüllt seinem Gehirn damit einen anderen Wunsch: den Wunsch nach mehr Sicherheit und einer Welt, die man versteht. Das menschliche Gehirn hasst Komplexität und Unsicherheit – und beides bieten Kapitalmärkte im Überfluss. Das menschliche Gehirn, so wissen wir aus der Psychologie, sucht sich Wege, diesen Problemen zu entkommen. Statt also komplexe Zusammenhänge – Zinsen, Wechselkurse, Politik, Wachstum und sonstige Faktoren – zu analysieren, um zu der Erkenntnis zu kommen, dass die Zukunft unsicher, ungewiss und bedrohlich ist, erklärt man sie mit einfachen geometrischen Mustern, die uns Halt und Zuversicht geben.

Neben dem Charme der einfachen Verständlichkeit suggeriert die Chartanalyse damit eine trügerische Sicherheit, weil sie die Geschehnisse auf dem Kapitalmarkt vorbestimmt erscheinen lässt – wir kennen nun die zukünftigen Kurse, das raubt uns das Gefühl der Ohnmacht, das Gefühl, dem wilden Treiben des Zufalls auf den Kapitalmärkten hilflos ausgeliefert zu sein. Und wenn die Analyse dann noch den Menschen das prophezeit, was sie gerne glauben möchten, erhöht sich das seelische Wohlbefinden des Anlegers zusätzlich. So gesehen bedient die Chartanalyse tiefe menschliche Bedürfnisse nach Sicherheit, einer verständlichen Welt und dem Gefühl, alles unter Kontrolle zu haben – das hat durchaus Servicecharakter, weswegen man getrost davon ausgehen kann, dass es auch in Zukunft Menschen geben wird, die, wenn nicht aus dem Flug der Vögel, so doch aus dem Verlauf eines Wertpapierkurses die Zukunft weissagen werden.

Ökonomen hingegen bevorzugen für Kapitalmärkte oftmals ein Modell, dessen Bewegungen an die eines Betrunkenen erinnern, den sogenannten »Random Walk mit Drift«. Das kann man sich vorstellen wie einen Betrunkenen, der schwankend auf dem Weg nach Hause zickzack läuft: Seine Bewegungen nach rechts und links sind rein zufällig und unberechenbar, sein Ziel ist klar – leider aber erkennen wir das Ziel des Betrunkenen erst, wenn er dieses erreicht hat; das ist zu spät für eine Prognose. Und das Muster seiner Zickzackbewegungen hat wenig bis keine Aussagekraft für sein Ziel. Damit kann man sich die Entwicklung eines Wertpapierkurses vorstellen wie das Ergebnis eines riesigen Roulette-Rads, auf dem statt Zahlen Kursveränderungen stehen: Wie sich die Kurse an einem Tag verändern, ist eine zufällige Angelegenheit und lässt sich nicht aus dem zurückliegenden Verlauf des Kurses bestimmen. Wie eine Roulette-Kugel haben Börsenkurse kein Gedächtnis. Was diese Sicht unterstützt, sind die fundamentalen Ereignisse, welche die Kapitalmärkte mitbestimmen und die, wenn nicht vom Zufall, so doch sicher nicht von vergangenen Kurscharts bestimmt werden: Zinssenkungen, Katastrophen, Kriege, Unwetter, Wahlausgänge und sonstige Ereignisse aus der realen Welt – das alles spielt für eine Chartanalyse keine Rolle. Wenn also nach einer bestimmten Formation immer ein Kursaufschwung kommt, dann kommt er auch, selbst wenn gerade ein Krieg ausbricht oder eine Staatspleite droht. Plausibel?

Aber, so wenden Sie vielleicht nun ein, es gibt doch bestimmte Zusammenhänge an der Börse – kann man die denn nicht ausnutzen? Es gibt doch Gesetzmäßigkeiten und Kausalitäten, die das Geschehen an den Kapitalmärkten diktieren – was ist denn damit? Vielleicht beantwortet uns ein legendäres Luftschiff diese Frage.

Das Hindenburg-Omen und der Bayern-München-Indikator

Der 6. Mai 1937 läutet das Ende einer Ära ein: Das Luftschiff »Hindenburg«, das größte Luftfahrzeug der Menschheitsgeschichte, erreicht nach einer Atlantiküberquerung seinen Landeplatz in Lakehurst nahe New York. Plötzlich geht ein Ruck durch das Schiff, dann folgen 32 Sekunden, in denen sich der Zeppelin in einen gigantischen Feuerball verwandelt und zu Boden stürzt. In dem Inferno sterben 35 der 97 Menschen an Bord, am Boden wird ein Mitarbeiter der Landecrew von herabfallenden Trümmern erschlagen. Theorien über die Ursachen der Katastrophe gibt es zuhauf: Elmsfeuer, Hühnerzüchter, die den Zeppelin mit Schrot beschießen, ein anarchistischer Racheakt, Sabotage oder eine Verschwörung, möglicherweise von den Nazis selbst eingefädelt? Gutachter finden heraus: Ein gerissenes Seil hatte beim Landeanflug ein Leck in eine der Gaszellen des Riesen geschlagen. Wasserstoff entwich in den Innenraum, wo sich ein leicht brennbares Gas-Luft-Gemisch bildete. Ein Funken genügte, um das Inferno auszulösen.

Seit jenem Abend in Lakehurst, als der Stolz der deutschen Luftfahrt in Flammen aufging, gilt die Hindenburg als ein Synonym für Katastrophen und Unglücke. Auch heute noch verbreitet der Name der Hindenburg Gruseln und Schauern an den Börsen, jedenfalls in bestimmten Börsenzirkeln. Dort raunt man sich bisweilen zu, dass das »Hindenburg-Omen« seine drohenden Schatten aufs Parkett wirft.

Die Herkunft dieses düsteren Omens lässt sich nicht rekonstruieren, Robert McHugh vom amerikanischen Investmentberater Main Line Investors propagiert das Omen auf seiner Homepage und schreibt seinem Berufskollegen Jim Miekka den Verdienst zu, das Omen entdeckt zu haben. Die Botschaft des Omens: Kurssturz. Bei dem Omen handelt es sich um ein Sammelsurium technischer Indikatoren: Wenn sich eine bestimmte Konstellation verschiedener Wirtschafts- und Kursdaten einstellt – sozusagen der Mond im vierten Investmenthaus steht – dann muss man den Hindenburg-Omen-Anhängern zufolge mit einer Wahrscheinlichkeit von rund 25 Prozent damit rechnen, dass in den kommenden vier Monaten ein Kurssturz von mindestens 15 Prozent eintritt. Das darf man durchaus als Katastrophe betiteln. Das Omen, so schreibt McHugh, sei vor allen Aktienkursstürzen der vergangenen 21 Jahre eingetreten, insgesamt 22 solcher Omen hat er gezählt.

Der Grundgedanke des Hindenburg-Omens besteht darin, dass etwas an den Märkten faul ist, wenn an einem Handelstag viele Aktien ein neues Hoch und viele Aktien ein neues Tief erreichen – ein Zeichen für die Zerrissenheit des Marktes, so die Idee. Zuerst wird also ausgerechnet, wie viel Prozent aller Aktien an der New Yorker Börse an einem Handelstag ein neues 52-Wochen-Hoch oder ein neues 52-Wochen-Tief erreichen. Der kleinere der beiden Werte sollte mindestens die Zwei-Prozent-Marke überschreiten, dann kann man davon sprechen, dass – gemessen am Handelsvolumen – der Markt sehr uneinheitlich ist. Doch dieser Indikator alleine reicht noch nicht aus. Zusätzlich, so die Idee des Omens, muss der gleitende Zehn-Wochen-Durchschnitt der Börsenkurse an der New Yorker Börse steigen und der sogenannte McClellan Oscillator – was das ist, wollen wir erst gar nicht vertiefen – negativ sein. Bisweilen wird noch eine vierte Bedingung – die Zahl der neuen 52-Wochen-Hochs darf die der neuen 52-Wochen-Tiefs nicht um mehr als das Doppelte überschreiten – hinzugefügt. Um dann aber ganz sicherzugehen, dass den Kursen die Luft respektive das Helium abgelassen wird, muss das Omen zudem bestätigt werden, sich also innerhalb einer Periode von 30 Tagen mindestens einmal wiederholt haben.

Wir wollen hier nicht weiter die Idee dieses Omens vertiefen, Sie müssen sie auch nicht verstehen – aber erkennen Sie etwas anderes? Hier lauert wieder der Zufall, der uns an der Nase herumführt. Das Hindenburg-Omen riecht wieder nach dem Griff in die Datenmottenkiste, wie bei der technischen Analyse: Man untersucht einfach das Verhalten von Hunderten von Indikatoren in Krisenzeiten und stellt einen Cocktail an Variablen zusammen, die sich – möglicherweise nur zufällig – in Krisenzeiten immer gleichförmig verhalten haben. Das ist Data-Mining – man quält die Daten so lange, bis sie gestehen. Wenn also zufällig alle Kurseinbrüche an Finanzmärkten – oder ein Großteil von ihnen – an Vollmondtagen waren, dann muss also der Vollmond einen Einfluss auf die Börsenkurse haben.

Was jetzt bösartig klingt, ist nicht so weit weg von dem, was man an der Börse erleben kann – fragen wir doch einmal den Börsen- und Wirtschaftsastrologen Uwe Kraus, der von der Zeitschrift *Smart Investor* interviewt wurde:

Smart Investor: Warum sollen denn die Sterne Einfluss auf Aktien, Anleihen oder sonstige Kurse haben?

> Kraus: Das ist eine rein empirische Sache. Man betrachtet eben, ob's funktioniert oder nicht. Wenn beispielsweise Dax-Prognosen aufgrund des Dax-Horoskops in über 50 Prozent der Fälle richtig sind, und zwar immer wieder, dann ist das schon ein markanter Hinweis, dass es sinnvoll ist, Astrologie einzusetzen.

Die Idee, mittels Horoskopen den Verlauf der Börsenkurse zu bestimmen, ist weiter verbreitet, als man glaubt. Wenn es darum geht, die Zukunft zu erkennen, schrecken Menschen vor nichts zurück: Technische Analyse, Börsenastrologie – Händler in Deutschlands Finanzzentrum Nummer eins erzählen hinter vorgehaltener Hand, dass es auch den ein oder anderen Devisenexperten gebe, der auf die Mondphasen achte. Und Flüsterparolen wollen wissen, dass sogar ein großer deutscher Vermögensberater bei wichtigen Entscheidungen auch nach den Sternen schaut. Für Interessierte sei gesagt: Am wichtigsten ist laut Herrn Kraus die Jupiter-Pluto-Konjunktion, die weist nämlich auf sehr starken Reichtum hin.

Die Antwort des Astrologen zeigt sehr schön, wie sich der Zufall seine Opfer holt: Wenn Dax-Prognosen mit Horoskop in 50 Prozent aller Fälle richtig sind, dann muss da doch etwas dran sein, oder? Na ja, wenn sie nur zu 30 Prozent richtig wären, müsste man immer nur das Gegenteil dessen tun, was das Horoskop verlangt und würde auch reich werden – Kontraindikator nennt das der Profi. Und dann hätten Horoskope auch einen Einfluss auf den Investmenterfolg. Hier werden einfach wieder die Daten gequält – man findet einen zufälligen Zusammenhang zwischen Jupiter-Pluto-Konjunktion und den Erfolgen von Warren Buffett (einem erfolgreichen Vermögensverwalter) oder Bill Gates (dem Kopf von Microsoft) und schon hat man ein Börsenhoroskop. Und wenn es nicht Jupiter und Pluto gewesen wären, dann hätte man eine andere Gemeinsamkeit zwischen den beiden Herren gefunden – irgendeine wird es schon geben –, und die ist dann der astrologische Hinweis auf die Reichtum bescherende Sternenkonstellation. Und wieder lacht sich der Zufall ins Fäustchen. Beispielsweise haben beide Herren ein »t« in ihrem Nachnamen – könnte es da nicht auch einen Zusammenhang geben? Wer ein »t« im Nachnamen hat, ist ein erfolgreicher Mensch? Wohl kaum.

Ein weiteres Beispiel für solche Nonsenskorrelationen, wie man sie auch nennt, ist der legendäre Super-Bowl-Indikator, der jedes Jahr durch die Börsengazetten gejagt wird. Nach diesem Indikator steigt der Dow-Jones-Index, das Kursbarometer für die amerikanischen Börsen, stets dann, wenn im amerikanischen Profi-Football, der aus zwei Verbänden besteht, das Team der National Football Conference (NFC) gewinnt. Gewinnt hingegen das Team der American Football Conference (AFC), so wird der Dow nach dieser Lesart fallen. Zumindest mit vergangenen Daten ist dieser Zusammenhang gut abgesichert – alleine ist der Erklärungsgehalt dieser Theorie gleich null, da dieser Zusammenhang rein zufällig entstanden ist –, oder glauben Sie wirklich, dass der Ausgang eines Football-Spiels Einfluss auf die Aktienkurse hat? Wie sollte dieser Zusammenhang aussehen? Eine kleine statistische Fleißarbeit eines Experten eines Vermögensverwalters verschaffte der Welt auf meine Bitten hin den Bayern-München-Indikator, aus dem hervorging, dass Bayern München der Börse schadet – in der Mehrzahl der Jahre, in denen die Bayern den Titel gewannen, rutschte der Dax auf Jahresfrist ins Minus. Wäre es andersherum gewesen, wäre das immer noch ein guter Börsenindikator gewesen: Dann würden Bayern-Siege der Börse eben nutzen. Beides könnte man dann als »Bayern-München-Orakel« der Investmentwelt andrehen. Eines von beiden Ergebnissen ist immer wahrscheinlich, auch wenn es inhaltlich keinen Sinn ergibt.

Hier lauert er also wieder, der Zufall, unsere repräsentative Vorstellung vom Zufall lässt es einfach nicht zu, dass bestimmte Zusammenhänge zufällig entstehen. Immer wenn das Team der NFC gewinnt, steigt der Dow-Jones-Index? Das muss doch einen tieferen Sinn haben, raunt uns unser vom Zufall genarrter Verstand zu, denn wenn das wirklich Zufall wäre, dann müsste das doch 50 zu 50 ausgehen; mal gewinnt die NFC, und der Dow steigt, mal verliert der NFC, und der Dow steigt auch. Alles andere passt wenig zu unserer Vorstellung vom Zufall. Da ist sie wieder, die Repräsentativitätsfalle.

Also alles Nonsens? Natürlich muss man vorsichtig sein, nicht jeder statistische Zusammenhang zwischen zwei Variablen, die sogenannte Korrelation, entsteht rein zufällig, oft steht tatsächlich ein sachlicher Zusammenhang dahinter. Aber im Unterschied zu den obigen Nonsenskorrelationen zeichnen sie sich dadurch aus, dass es eine inhaltliche Begründung für den betreffenden Zusammenhang gibt. Willkommen in der Grauzone der Statistik, den Kapitalmarktanomalien.

»Anomalien« ist ein etwas harsches Wort, aber genau darum geht es: Wenn etwas an den Kapitalmärkten passiert, was laut Theorie nicht passieren dürfte, dann ist das eine Anomalie. Zu diesen Anomalien zählt man beispielsweise den sogenannten Wochentagseffekt. Oder die Osterfeiertage: So haben findige Kapitalmarktexperten vorgerechnet, dass der Deutsche Aktienindex Dax am Gründonnerstag überdurchschnittlich gut abschneide; in den wenigsten Jahren sei der Dax an diesem Tag gefallen. Schlechter hingegen sei der erste Handelstag nach Ostern: An diesen Tagen habe es überwiegend Verluste gehagelt, und die durchschnittliche Wertentwicklung sei deutlich schlechter gewesen als am Gründonnerstag. Wenn dies so stimmt, dann liegt die Osterhasenstrategie für die Börse auf der Hand: Verkaufen, bevor die Ostereier versteckt werden.

Ähnlich funktioniert der Wochentagseffekt. Dieser besagt, dass im langjährigen Durchschnitt der Dax an Freitagen am besten abschneidet, an Montagen am schlechtesten. Dieser Effekt ist für die vergangenen 35 Jahre für den Dax nachweisbar. Für diesen Effekt finden sich in der Literatur vor allem psychologische Erklärungen, nach denen die Investoren freitags wegen des anstehenden Wochenendes besser gelaunt sind und deswegen in Kauflaune seien. Stimmt dies, dann erklärt das auch den Osterhaseneffekt: Wenn die Aussicht auf zwei freie Tage die Kauflaune hebt, dann sollte diese doch bei drei oder mehr anstehenden freien Tagen noch ausgeprägter sein.

Das klingt plausibel, ist aber nur schwer vereinbar mit der immer wieder postulierten Effizienz der Kapitalmärkte: Wenn dieser Effekt tatsächlich existiert und in eine Anlagestrategie umsetzbar ist, dann muss er umgehend verschwinden, da alle Marktteilnehmer diesen Effekt für ihre Anlagestrategie nützen würden – wer weiß, dass freitags oder am Gründonnerstag die Kurse besser laufen, der kauft schon am Donnerstag respektive am Mittwoch vor dem Gründonnerstag. Damit steigen die Kurse aber einen Tag früher, und der Effekt verschwindet. Funktioniert das tatsächlich, dann muss der Wochentagseffekt aus den Statistiken verschwinden. Und solange er existiert, muss man sich fragen, was da kapitalmarkttheoretisch betrachtet schiefläuft. Und das ist dann eine Anomalie.

Weniger erklärlich ist der gefährlichste Monat der Börsenwelt – jedes Kind weiß, dass der Oktober seit jeher der Katastrophenmonat an der Börse ist. Dass wir beim Blick auf das Kalenderblatt schwarzzusehen glauben müssen, hat wieder mit unserer Vorstellung vom Zufall zu tun: Wären Kapitalmarktkrisen zufällig über die Monate verteilt, so argumentiert unsere Vorstellung, dann müssten alle Monate gleich viele Börsenkrisen beziehungsweise Kursverluste aufweisen. Da sie das aber nicht tun, sondern sich – zumindest in unserer Wahrnehmung – um den Oktober ballen, scheint es klar zu sein, dass der Oktober ein Krisenmonat ist. Leider passt diese Vorstellung wieder nicht zum wahren chaotischen Wesen des Zufalls: Wenn Krisen gleichmäßig über alle Monate verteilt wären, dann wäre das nicht Zufall, sondern Systematik. Das Wesen des Zufalls ist es ja gerade, dass sich Ereignisse zu bestimmten Zeitpunkten häufen und zu anderen Zeitpunkten rarmachen – deswegen sind sie ja zufällig und nicht prognostizierbar. Damit ist klar, dass die vergangenen Herbstkrisen keinen, aber auch überhaupt keinen Anhaltspunkt darüber geben, dass auch der kommende Oktober ein besonders gefährlicher Monat ist. Wenn Kapitalmarktkrisen und Kursstürze zufällige Ereignisse sind, dann haben alle Monate das gleiche Risiko, egal ob golden oder sonnig oder schneebedeckt. Der Schriftsteller Mark Twain jedenfalls hat schon früh diesen zufälligen Charakter der Kapitalmärkte erkannt, als er feststellte, dass der Oktober der gefährlichste aller Börsenmonate sei – ausgenommen der Januar, Februar, März, April, Mai, Juni, Juli, August, September, November, Dezember. Statistisch betrachtet ist übrigens der September der schlechteste Börsenmonat, nicht der Oktober.

Unter dem Strich ist es wieder unsere falsche Vorstellung vom Zufall, die uns viele Zusammenhänge an den Börsen sehen lässt, die keinen tieferen, inneren Zusammenhang haben, sondern rein zufällig sind – aber unsere repräsentative Vorstellung vom Zufall lässt es einfach nicht zu, dass hier zwei Ereignisse – die Börsenkurse und die Football-Liga, die Wechselkurse und die Sternenkonstellationen – nur zufällig nebeneinander herlaufen. Glauben wir aber daran, dass dies kein Zufall ist, so setzen wir auf ein Pferd, das allenfalls zufällig das Ziel erreicht – solide Anlagepolitik sieht anders aus.

Und unsere falsche Vorstellung vom Zufall erklärt uns auch, warum wir denken, dass Sportler eine Serie haben, eine heiße Hand – und auch dieser Glaube kann uns viel Geld kosten. Mögen Sie Basketball?

Bill Miller und die heiße Hand beim Basketball

Bill Miller ist eine dieser unausrottbaren Investmentlegenden, der Stoff, aus dem man Börsenhelden schnitzt: Satte 15-mal in Folge hat er den S&P-Index, einen breiten amerikanischen Aktienindex, geschlagen – das hat außer ihm sonst keiner geschafft. Dann, im Jahr 2006, versagte Miller das erste Mal, und auch 2007 und 2008 verlor er das Rennen gegen den Index. Diese wenigen Jahre genügten der Börsenklatschpresse schon, um über Miller herzufallen, seinem Fonds schlechte Noten zu verpassen und ihm genüsslich Fehlentscheidungen unter die Nase zu reiben, die im Nachhinein ja klar als solche zu erkennen waren. Miller und seine Kollegen gaben sich trotzig: »Wir haben den Mut, unseren Stil durchzuhalten«, sagte Millers Kollegin Mary Chris Gay trotzig auf die bohrenden Fragen der Medien. Ist Bill Miller ein Jahrhunderttalent, das vom Talent verlassen wurde? Vielleicht fällt uns die Antwort auf diese Frage leichter, wenn wir uns kurz einem uramerikanischen Sport zuwenden, dem Basketball.

In vielen Sportarten kursiert die Idee einer »heißen Hand«, also die Vorstellung, dass ein Spieler einfach einen Lauf hat, ihm alles gelingt, dass er in einer besseren Form als sonst ist. »Ihm glückt momentan einfach alles«, sagen die Sportreporter – so wie Bill Miller 15 Jahre alles geglückt ist. Stimmt diese Vorstellung? Wissenschaftler haben sich die Mühe gemacht, die Idee der heißen Hand zu hinterfragen. Also haben sie sich die Spiele der Philadelphia 76ers in der Saison 1980/81 sowie einige Spiele der Boston Celtics angesehen und Würfe ausgezählt. Ihre Idee: Wenn ein Spieler eine heiße Hand, einen Lauf hat, dann bedeutet das, dass die Wahrscheinlichkeit, mit der er einen Korb wirft, höher ist, wenn er zuvor bereits einen Korb geworfen hat. Hat er beispielsweise eine Trefferwahrscheinlichkeit von 50 Prozent, dann gelingt ihm in normalen Phasen jeder zweite Wurf. Hat er hingegen ein heißes Händchen, so ist die Wahrscheinlichkeit, dass er trifft, größer als 50 Prozent, wenn er zuvor bereits getroffen hat – er trifft also öfter hintereinander.

Also setzten sich die Wissenschaftler an den Spielfeldrand und zählten mit. Das Ergebnis: Die Wahrscheinlichkeit, dass ein Spieler der 76ers einen Korb wirft, nachdem er zuvor bereits einen Korb geworfen hat, lag im Schnitt bei 51 Prozent. Mit anderen Worten: Wenn ein Spieler nach einem erfolgreichen Wurf noch einmal trifft, dann ist das reiner Zufall – mit der gleichen Wahrscheinlichkeit haut er auch daneben. In einer weiteren Variante suchten die Wissenschaftler nach Folgen von Treffern oder Fehlwürfen – gibt es längere Abfolgen von Treffern oder Fehlwürfen, die sich von zufälligen Ereignissen unterscheiden? Nein, gab es nicht. Es fanden sich auch keine Phasen, in denen ein Spieler überdurchschnittlich viele Treffer gelandet hätte. Auch bei der Untersuchung der einzelnen Spiele zeigte sich, dass sich die durchschnittliche Trefferwahrscheinlichkeit der Korbjäger in den Spielen nicht veränderte. Mit anderen Worten: Die Spieler spielten jedes Spiel in etwa gleich gut oder schlecht, sie hatten keine besonders heißen oder kalten Spiele. Statistisch gesehen ist die Idee der heißen Hand falsch.

Die Kommentare der Fans gegenüber den Forschern waren wenig freundlich: keine Ahnung vom Spiel, Elfenbeinturmspinner und theoretische Kaspereien – das waren die gängigen Reaktionen auf dieses Resultat. Aber wieso wollen wir nicht akzeptieren, dass die heiße Hand vielleicht nur ein Mythos ist? Ganz einfach: Weil wir sie schon so oft in Aktion gesehen haben. Scheinbar jedenfalls.

Der Punkt ist folgender: Eine Serie kann man sich gut merken. Wenn Sie eine Münze werfen und achtmal hintereinander »Kopf« werfen, entgeht das unserer Aufmerksamkeit nicht. Bei einem Durcheinander von Kopf und Zahl ist das nicht so. Längere Serien prägen sich besser in unser Gedächtnis ein als Reihen, in denen sich Erfolg und Misserfolg dauernd abwechseln – das ist das, was wir als »gemischte Bilanz« bezeichnen. So bekommen zufällige Serien rasch den Anschein einer nicht zufälligen Abfolge von Würfen – weil wir sie uns besser merken können. Vielleicht kommt noch der Umstand dazu, dass wir einen »heißen« Spieler anders wahrnehmen – da ist ein Fehlwurf kein Fehlwurf, sondern »knapp vorbei«. Bei einem »kalten« Spieler wird der Fehlwurf unter der Rubrik »Bei ihm geht derzeit einfach nichts zusammen« verbucht.

Hier kommen also zwei mentale Stolperfallen zusammen: Zum einen weigern wir uns, eine Serie von achtmal »Kopf« oder acht Treffern hintereinander als zufällig abzutun, zum anderen erinnern wir uns besser an solche Serien – und fertig ist der Glaube von der heißen Hand. So weit, so gut, aber was hat das mit Bill Miller zu tun? Ganz einfach: Vielleicht ist Bills Händchen nicht ganz so heiß, wie es den Anschein hat. Das ist der entscheidende Punkt: 15-mal hintereinander hat Miller den Index geschlagen – ist das nicht ein Beweis seiner außerordentlichen Fähigkeiten? Vielleicht nicht, wenn wir an die heiße Hand denken: Genauso gut kann es sein, dass Miller den Index zufällig 15-mal in Folge geschlagen hat, ebenso, wie man zufällig achtmal hintereinander »Kopf« wirft. Aber da das nicht unserer Vorstellung vom Zufall entspricht, drängt sich uns der Verdacht auf, dass Bill eben ein Guter ist, eine Ausnahmeerscheinung. Dabei ist so ein Ergebnis gar nicht einmal so unwahrscheinlich: Jedes Jahr investieren Tausende von Fondsmanagern und Vermögensverwaltern Geld, und Jahr für Jahr gelingt es vielen von ihnen, den

Index zu schlagen. Dass bei so vielen Tausenden von Menschen, die es versuchen, wenigstens einer dabei ist, der es 15-mal in Folge schafft, liegt nahe.

Wenn dem aber so ist, dann ist der Erfolg der vergangenen Jahre keine verlässliche Prognose dafür, dass Bill es auch im nächsten Jahr schaffen wird; und man muss Zweifel anmelden, ob Bill eine solche Ausnahmeerscheinung in der Investmentwelt ist. Natürlich wirbt die Fondsgesellschaft damit, dass Bill 15-mal den Index geschlagen hat, und unsere Vorstellung von Zufall legt uns nahe, dass dies ja nur in seinen besonderen Fähigkeiten begründet sein kann; während die Experimente mit der heißen Hand uns zur Vorsicht mahnen – vielleicht hatte Bill ja nur Glück und den Zufall auf seiner Seite. Keine sonderlich gute Investmentempfehlung. Stellen Sie sich einfach vor, wir setzen eine Million Affen an eine Schreibmaschine und lassen diese ein wenig darauf herumspielen. Die Chance ist relativ groß, dass zwischen all dem Buchstabensalat auch ein kompletter Satz aufs Papier gebracht wird – würden Sie nun annehmen, dass der Affe lesen und schreiben kann? Eben.

Und was für Bill Miller gilt, gilt für die gesamte Industrie: Wenn eine Bank damit wirbt, dass sie vier Jahre hintereinander besser war als die Konkurrenz oder der Index, so muss das nicht unbedingt etwas heißen – möglicherweise ist das ja nur Zufall. Zudem kann man als Bank dem Zufall ein wenig auf die Sprünge helfen, indem man nur die Leistungen anpreist, bei denen man zufällig besser war als die Konkurrenz. Irgendetwas lässt sich immer finden, womit man die Kunden beeindrucken kann. Lassen wir uns besser nicht davon beeindrucken – was lernen wir daraus?

Was lernen wir daraus?

»Gott würfelt nicht«, war die Reaktion des Jahrhundertgenies Albert Einstein auf die Ideen der Quantenphysik. In der Quantenphysik, der Lehre von den kleinsten Dingen, führt der Zufall die Regie, es gibt keinen mechanischen, genau vorherbestimmten Lauf der Dinge mehr – im Mikrokosmos der Quantenphysik tobt und wütet der Zufall. Diesen Gedanken konnte Einstein wohl nicht ertragen, weswegen er Gott die Würfel wegnahm. Vermutlich ist er mit dieser Ansicht nicht alleine. Die Vorstellung, dass vieles in unserem Leben von Zufall, von zufälligen Einzelheiten bestimmt wird, dass unser Beruf, unser Lebenslauf, unser Glück, unsere Beziehungen nicht vorherbestimmt, sondern zufällig sind, ist erschreckend. Aber man muss sich an ihn gewöhnen.

Keine Frage – Menschen sind süchtig nach Sinn, nach Mustern, so süchtig, dass sie sich von Ratten düpieren lassen. Oder wie würden Sie das folgende Spiel interpretieren: Man zeigt den Versuchspersonen eine Abfolge von zwei Farben – Rot, Grün, Grün, Grün, Rot und so weiter – und bittet sie, die nächste Farbe zu raten, die kommen wird. Um hier möglichst gut zu raten, muss man eine Vorstellung davon entwickeln, welche Häufigkeit die jeweilige Farbe hat. Bemerkt man, dass in 70 Prozent aller Fälle Rot kommt, dann ist es sinnvoll, immer Rot zu raten – dann liegt man in 70 Prozent aller Fälle richtig. Man kann aber auch die Strategie verfolgen, ein Muster in der Abfolge der Farben zu suchen, und dann anhand des Musters zu erraten – will heißen: zu prognostizieren –, welche Farbe kommt. Menschen versuchen in der Regel die zweite Strategie, sie suchen nach Mustern und werden bei diesem Experiment von Ratten geschlagen. Wir wollen uns einfach nicht dem Zufall beugen.

Nun darf man das Kind nicht mit dem Bad ausschütten – das will nicht heißen, dass wir nicht Herr unseres Schicksals sind. Talent, Übung, Arbeit, Beharrlichkeit und welche Charaktereigenschaften auch immer – sie machen natürlich einen wesentlichen Teil unseres Lebens aus. Und doch kommt man nicht umhin, zu akzeptieren, dass auch der Zufall die Richtung unserer Geschicke bestimmt. Einmal an der Kreuzung falsch abgebogen, und schon nimmt das Leben eine ganz andere Richtung.

So muss man sich auch den Zufall an der Börse vorstellen: Natürlich hängt der Wert eines Investments von seinem inneren Wert ab – wie auch immer man diesen bestimmen will. Aber neben diesem inneren Wert sind es auch die Mächte des Zufalls, die das Geschick einer Aktie, einer Immobilie, einer Anleihe bestimmen. Ein Mitarbeiter des Konzerns findet eine bahnbrechende Formel, der Vorstand stolpert über eine Schmiergeldaffäre, eine Wirtschaftskrise im Hauptexportland lässt das Geschäft abstürzen – das alles sind zufällige Ereignisse, die der Entwicklung eines Investments eine andere Richtung geben. Wer an der Börse unterwegs ist, wird nicht umhinkommen, sich diesem Problem zu stellen.

Die erste praktische Konsequenz daraus ist ein gescheites Risikomanagement: Wer investiert, sollte immer auch das Undenkbare denken. Was passiert mit meinen persönlichen Finanzen, wenn das Investment ein Totalausfall ist – kann ich mir das erlauben? Über diese Fragen werden wir noch einmal nachdenken. Hier soll zunächst einmal die Idee genügen, dass man immer versuchen soll, auch das Undenkbare zu denken.

Die zweite praktische Konsequenz lautet, sich nicht von Mustern und Gesetzmäßigkeiten zu sehr beeindrucken zu lassen: Nicht jedes Muster beruht auf einem inneren Zusammenhang, nicht jede Gesetzmäßigkeit ist eine solche. In der Praxis muss man befürchten, dass viele dieser Zusammenhänge eher zufällig zustande kommen und wir sie nachträglich mit einer plausiblen Erklärung adeln. In der Wissenschaftstheorie geht man genau andersherum vor: Man überlegt zuerst, wie ein plausibler Zusammenhang aussehen könnte, und untersucht dann, ob sich dieser Zusammenhang auch in den Daten zeigt. Wer hingegen erst in den Daten nach Zusammenhängen sucht und diese nachträglich erklärt, läuft Gefahr, dem Zufall aufzusitzen. Und wer erst gar keine ernsthafte Erklärung solcher gefundenen Zusammenhänge versucht, macht sich dessen schuldig, was Wissenschaftler »measurement without theory« – »Messung ohne Theorie« – nennen. Oder wie es der Börsenastrologe Uwe Kraus so passend formuliert hat:

> Das ist eine rein empirische Sache. Man betrachtet eben, ob's funktioniert oder nicht.

Wer so denkt, kann Börsenkurse auch aus dem Flug der Vögel oder dem Kaffeesatz lesen – das funktioniert sicherlich auch ab und an.

Eher wird umgekehrt ein Schuh daraus: Man sollte sich bei allen Zusammenhängen an der Börse, bei Korrelationen, einem scheinbaren Gleichlauf von Indikatoren und Börsenkursen, bei Ranglisten von Fonds, Investments und Vermögensverwaltern immer fragen, ob hier der Zufall seine Hand im Spiel hatte. Denken Sie daran: Irgendein Fonds, irgendein Geldmanager wird den Markt mehrmals hintereinander schlagen – das heißt noch nicht, dass dies auch der beste seiner Zunft ist. Mit dem Phänomen der Ranglisten werden wir uns noch beschäftigen – hier soll die Idee reichen, dass eine Schwalbe noch keinen Sommer macht und auch zwei oder drei Schwalben nicht für höhere Temperaturen sorgen. Der Blick auf die Ranglisten, auf scheinbar solide Zusammenhänge sollte immer mit einem skeptischen Auge geschehen, das fragt, ob hier nicht ein zufälliges Ergebnis vorliegt. Es reicht eben nicht, ob etwas funktioniert – man muss schon eine Idee haben, warum es funktioniert, und noch wichtiger, ob es auch in Zukunft funktionieren wird. Wir müssen uns damit abfinden, dass Gott vermutlich doch würfelt – wenigstens ab und an.

Und manchmal ist der Zufall sogar noch bösartiger – dann kommt bei einem Münzwurf weder Kopf noch Zahl raus. Fragen Sie mal die Fans des 1. FC Köln.

3 WIR VERLIERER

Per Münzwurf ins Halbfinale

Das Viertelfinalduell des FC Köln im Europapokal der Landesmeister gegen den FC Liverpool im März 1965 war wohl eines der denkwürdigsten Ereignisse in der Vereinsgeschichte. In drei Spielen standen sich der deutsche und der englische Meister gegenüber – das Hin- und das Rückspiel endeten jeweils 0:0, weswegen ein Entscheidungsspiel angesetzt werden musste. Es fand auf neutralem Platz in Rotterdam statt und endete nach Verlängerung ebenfalls unentschieden: 2:2. Was nun? Elfmeterschießen war im damaligen Reglement nicht vorgesehen, also entschied sich der Schiedsrichter für die fairste aller Lösungen: Er warf eine Münze. Aber es schien, als wolle sich das Schicksal damit nicht zufriedengeben: Im ersten Wurf blieb die Münze senkrecht im morastigen Boden stecken. Der zweite Wurf funktionierte – und entschied zugunsten der Liverpooler. Pech für den FC, dessen Spieler Wolfgang »Bulle« Weber die zweite Halbzeit trotz Wadenbeinbruch absolvierte. Weber schwor damals Stein und Bein, dass die Münze beim ersten Mal, als sie im Boden stecken blieb, sich leicht zugunsten der Kölner geneigt habe.

Das Trauma-Erlebnis der Kölner ist keine fußballerische Eintagsfliege: So mussten 1969 die Spieler der Sowjetunion den Italienern den Vortritt ins Endspiel der Europameisterschaft lassen, nachdem der deutsche Schiedsrichter Kurt Tschenscher nach einem 0:0 im Halbfinale eine Münze geworfen hatte. Aber auch über den Fußball hinaus, lange vor dem Fußball hat der Wurf einer Münze Tradition: So wurde in früheren Zeiten bei einem Duell eine Münze geworfen, und der Verlierer musste mit dem Blick zur Sonne antreten – heute entscheidet der Münzwurf, auf welches Tor eine Mannschaft in der ersten Halbzeit spielt.

Der Münzwurf erfreut sich als Entscheidungsmethode deswegen so großer Beliebtheit, weil er als Paradebeispiel eines Zufallsergebnisses gilt – die Chancen, dass die Münze auf Kopf oder Zahl landet, werden in allen Statistikbüchern mit jeweils 50 Prozent angegeben. Dass die Münze im Boden stecken bleibt, ist in den Lehrbüchern nicht vorgesehen. Lässt man aber diesen eher seltenen Fall außen vor, sollte der Münzwurf eine faire Angelegenheit sein – jeder hat die gleiche Chance, niemand kann sich einen Vorteil verschaffen, der Zufall entscheidet. Allerdings wird dies gelegentlich bezweifelt, so wollen polnische Wissenschaftler herausgefunden haben, dass belgische Ein-Euro-Münzen eine leichte Unwucht haben: Wenn man sie auf einer Tischfläche drehe, dann falle öfter Kopf als Zahl. Das, so vermuten die Wissenschaftler, liege daran, dass eine Seite der Münze ein höheres Gewicht habe. Die Folge war, dass britische Zeitungen die Spieler ihrer Fußballnationalmannschaft davor warnten, bei einem möglichen Duell gegen Belgien keine Münzen zu verwenden, welche die Belgier mitgebracht haben. Die Redakteure des *New Scientist* allerdings haben daraufhin Experimente mit belgischen Ein-Euro-Münzen gemacht und konnten diese Geschichte nicht bestätigen.

Lassen Sie uns also einmal annehmen, dass der Wurf einer Münze eine faire Veranstaltung ist, und uns über die Konsequenzen nachdenken. Wie wäre es damit: Man bietet Ihnen eine Wette an – Kopf oder Zahl. Kommt Kopf, gewinnen Sie zehn Euro, kommt Zahl, verlieren Sie zehn Euro. Sind Sie bereit für diese Wette? Würden Sie diese Wette eingehen? Die meisten Menschen, die man fragt, lehnen ab. Aber warum? Bemüht man die sogenannte Erwartungsnutzentheorie, die einer der Goldstandards der ökonomischen Theorie ist, so kann man sich unbesorgt auf diese Wette einlassen: Im Durchschnitt kann man dabei weder gewinnen noch verlieren. Das liegt daran, dass der Münzwurf eine statistisch faire Angelegenheit ist: Wenn Sie diese Wette sagen wir 1000-mal spielen würden, würden Sie statistisch betrachtet 500-mal gewinnen und 500-mal verlieren, das würde insgesamt einen Gewinn respektive Verlust von null machen. Für jede Wette, die Sie gewinnen, verlieren Sie auch einmal, sodass Sie in der Summe weder gewinnen noch verlieren.

Dennoch lehnen die meisten Menschen diese Wette – zehn Euro Gewinn bei Kopf, zehn Euro Verlust bei Zahl – ab, obwohl sie statistisch gesehen nichts zu verlieren haben. Nun könnte das ja daran liegen, dass man eben bei einem einzigen Wurf ja zu 50 Prozent zehn Euro verlieren kann. Aber die wenigsten Menschen sind bereit, diese Wette 100- oder gar 1000-mal zu machen – obwohl sie dabei im Schnitt nichts verlieren würden. Gut, vielleicht liegt das ja daran, dass man eine Wette ja nicht machen muss, wenn man im Schnitt weder gewinnen noch verlieren kann. Also verändern wir diese Wette ein wenig: Bei Kopf erhalten Sie zehn Euro und einen Cent, bei Zahl verlieren Sie zehn Euro. Jetzt müssten Sie diese Wette gerne wagen, rein statistisch betrachtet ist sie zu Ihren Gunsten – Sie gewinnen mehr, als Sie verlieren.

Mithilfe der Statistik lässt sich der erwartete Gewinn dieser Wette ausrechnen: Zu 50 Prozent gewinnen Sie zehn Euro und einen Cent, zu 50 Prozent verlieren Sie zehn Euro. Das bedeutet, dass Sie bei – sagen wir 1000 Würfen – in 500 Fällen zehn Euro verlieren – das macht

5000 Euro –, in 500 Fällen aber zehn Euro und einen Cent gewinnen, das macht 5005 Euro. Unter dem Strich gewinnen Sie also fünf Euro, wenn Sie sich darauf einlassen, diese Wette 1000-mal zu spielen. Warum wollen Sie freiwillig auf fünf Euro verzichten? Experimente und Studien zeigen, dass die meisten Menschen sich auf die Münzwette erst einlassen, wenn sie das Doppelte von dem gewinnen, was sie verlieren könnten. Also: Bei Kopf bekommen Sie 20 Euro, bei Zahl verlieren Sie zehn Euro. Jetzt erst ist diese Wette für die meisten Menschen akzeptabel.

Das ist ein bemerkenswerter Befund: Menschen haben Angst vor Verlusten, und ein Verlust schmerzt sie doppelt so schwer, wie ein Gewinn ihnen Freude macht. Das ist eine der Kernideen der sogenannten »prospect theory«, die den psychologischen Gegenentwurf zur Erwartungsnutzentheorie darstellt und einige der herkömmlichen ökonomischen Ideen zum Entscheidungsverhalten durcheinanderwirbelt. Menschen, so die Idee der prospect theory, haben einen ganz eigenen Umgang mit Gewinnen und Verlusten. Stimmen die Ideen der prospect theory, dann hat das weitreichende Konsequenzen auf das Verhalten von Menschen und vor allem auf ihre Brieftasche. Und nicht nur Menschen, auch Tauben neigen zu solchem Verhalten. Bis auf Taube Nummer 361.

Ein tierisch guter Investor

Taube Nummer 361 war eine von vier Tauben, mit denen sich Wissenschaftler böse Scherze erlaubten – natürlich im Namen der Wissenschaft. Man sperrte die Tauben in einen Verschlag, in dem drei große Knöpfe waren, welche die Tauben bedienen konnten, indem sie darauf pickten. Pickten sie auf die Taste mit einem großen X, so kam eine Ladung Futter aus einer Klappe. Ganz so einfach machten es die Wissenschaftler den Tierchen aber nicht: Sie mussten schon mehrmals auf das X picken, bevor es die Belohnung gab. Allerdings mussten die Tauben unterschiedlich oft picken, um gefüttert zu werden: In der Hälfte aller Fälle reichte es, zehnmal zu picken, bevor sich die Futterluke öffnete, in einem Viertel aller Fälle musste die Taube 40-mal picken, und jeweils in einem Achtel aller Fälle waren 80 oder sogar 160 Picker nötig, bevor sich die Luke öffnete. Die hungrige Taube konnte sich dabei nicht sicher sein, wie oft sie picken musste, bevor es den verdienten Lohn gab, denn die Zahl der notwendigen Picker wurde per Zufall bestimmt.

Nun sind Tauben auch nur Menschen und arbeiten gerne so wenig wie möglich für ihr Futter, also gaben die Wissenschaftler den gefiederten Versuchsobjekten die Möglichkeit, sich das Leben etwas einfacher zu machen. Das Problem ist ja Folgendes: Wenn eine Taube zehnmal auf das X pickt, aber kein Futter kommt, bedeutet das ja, dass sie nun mindestens weitere 30 Mal picken muss, wenn nicht sogar noch mehr – viel Arbeit. Und schlimmstenfalls muss sie sogar 150-mal mehr picken. Da sie aber in der Hälfte aller Fälle nur zehnmal picken muss, um an das Futter zu kommen, besteht die optimale Strategie in diesem Fall darin, abzubrechen und neu zu starten. Und diese Chance gaben die Wissenschaftler den Tieren: Pickten sie auf die rechte Taste, gingen kurz alle Lichter aus, und nach einer Sekunde konnte die Taube erneut picken und hoffen, dass schon nach zehnmal Picken das Futter kommt. Die rechte Taste war also eine Art Escape-Taste, ein Neustart des Experiments.

Insgesamt stellt sich die Lage für die gefiederten Futterinvestoren also wie folgt dar: Sie beginnen, auf die Taste mit dem X zu picken, und in der Hälfte aller Fälle kommt nach zehn Pickern das Futter. Kommt nach zehnmal Picken das Futter aber nicht, so bedeutet das, dass sie mindestens 30 weitere Picker, wenn nicht sogar noch mehr benötigen – wie unangenehm. In dieser Situation ist es besser, die Escape-Taste zu picken, dann geht das Spiel wieder von vorne los, und die Chance, dass man nun schon nach zehn Pickern Futter bekommt, liegt bei 50 Prozent. Rein statistisch wäre es optimal, nach zehn Pickern abzubrechen, Escape zu picken und neu zu starten. Taten das die Tiere?

Nein. Alle Tauben pickten bis zum bitteren Ende, ohne sich darauf zu besinnen, dass es günstiger wäre, nach zehnmal Picken per Pick auf die rechte Taste einen Neustart zu wagen. Alle Tauben versagten – bis auf Taube Nummer 361. Nummer 361 machte fast alles richtig, sie erkannte, dass es günstiger ist, nach zehnmal Picken einen Neustart zu verlangen. Anders war das, wenn man den Tieren mit der dritten Taste ein Leuchtsignal gab: Hatte das Tier zehnmal gepickt und es kam kein Futter, dann leuchtete die dritte Taste auf; Gleiches passierte, wenn nach 40-mal oder 80-mal Picken noch kein Futter kam. Jetzt verstanden die Tiere: Sobald die Taste aufleuchtete, drückten sie die Escape-Taste und begannen von vorne. Ohne diese optische Hilfe pickten die Tauben notfalls bis zum bitteren 160-Pick-Ende. Alle, bis auf Taube Nummer 361. Taube Nummer 361 hätte damit das Zeug zu einem guten Investor. Wieso? Bevor wir diese Frage beantworten, geben wir dem Experiment noch eine weitere, beschämende Variante: Statt der Tauben setzen wir nun Studenten ein.

Gut, es gab kein Futter, sondern fünf Cent. Die Studenten wurden vor einen Rechner gesetzt und angewiesen, mehrmals hintereinander »L« und »Enter« zu drücken, bevor eine 5-Cent-Belohnung fällig wurde. Die Studenten wussten aber nicht, wie oft sie die Tasten drücken mussten, bevor es die fünf Cent gab. In der Hälfte aller Fälle gab es schon nach zehnmal Drücken das Geld, in einem Viertel aller Fälle mussten die Studenten 40-mal tippen, und jeweils in einem Achtel aller Fälle waren 80 oder sogar 160 Tipper nötig, bevor es Geld gab. Wenn Sie das nun mit dem Futterplan der Tauben vergleichen, werden Sie feststellen, dass dies genau der gleiche Aufbau des Experiments ist wie bei den Tauben – ersetzen Sie einfach »tippen« durch »picken« und »fünf Cent« durch »Futter«. Die Studenten hatten wie die Tauben ebenfalls die Möglichkeit, einen Neustart zu machen, indem sie »K« und »Enter« drückten. Auch für sie wäre es optimal gewesen, abzubrechen, wenn sie zehnmal »L« und »Enter« getippt haben und kein Geld kommt. Taten Sie es?

Peinlich, peinlich: Die Studenten schnitten nicht viel besser ab als die Tauben. Sie alle – ebenso wie die anderen Tauben – würden als Investoren vermutlich eine Menge Geld versenken. Lediglich Taube Nummer 361 hätte Chancen, sich auf einen Job als Vermögensverwalter in Frankfurt zu bewerben, denn Taube Nummer 361 ist als einzige nicht dem zum Opfer gefallen, was Ökonomen »sunk cost fallacy« nennen. Was ist bei diesem Experiment schiefgelaufen?

Mit nur ein wenig Erfahrung und Nachdenken erkennt man, dass es die beste Strategie ist, nach zehn Versuchen abzubrechen und neu zu beginnen. Aber warum brechen die Menschen nicht ab? Eine mögliche Erklärung ist unser Bestreben, Verluste zu vermeiden: Wer zehnmal hintereinander gepickt hat oder eine Taste gedrückt hat, hat bereits eine Menge Zeit und Arbeit investiert – und das soll nun umsonst gewesen sein? Bricht man nach zehn Pickern respektive Tippern ab, so räumt man sich selbst damit ein, dass man zehn Einheiten Arbeit umsonst investiert hat, man muss sich also eingestehen, dass man einen Verlust gemacht hat. Und diesen Verlust mögen wir nicht, wir wollen ihn vermeiden – denken Sie an den Münzwurf, auch hier versucht man, Verluste zu vermeiden. Also tippt respektive pickt man weiter. Das ist die sunk cost fallacy, was sich etwas lässiger mit »Lass-nichts-verkommen-Illusion« übersetzen ließe. Wir werfen dem schlechten Geld gutes hinterher, weil wir Verluste vermeiden wollen, und weil wir uns nicht eingestehen wollen, dass wir einen Fehler gemacht haben. Solange wir weiterhin an unserem ursprünglichen Plan festhalten, lässt uns das die Illusion, dass wir nichts falsch gemacht haben.

Diesen Fehler kennt vermutlich jeder, der einmal auf den Bus gewartet hat und vor der Entscheidung stand, ob er noch weiter auf den Bus warten soll oder ob er doch laufen oder ein Taxi nehmen soll. Was hält einen davon ab, zu laufen? Auch dieses Argument: Jetzt habe ich schon so lange gewartet, das wäre ja alles vergeblich gewesen, wenn ich jetzt laufen würde. Man scheut sich, sich einzugestehen, dass man einen Fehler gemacht hat und gewartet hat, statt gleich zu laufen. Die bereits verstrichene Wartezeit wäre verloren – und Menschen wollen Verluste meiden. Also bleiben wir weiter an der Bushaltestelle stehen und warten und warten.

Ökonomisch gesehen ist dieses Verhalten falsch: Wenn man erkennt, dass man einen Fehler gemacht hat, dann korrigiert man sich und seinen Fehler, ohne Rücksicht darauf, was man bisher investiert hat. Ein anderes Beispiel macht das deutlich:

> Als Präsident eines Herstellers von Flugzeugen müssen Sie entscheiden: Sie haben zehn Millionen Dollar in die Entwicklung eines Flugzeuges gesteckt, das nicht vom Radar entdeckt werden kann. Als das Projekt zu 90 Prozent fertig ist, beginnt ein Konkurrent, ein solches Flugzeug zu vermarkten, das leistungsfähiger und günstiger ist als das Modell, das Ihr Unternehmen herstellen wird. Sollten Sie die letzten zehn Prozent der Forschungskosten des Projektes investieren, um das Flugzeug fertigzustellen, oder sollten Sie das Projekt vorzeitig beenden?

Wie würden Sie entscheiden? Die meisten Versuchspersonen, denen man diese Frage vorlegt, plädieren dafür, auch noch die letzte Million zu investieren und das Projekt zu beenden. Betriebswirtschaftlich gesehen ist das Nonsens: Wenn Sie wissen, dass das Projekt niemals Aussicht auf Erfolg hat, sollten Sie es sofort beenden, egal, was Sie bisher investiert haben. Sie sehen das anders? Dazu eine andere Frage:

> Sie sind der Präsident eines Herstellers von Flugzeugen. Ein Mitarbeiter schlägt vor, eine Million Dollar zu investieren und ein Flugzeug zu entwickeln, das nicht vom Radar erfasst werden kann. Allerdings hat gerade ein Konkurrenzunternehmen begonnen, ein solches Flugzeug zu vermarkten. Es ist absehbar, dass dieses Konkurrenzmodell leistungsfähiger und günstiger sein wird als das Modell, das Ihr Unternehmen herstellen kann. Sollten Sie das Geld in die Entwicklung des Flugzeugs stecken?

Neigen Sie nun dazu, die Million zu investieren? Sicherlich nicht. Und doch ist es unter dem Strich die gleiche Entscheidung wie in der ersten Situation: Sollen Sie eine Million in ein Projekt investieren, das keine Aussicht auf Erfolg hat? Eher nein. Sobald Sie aber bereits neun Millionen in dieses Projekt investiert haben, sollte man auch noch die letzte Million über die Klinge springen lassen? Das ist wenig sinnvoll.

Genau das ist die Lass-nichts-verkommen-Illusion: Wir neigen dazu, ein Investment nur deswegen fortzusetzen, weil wir bereits Geld darin investiert haben. Die Entscheidung, ein Investment oder ein Projekt zu beenden, sollte nicht davon beeinflusst werden, was man bis jetzt investiert hat. Wenn Sie zu dem Ergebnis kommen, dass das Geld verloren, das Projekt gescheitert ist, sollten Sie ohne Zögern sofort abbrechen, egal, wie viel Geld Sie investiert haben. Ihre Brieftasche wird nicht dadurch dicker, indem Sie dem schlechten Geld noch einmal gutes Geld hinterherwerfen. Noch ein Beispiel gefällig?

Boris Godunow für Verlierer

Ein Opfer dieses Effekts ist ein kleiner Junge, der im Alter von zwölf Jahren von seinen Eltern genötigt wurde, sich die Oper *Boris Godunow* anzuhören. *Boris Godunow* ist eine Oper in vier Akten von Modest Mussorgski nach Motiven eines Dramas von Puschkin, deren Urfassung 1870 fertiggestellt wurde. Und für die meisten Zwölfjährigen ist *Boris Godunow* ziemlich harter Stoff. Und warum wurde dieser Zwölfjährige von seinen Eltern ins Theater geschickt? Ganz einfach, weil die Familie ein Abonnement besaß, und irgendjemand musste ja die Karten absitzen. Richtig? Oder ist das ein Fall für die Abteilung »Lass nichts verkommen«?

Erst Jahre später wurde mir klar, warum ich in diese Oper verfrachtet wurde, zwei Wissenschaftler haben das in einem Experiment recht gut geklärt: Sie verkauften Abonnements für das Theater. Eine Gruppe zahlte 15 Dollar, eine zweite Gruppe zahlte 13 Dollar, eine dritte Gruppe zahlte acht Dollar. Raten Sie, was passierte: Je mehr die Leute für ihr Abonnement gezahlt hatten, umso häufiger besuchten sie das Theater. Warum, ist klar: Jetzt hat man schon die teuren Karten gekauft, dann geht man gefälligst auch hin. Ökonomisch betrachtet wieder ein Fehler: Man hat Geld ausgegeben für ein Theaterabonnement, und jetzt hat man keine Lust auf eines der Stücke, das da gegeben wird – beispielsweise *Boris Godunow*. Anstatt jetzt sich einzugestehen, dass das Abo keine gute Idee war, und den Abend lieber zu Hause zu verbringen, quält man sich ins Theater und schaut sich eine Oper an, die man nicht sehen will. Und verdoppelt damit seine Kosten: Zu den Kosten für das Ticket kommen die Kosten für den Abend dazu, den man im Theater verbracht hat, obwohl man das nicht wollte. Dem schlechten Geld für die Karten hat man nun noch das gute Geld für den Abend hinterhergeworfen. Ökonomisch korrekt wäre es gewesen, Karten Karten und Boris Boris sein zu lassen. Oder man wählt eine cleverere Option: Man schickt den zwölfjährigen Sohn ins Theater, genießt den Abend und hat dennoch ein ruhiges Gewissen, weil die Karten ja nicht verfallen sind. Lass nichts verkommen.

Diesen Effekt finden wir überall: So zeigen Studien, dass Basketball-Trainer dazu neigen, eher Spieler einzusetzen, die mehr gekostet haben – unabhängig davon, ob sie die wirklichen Leistungsträger des Teams sind. Aber irgendwie muss sich das Geld ja gelohnt haben, oder? Das zeigt ja auch die Empörung des Publikums, wenn der Trainer einen teuren Spieler auf die Bank schickt. Und selbst wenn der Trainer erkennt, dass das die richtige Maßnahme wäre, muss er sie immer noch an den Vorstand und die Fans verkaufen – und wenn er erwartet, dass ihm das nicht gelingt, wird er im vorauseilenden Gehorsam die teuren Spieler häufiger einsetzen.

Auch für die Politik hat die Lass-nichts-verkommen-Illusion eine Bedeutung, denn nicht umsonst hat dieser Effekt auch den Namen »Concorde-Effekt« und ist benannt nach dem Überschallflugzeug Concorde: Lange bevor sich die Concorde das erste Mal in die Lüfte erhob, war klar, dass die finanziellen Aussichten für dieses Projekt mehr als bescheiden sein würden – dennoch wurde dieses Projekt munter vorangetrieben und liebevoll mit Steuergeldern gefüttert. Die verantwortlichen Politiker hatten bereits viel zu viel investiert, um abzubrechen. Lass ja nichts verkommen. Vermutlich ist es bei Politikern nicht nur die Angst vor Verlusten, sondern auch die Angst, in der Öffentlichkeit das Gesicht zu verlieren: Bricht man das Projekt ab und schreibt die bisherigen Investitionen ab, so wird der ganzen Welt – vor allem den eigenen Wählern – klar, dass man Mist gebaut hat. Also lieber weiter Steuergelder in das schwarze Überschallloch schütten und das Gesicht wahren. Das sollte den Politikern peinlich sein: Forscher verwenden den Begriff Concorde-Effekt, der inhaltlich völlig identisch ist mit unserer Lass-nichts-verkommen-Illusion nicht im Zusammenhang mit Menschen, sondern bei Tieren.

Das ist ein weiterer wichtiger Punkt bei dieser Illusion: persönliche Betroffenheit. So fanden Forscher heraus, dass Unternehmer, die ein eigenes Unternehmen gründen, dieses häufiger ausbauen als Manager, die ein Unternehmen von jemand anderem kaufen. Wer ein Unternehmen aufgebaut hat, der hat einen persönlichen Bezug dazu, fühlt sich verantwortlich und engagiert sich mehr – und wirft dem schlechten Geld leichtfertiger gutes Geld hinterher. Es gibt genügend Beispiele, wo der ehemalige Eigentümer seine Firma, die am Rande des Ruins wandert, wieder zurückkauft. Lass ja nichts verkommen – vor allem, wenn du persönlich involviert bist.

Die herkömmliche ökonomische Theorie sagt, dass Menschen sich bei ihren Entscheidungen nicht daran orientieren sollen, was in der Vergangenheit war, sondern nur daran, was in der Zukunft sein wird. Entscheidend ist nur, was man durch seine Entscheidung ändern kann, nicht das, was nicht mehr zu ändern ist. Die meisten Menschen aber berücksichtigen bei ihrer Entscheidung auch, was sie bereits investiert haben, und halten an falschen Hoffnungen fest. Ein letztes, extrem illustrierendes Beispiel dazu:

> Sie haben für 100 Dollar ein Ticket für einen Skiausflug nach Michigan gebucht. Eine Woche später kaufen Sie für 50 Dollar ein Ticket für einen Skiausflug nach Wisconsin, von dem Sie wissen, dass sie ihn noch mehr genießen werden als den Trip nach Michigan. Leider stellen Sie eine Woche später fest, dass beide Tickets nur für das gleiche Wochenende gelten – Sie können nur einen der beiden Ausflüge machen, das andere Ticket muss verfallen. Für welchen Ausflug entscheiden Sie sich?

Nach den bisherigen Ausführungen wird es Sie nicht überraschen, dass mehr als die Hälfte der Befragten lieber nach Michigan fährt – obwohl sie wissen, dass sie in Wisconsin mehr Spaß hätten. Sie dachten, wenn sie nach Wisconsin gehen würden, wären nicht 50, sondern 100 Dollar verloren. Lass nichts verkommen.

Dieser Fehler lauert uns auch bei unserem Investitionsverhalten auf, und das klassische Beispiel dafür sind die Geier vom grauen Kapitalmarkt. Das ist jener Bereich der Finanzbranche, der abseits der regulierten, kontrollierten und herkömmlichen Welt der Banken und Börsen liegt, das sind Geschäfte mit betrügerischen Bankgarantien, zweifelhaften stillen Beteiligungen oder unrentablen geschlossenen Fonds. Gelockt wird mit Steuervorteilen (»Wollen Sie dem Staat wirklich Geld schenken?«) und mit immens hohen Gewinnen (»Die Banken halten uns alle zum Narren, es gibt viel mehr Geld zu verdienen, als die Banken uns anbieten«) – und das Ganze ist psychologisch perfekt inszeniert.

Unter anderem machen sich die Betrüger am grauen Kapitalmarkt die Verlustaversion der Menschen und die daraus resultierende Lass-nichts-verkommen-Illusion zunutze. Das funktioniert recht einfach: Der Einstieg in das Geschäft beginnt in der Regel mit einem Appell, kein Geld zu verschenken. Besonders beliebt sind Steuervorteile – wer will schon dem Staat etwas schenken? Wer da nicht zugreift, verliert Geld, das ihm doch von Rechts wegen zusteht. Und wenn man dann erst einmal am Haken der Finanzmarkthaie hängt und etwas Geld investiert hat, dann schlägt der Effekt voll zu: »Sie haben jetzt schon so viel Geld investiert – wollen Sie, dass das jetzt alles verloren geht?« plärrt es dem armen gepeinigten Anleger aus dem Telefon entgegen. Und schon schlägt die Lass-nichts-verkommen-Illusion wieder zu: Wenn man bereits Geld in die Schweinebauch-Terminkontrakte investiert hat, soll man jetzt aufgeben, nur weil es gerade eine schwierige

Phase an den Märkten ist? Das würde ja heißen, dass man Verluste realisiert, dass man die bisherigen Investments abschreiben müsste. Und da man das nicht will, investiert man weiter. Und der Finanzmarkthai zieht Ihnen weitere Euros aus der Tasche, die Sie nie wiedersehen.

Auch am Aktienmarkt funktioniert diese Illusion, das Stichwort ist hier »nachkaufen«. Das spielt sich in etwa so ab: Sie kaufen die Aktie eines Internetunternehmens, nennen wir es B2B-Internet-Technology-Communications.com, zu einem Kurs von sagen wir 100 Euro. Nach einem kurzen Höhenflug rauscht der Kurs von B2B-Internet-Technology-Communications.com auf 20 Euro, sehr zu Ihrem Ärger. Eigentlich sind Sie jetzt 80 Euro in den Miesen, aber das wollen Sie natürlich nicht wahrhaben – da ist sie wieder, die Idee der Kongruenz, man will sich keinen Fehler eingestehen.

Jetzt gibt es zwei Möglichkeiten: Sie verkaufen die Aktie, gestehen sich 80 Euro Verlust ein und geloben, in Zukunft die Finger von solchen Investments zu lassen. Möglichkeit Nummer zwei: Nachkaufen. Die Idee dahinter ist folgende: Wenn die Aktie von B2B-Internet-Technology-Communications.com wieder von 20 auf sagen wir 60 Euro steigt, dann wären Sie immer noch 40 Euro in den Miesen. Wenn Sie aber nun zum Preis von 20 Euro eine weitere Aktie von B2B-Internet-Technology-Communications.com kaufen, und die Aktie steigt nun auf 60 Euro, so sind Sie zwar mit der ersten Aktie noch 40 Euro im Minus, mit der zweiten Aktie aber haben Sie jetzt einen Gewinn von 40 Euro gemacht, sodass Sie unter dem Strich null auf null aus dem Geschäft rauskommen. Nachkaufen – klingt gut. Oder?

Das kommt darauf an: Wie sicher sind Sie sich, dass die Aktie wieder auf 60 Euro steigen wird? Ganz sicher? Wirklich? Oder versuchen Sie hier nur verzweifelt, das bereits verlorene Geld zu retten, indem sie ihm noch mehr Geld hinterherwerfen? Wenn das Motiv für den Kauf der zweiten Aktie der Besitz der ersten Aktie ist, sind Sie der Lass-nichts-verkommen-Illusion aufgesessen. Die einzig richtige Frage, die Sie sich in dieser Lage stellen müssen, ist eine andere: Würden Sie die Aktie von B2B-Internet-Technology-Communications.com auch kaufen, wenn Sie noch keine Aktie dieses Unternehmens besitzen? Sobald Sie diese Frage verneinen, sollten Sie die Finger davon lassen, und noch mehr – Sie sollten auch die Aktie verkaufen, die Sie noch besitzen. Warum sollten Sie eine Aktie halten, die Sie nicht kaufen würden, wenn Sie diese nicht besitzen würden? Lass ja nichts verkommen.

Strich drunter: Unsere Angst vor Verlusten, gepaart mit dem Wunsch nach Kongruenz, führt dazu, dass wir schlechtem Geld gutes hinterherwerfen. Solange wir das nämlich tun, müssen wir uns nicht den Verlust eingestehen, sind also kongruent in unserem Denken, und wir müssen nicht den Schmerz empfinden, den der Verlust uns verursacht – von dem wir ja wissen, dass er doppelt so wehtut, wie ein Gewinn guttut. Letzteres ist auch der Grund dafür, dass wir im Zweifelsfall die falschen Pferde weiterlaufen lassen. Wissenschaftler nennen das »Dispositionseffekt«. Klingt wissenschaftlich, klingt kompliziert. Ist aber einfach – und teuer. Schauen wir uns das einmal an.

Verbrennen wir die guten Schiffe?

Werfen wir einen Blick auf das folgende Problem:

> Sie besitzen zwei Aktien: Aktie A haben Sie zu 100 Euro gekauft, derzeit kostet sie 50 Euro. Ihre zweite Aktie, Aktie B, haben Sie ebenfalls zu 100 Euro gekauft, sie kostet derzeit 150 Euro. Leider müssen Sie nun die Stromrechnung (50 Euro) zahlen, Sie brauchen Geld. Sie haben aber kein Bargeld und müssen eine der beiden Aktien verkaufen – welche verkaufen Sie?

Wenn Sie nun spontan antworten, dass Sie Aktie B – die Gewinneraktie – verkaufen, dann geht es Ihnen wie den meisten Menschen. Bei näherem Hinsehen ist das schräg: Sie verkaufen das Investment, das erfolgreich war, und behalten die Aktie, die bisher nicht überzeugt hat – wieso denn das? Vermutlich ist das wieder die Angst vor Verlusten – sobald Sie Aktie A verkaufen, realisieren Sie einen Verlust, und den wollen Sie vermeiden. Also verkaufen Sie stattdessen Aktie B.

Die Wissenschaftler Hersh Shefrin und Meir Statman haben diesen Effekt »Dispositionseffekt« getauft: Anleger neigen dazu, Gewinneraktien zu verkaufen und Verliereraktien zu halten. Aufgrund der Verlustaversion sind Anleger bereit, höhere Risiken einzugehen, wenn damit die Aussicht besteht, diese Verluste zu vermeiden. Die Aussicht, einen Verlust real zu machen, und ihn damit der Steuerbehörde, sich selbst und – am allerschlimmsten – dem Partner einzugestehen, macht Anleger mutig und risikobereiter.

Der Ökonom Terrance Odean hat dem Dispositionseffekt nachgespürt, indem er die Konten von 10 000 Kunden amerikanischer Discountbroker untersuchte. Zuerst hat er berechnet, wie viele Gewinneraktien die Kunden der Discountbroker verkaufen: Rund 15 Prozent aller Gewinneraktien haben sie verkauft – fast jede siebte Aktie, die einen Gewinn verbuchte, wurde also verkauft. Bei den Verliereraktien hingegen war es nur jede zehnte Aktie, die verkauft wurde, die anderen 90 Prozent der Verliereraktien haben die Anleger lieber in ihrem Depot gelassen. Statistisch gesehen ist dieser Unterschied so groß, dass er nicht zufällig zustande gekommen sein kann, wenn man unterstellt, dass Anleger keinen Unterschied machen zwischen dem Verkauf von Gewinner- und Verliereraktien.

Nun kann dieses Verhalten ja auch wohlbegründet sein – eine Idee wäre, dass sich die Verkäufe gegenseitig beeinflussen, dass Anleger beispielsweise aufgrund gemeinsamer Informationen handeln oder einem Herdentrieb folgen. Um diese Einflüsse auszuschließen, hat Odean die Transaktionen für jedes Konto getrennt untersucht, und er hat nur solche Verkäufe berücksichtigt, denen eine Woche zuvor und danach keine anderen Verkäufe folgten – die Verkäufe von Verlieriereraktien aufgrund eines Herdentriebs oder eines Börsentrends werden damit ausgeschlossen. Das Ergebnis veränderte sich dadurch nicht: Anleger verkaufen mehr Gewinneraktien als Verliereraktien.

Eine andere Begründung für dieses Verhalten wäre ein technisches Argument: Wenn die Anleger den Anteil verschiedener Aktien in ihrem Portfolio konstant halten wollen, dann müssen sie Gewinneraktien verkaufen. Ein Beispiel: Nehmen wir einmal an, ein Anleger hat jeweils zehn Aktien von zwei verschiedenen Unternehmen, nennen wir sie A und B, die beide jeweils 50 Euro wert sind. Damit hält er die Aktien zu gleichen Teilen (also 50 zu 50) in seinem Portfolio – das ist auch sein Ziel. Nun steigt der Wert der B-Aktie auf 100 Euro, sodass der Wert der Aktienposition A nun immer noch 500 Euro ist, der Wert des B-Aktienpakets hingegen ist zehn mal 100, also 1000 Euro. Jetzt hält er die Aktien der beiden Unternehmen im Verhältnis eins zu zwei; die Aktien von B sind nun doppelt so stark im Depot des Anlegers vertreten. Will er aber weiterhin die Aktien im Verhältnis 50 zu 50 halten, so muss er B-Aktien verkaufen, und zwar fünf Stück. Dann hat er zehn Aktien von A zum Kurs von 50 Euro, macht 500 Euro, und fünf Aktien von B, im Wert von 100 Euro, macht auch 500 Euro – jetzt hat der Anleger wieder ein gleiches Verhältnis von A und B in seinem Depot; A und B sind gleich gewichtet.

Wenn Anleger also eine bestimmte Gewichtung von Aktien in ihrem Depot halten wollen, werden sie zwangsläufig Gewinneraktien verkaufen – wäre das eine Erklärung für die Beobachtung, dass Anleger eher Gewinneraktien verkaufen? Um diese Idee zu untersuchen, hat Odean nur Verkäufe berücksichtigt, bei denen die gesamte Position verkauft wurde – so etwas geschieht nur, wenn sich ein Anleger komplett von einer Aktie trennen will und keine Änderung der Gewichtung vornehmen will. Das Ergebnis blieb unverändert: Anleger verkaufen lieber Gewinneraktien als Verliereraktien.

Bleibt noch das Argument, dass man Verliereraktien hält, weil man erwartet, dass sie die Gewinneraktien in Zukunft schlagen werden – »Rückkehr zum Durchschnitt« nennt sich diese Idee, nach der gefallene Aktien ja irgendwann wieder steigen müssen und gestiegene Aktien irgendwann wieder auf den Boden der Börsentatsachen zurückgeholt werden. Die Zahlen der Konten der Discountbroker straft diese Idee Lügen: Zumindest über einen Zeitraum von ein und zwei Jahren schneiden die verkauften Gewinneraktien eindeutig besser ab als die gehaltenen Verliereraktien. Über den Daumen kostet der Dispositionseffekt unter Berücksichtigung steuerlicher Vorteile beim Verkauf von Verliereraktien Anleger eine Rendite von 4,4 Prozent. Oder um es auf den Punkt zu bringen: Unsere Angst vor Verlusten führt dazu, dass wir gute Aktien verkaufen und schlechte Aktien halten; und das kostet uns über den Daumen gerechnet 4,4 Prozent Rendite – das ist der Preis für unsere Verlustaversion.

Wir beschränken also unsere Gewinne und lassen die Verluste laufen, anstatt die Gewinne laufen zu lassen und die Verluste zu beschränken. Der Psychologe Thomas Gilovich hat das mit einem anschaulichen Vergleich erläutert: Stellen Sie sich vor, Ihre Investments sind die Schiffe, mit denen Sie auf das Ufer des Ruhestands zusteuern. Aber bevor die Schiffe das Ufer – den Ruhestand – erreichen, geben Sie diejenigen Schiffe auf, die bewiesen haben, dass sie seetauglich sind, und hoffen darauf, dass die angeschlagenen Kähne wieder instand gesetzt werden, während sie auf das Ufer zuschlingern. Kein Seemann würde das machen – Anleger hingegen machen das. Und der Grund ist immer wieder der gleiche: die Angst vor Verlusten. Und möglicherweise erklärt diese Aversion auch den Erfolg von Produkten, die Profis mit eher gemischten Gefühlen betrachten: Garantieprodukte.

Ein erfolgreiches Rätsel

Manche Dinge sind unglaublich erfolgreich – ohne dass man so richtig begreifen kann, warum. Da wären zum Beispiel die sogenannten Garantieprodukte – das sind Anlageprodukte, die ihren Anlegern garantieren, dass sie zumindest das eingesetzte Kapitel zurückerhalten. Selbst wenn also die Finanzwelt untergehen sollte – man bekommt zumindest das investierte Geld zurück. Das Prinzip dieser Produkte ist grob gesagt immer das gleiche: Der Verkäufer dieser Produkte verspricht dem Anleger, dass er mindestens den eingesetzten Betrag nach einer bestimmten Laufzeit zurückerhält, im Gegenzug dafür verzichtet der Anleger auf einen Teil der Gewinnchancen, die dieses Anlageprodukt bietet. Also: Sie kaufen ein Garantieprodukt auf den Deutschen Aktienindex Dax, das besagt, dass Sie nach sagen wir fünf Jahren mindestens das eingesetzte Kapital zurückerhalten. Im Gegenzug dazu bekommen Sie aber für den Fall, dass der Dax steigt, nicht die komplette Wertsteigerung, sondern nur einen bestimmten Prozentsatz dieser Wertsteigerung. Steigt beispielsweise der Dax in diesen fünf Jahren um 30 Prozent, erhalten Sie nur ein Plus von 25 Prozent – die Differenz ist das, was Sie für die Garantie bezahlen. Ein gutes Geschäft?

Die meisten Profis halten solche Produkte für kein gutes Geschäft. Warum? Meistens greifen Anleger erst zu Garantieprodukten, wenn die Kurse bereits im Keller sind, das Risiko, dass es weiter bergab geht, also eher gering ist. Das ist also so, als würde man nach einem schweren Wolkenbruch, der vorüber ist, einen Schirm kaufen. Eigentlich sollte man Garantieprodukte kaufen, wenn die Kurse gen Himmel streben – aber wer tut das schon? Kein Wunder, dass die Banken diese Produkte gerne verkaufen – das Risiko, dass sie diese Garantie auch einlösen müssen, ist recht gering, wenn sie diese Produkte nach dem Kurssturz verkaufen. Will heißen: Die Kunden zahlen eine Menge Geld – in Form von Gebühren oder Verzicht auf Rendite – und bekommen dafür eine Garantie, die unnötig ist. Oft sind diese Produkte auch noch recht kompliziert gehäkelt, sodass der Kunde Schwierigkeiten hat, zu verstehen, wie das Produkt eigentlich funktioniert und was ihn das kostet.

Die Gier der Anleger nach Garantieprodukten zu einem Zeitpunkt, an dem es längst zu spät ist, rührt vermutlich auch aus der Art und Weise, wie wir Informationen verarbeiten. Menschen neigen dazu, aktuelle, auffällige Informationen eher zur Kenntnis zu nehmen. Und wenn Informationen über Kursverluste und Finanzmassaker vorherrschen, führen sie wegen ihrer Aktualität und ihrer Auffälligkeit dazu, dass Anleger die weiteren Risiken ihrer Investments überschätzen – genauso, wie sie zu Zeiten steigender Kurse die Chancen über- und die Risiken unterschätzen. Das ist ein Phänomen, das wir bereits kennengelernt haben: Wir nehmen nur Informationen wahr, die unsere Einschätzung bestätigen, andere Informationen werden ausgeblendet. Und wer der Meinung ist, es gehe abwärts, ist weniger empfänglich für positive Informationen. Dann schlägt die Verlustaversion zu: Wer Verluste verhindern will, der kauft ein Garantieprodukt, das ja definitionsgemäß nie in die Miesen rutschen kann – Verluste ausgeschlossen.

Nun kaufen Sie vielleicht keine Garantieprodukte – sind Sie also gegen die Verlustaversion immun? Nicht notwendigerweise, auch andere Produkte sind Garantieprodukte, auch wenn sie nicht so heißen. Da wären beispielsweise Kapitallebensversicherungen, die ihren Anlegern zumindest das eingesetzte Geld plus eine Garantieverzinsung versprechen. Auch hier lockt die Aussicht, Verluste zu vermeiden, und die Kunden der Versicherer bemerken gar nicht, wie teuer diese Garantie ist, mit der sie dieses Versprechen bezahlen. Ähnliches gilt für Anleihen: Auch wer Anleihen kauft, sollte darüber nachdenken, ob er an Verlustaversion leidet. Wer Anleihen kauft, verzichtet auf die Gewinne, die ihm bei Aktien winken. Natürlich sind Anleihen ein wichtiger Bestandteil eines Portfolios, wer aber schon im Alter von 30 Jahren all sein Geld in Anleihen oder Immobilien investiert oder nur auf eine Lebensversicherung setzt, verzichtet auf eine Menge Gewinn, die ihm – zumindest auf dem statistischen Papier – Aktien bringen.

Müssen Aktien mehr Ertrag bringen als Anleihen? Theoretisch ja, denn Aktien sind riskanter als Anleihen. Und um für dieses Risiko entschädigt zu werden, müssen Aktien auf lange Frist einen höheren Ertrag bringen als Zinsprodukte. Und diesen Mehrertrag nennen Ökonomen »equity premium«, also Aktienprämie oder Renditevorsprung. Das klingt recht einleuchtend, aber mittlerweile sprechen Ökonomen vom »equity premium puzzle«, also vom Aktienprämienrätsel. Warum? Mittlerweile nämlich glauben Wissenschaftler, dass diese Prämie für das Risiko, das Aktien tragen, historisch betrachtet viel zu hoch ist. In der Vergangenheit lag der Renditevorsprung von Aktien gegenüber Anleihen je nach Ort, Zeitraum und Datenlage zwischen vier und acht Prozent, in Europa zwischen vier und sechs Prozent. Zum Beispiel: Wer 1926 einen Dollar in amerikanische Aktien investierte, erhielt 2000 rund 266 Dollar zurück – nach Berücksichtigung der Inflation. Der gleiche Dollar zum selben Zeitpunkt in amerikanische Staatsanleihen investiert hätte nach Inflation nur 1,71 Dollars erhalten. Das ist der Renditevorsprung. Das kommt Ihnen viel vor? Nicht nur Ihnen, auch den Ökonomen:

Nach der Standardtheorie kann man allenfalls einen Renditevorsprung von einem bis 1,5 Prozent erklären. Der tatsächliche Renditevorsprung ist so groß, dass man ihn nur erklären könnte, wenn man vermutet, dass die Anleger eine absurde Risikoscheu haben.

Der tatsächlich zu beobachtende Renditevorsprung von Aktien ist mit der herkömmlichen ökonomischen Theorie nicht zu erklären. Eine Möglichkeit, dieses Rätsel zu lösen, wäre die Verlustaversion. Diese kann zuschlagen, wenn Investoren ihre Anlagen häufig überprüfen, beispielsweise einmal jährlich. Wer einmal jährlich oder gar wöchentlich einen Blick auf seine Investments wirft, wird bei seinen Aktienengagements relativ häufig Verluste sehen, weil diese in ihrem Wert stärker schwanken als Anleihen (das ist ja genau das Risiko, für das man einen höheren Ertrag verlangt). Wenn Anleger aber diese Verluste stärker gewichten als die Gewinne (wie wir wissen, gewichten sie die Verluste doppelt so stark wie die Gewinne), dann fordern sie eine entsprechend hohe Risikoprämie. Das Aktienprämienrätsel wäre also erklärt, wenn Anleger zu häufig in ihr Depot schauen, dort naturgemäß häufiger Verluste bei den Aktien sehen als bei den Anleihen, wegen ihrer Verlustaversion diese Verluste übermäßig gewichten und deswegen eine höhere Entschädigung verlangen – das ist dann die Aktienprämie.

Psychologisch betrachtet sieht das Problem also folgendermaßen aus: Aktien sind zwar auf lange Frist rentabler als Anleihen, doch in unserer Wahrnehmung sind sie viel riskanter als in der Realität, weil wir zu oft in unser Depot schauen und dort die Ergebnisse dieser Kursschwankungen besichtigen. Da wir zudem risikoscheu sind und diese Verluste, die wir sehen, doppelt so stark schmerzen wie Gewinne, verlangen wir eine viel höhere Prämie für Aktien als theoretisch betrachtet nötig.

Stimmt diese Idee, dann gibt es ein einfaches Gegenmittel: Schauen Sie nicht so häufig in Ihr Depot, vertrauen Sie darauf, dass Aktien auf lange Frist einen deutlichen Mehrertrag gegenüber Anleihen erbringen – und investieren Sie auch auf lange Frist. Womit wir bei den Lehren wären – was lernen wir aus unserer Abneigung gegen Verluste? Und wie kann uns unsere Bank dabei helfen?

Was lernen wir daraus?

Normalerweise erwartet man von einer Bank so viel Service wie möglich: nette Betreuer, bunte Broschüren – und so viel Informationen wie möglich. Eine israelische Bank allerdings tat genau das Gegenteil: Sie reduzierte die Häufigkeit, mit der sie ihre Kunden über den Stand ihrer Aktieninvestments informierte. Man kann davon ausgehen, dass viele Kunden das nicht sonderlich gut fanden – doch stimmen die Ergebnisse zahlreicher Experimente, so hat die Bank ihren Kunden einen Dienst erwiesen. Schauen wir uns ein solches Experiment an.

Die Grundstruktur ist einfach: Die Versuchspersonen werden mit 100 Einheiten einer experimentellen Währung ausgestattet, die sie in mehreren Spielrunden investieren können. Dabei haben sie zwei Möglichkeiten: Entweder Sie investieren nichts, dann bekommen sie aber auch keine Zinsen. Oder aber sie investieren etwas von ihrem Geld in eine Lotterie, bei der sie mit einer Wahrscheinlichkeit von einem Drittel ihr Investment mehr als verdoppeln können; mit einer Wahrscheinlichkeit von zwei Dritteln verlieren sie aber ihr Geld. Die Spieler haben nun 18 Runden Zeit, ihr Geld unter das Kopfkissen zu legen (also nichts zu investieren) oder aber in die riskante Lotterie zu stecken (also den Aktienmarkt).

Das Entscheidende an diesem Spiel sind zwei Faktoren, an denen die Forscher schraubten: Sie veränderten die Häufigkeit, mit der die Spieler über den Stand ihres Investmentkontos informiert wurden – entweder sie wurden jede Runde informiert, wie viel Geld sie nun hatten, oder nur jede dritte Runde. Die zweite Variation betraf die Möglichkeit, die Investmentstrategie zu wechseln: Ein Teil der Spieler durfte in jeder Runde neu entscheiden, ob etwas Geld riskiert werden sollte oder nicht, die anderen Spieler konnten nur alle drei Runden neu entscheiden, ob sie investieren wollten oder nicht. Die Ergebnisse sind eindeutig: Wenn die Versuchspersonen über einen längeren Zeitraum investieren, also nur jede dritte Runde neu entscheiden, ob sie etwas riskieren oder nicht, sind sie risikofreudiger und investieren mehr in die Lotterie als ihre Mitspieler, die jede Runde neu entscheiden, ob sie investieren oder nicht. Die Häufigkeit, mit der die Spieler über den Stand ihres Kontos informiert werden, spielt auch eine Rolle: Wurden sie nur jede dritte Runde über den Stand ihres Kontos informiert, waren sie risikofreudiger als ihre Mitspieler, die nach jeder Runde erfuhren, wie viel Geld sie noch zur Verfügung hatten.

Vielleicht hat die israelische Bank dieses Experiment im Hinterkopf gehabt, als sie den Service eindampfte und die Häufigkeit reduzierte, mit der sie ihre Kunden über den Stand ihrer Investments informierte. Denn die Botschaft des Experiments ist deutlich: Wenn Anleger nicht so häufig über den Stand ihrer Investments informiert werden, werden sie risikofreudiger, sie investieren mehr. Für die Bank bedeutet das natürlich mehr Geschäft. Aber auch für den Anleger kann das gut sein, nämlich dann, wenn er unter zu großer Verlustaversion leidet und deswegen zu wenig investiert. Wer 20, 30 Jahre alt ist, kommt nicht umhin, in etwas risikoträchtigere Anlagen zu investieren – mit dem Sparbuch für das Alter vorzusorgen wird nicht ausreichen. Wenn wir aber zu risikoscheu sind und deswegen unser Geld mit Mickerrenditen auf Sparkonten vermodert, dann könnte weniger Information mehr sein: Wer nicht jeden Tag auf seinen Kontoauszug schielt, kann sich offenbar eher mit dem Gedanken anfreunden, für das

Alter auch etwas mehr zu riskieren. Wer in Zeiträumen von 20 oder 30 Jahren denkt, braucht keine Angst vor etwas Risiko zu haben. Und wer so einen langen Zeithorizont hat, muss auch keine Garantieprodukte kaufen. Natürlich wird es umso riskanter, je mehr man sich dem Ruhestand nähert, und je näher man diesem Tag kommt, an dem man seine Investments braucht, umso mehr sollte man das Risiko im Depot zurückfahren – dafür gibt es viele Strategien, die man in diesem Fall anwenden sollte. Wer also weniger häufig in sein Portfolio schaut, hat mehr vom Ruhestand.

Die zweite Lehre, die wir aus den Ideen zur Verlustaversion ziehen können, ist, dass wir zu wenig Mumm haben, uns unsere eigenen Fehler einzugestehen – und deswegen zu lange an Verliererinvestments festhalten, statt sie entschlossen zu verkaufen. Das ist eine klassische Psychofalle: Wir kaufen nach, um die Verluste zu minimieren – und vergrößern damit unsere Verluste. Und wir halten zu lange an Verliereraktien fest. Hier hilft nur strikte Selbstdisziplin: Überlegen Sie sich einen Kurs, zu dem Sie das betreffende Investment verkaufen wollen, sozusagen die Wassermarke, die Ihnen sagt, dass hier etwas schiefgelaufen ist. Und wenn diese Marke erreicht wird, automatisch verkaufen.

Das kann man über sogenannte Stop-Loss-Orders machen – Sie teilen der Bank mit, dass beim Erreichen dieses Kurses automatisch verkauft werden soll. Ohne Wenn und Aber. Jedes »aber vielleicht ist das ja nur ein vorübergehender Einbruch« oder »ich warte noch einmal einen Moment« entspringt vermutlich nur unserem Gehirn, das sich gegen die Verluste wehrt. Und je weniger Sie hinschauen, umso eher bekommen Sie gar nicht mit, dass Ihr Verlustengagement eben automatisch beendet wurde.

Und dann noch die dritte Lehre: Schauen Sie nicht so viel auf einzelne Investments, sondern auf das gesamte

Portfolio. Also nicht zu sehr auf die einzelne Aktie schauen, die in den Miesen steckt, sondern auf die Summe aller Investments – das ist die entscheidende Kennzahl.

Dann wäre da noch die Lass-nichts-verkommen-Illusion – was machen wir damit? Die Versuchung ist groß, ein fehlgeschlagenes Investment dadurch zu retten, indem man nachkauft, weitermacht, durchhält – und im schlimmsten Fall dem schlechten Geld das restliche gute Geld hinterherwirft. Hier hilft nur eines: Vergessen Sie den Einstandspreis, vergessen Sie, wie viel Geld Sie bereits investiert haben. Die einzig richtige Frage, die Sie stellen müssen, wenn Sie darüber nachdenken, zu investieren oder ein Engagement zu beenden, ist diese: Würde ich heute dieses Investment tätigen, wenn ich das erste Mal davon höre? Wenn Sie also überlegen, ob Sie nachkaufen, damit Sie die bisherigen Verluste wieder reinholen, muss die Frage lauten: Wenn ich diese Aktie bisher nicht in meinem Depot hätte – würde ich sie dann kaufen? Wenn die Antwort auf diese Frage »Nein« lautet, gibt es keinen Grund, nachzukaufen, egal, wie viel Geld Sie bisher versenkt haben. Sie sollten also versuchen, jede Investition – egal in was – so zu betrachten, als würden Sie auf einer grünen Wiese ganz von vorne anfangen. Vergessen Sie die Vergangenheit. Diese Idee passt perfekt zu der Idee, sich nicht so oft mit seinem Portfolio zu beschäftigen – je weniger Sie das tun, umso eher vergessen Sie Ihre Einstandspreise, umso weniger geraten Sie in die Versuchung, nur deswegen nachzukaufen, weil Sie bisher schon viel Geld versenkt haben.

Wie wir am Beispiel des Concorde-Effekts gesehen haben, gilt das für jede Unternehmung – was in der Vergangenheit war, spielt keine Rolle, was zählt, ist alleine die Zukunft. Leider muss man befürchten, dass dieser Ratschlag Politiker wenig interessiert, denn hier denkt man anders: Man investiert jetzt in ein Projekt, um damit Wählerstimmen zu fangen. Man schafft also Fakten. Sobald man erkennt, dass dieses Projekt nicht funktioniert, bricht man aber nicht ab, sondern lässt alles weiterlaufen, wohl wissend, dass die späteren Folgen dieses Fehlinvestments anderen Personen – am besten der Nachfolgeregierung – übergebraten werden. Wir sollten also als Wähler durchschauen, wann Politiker dem schlechten Geld unser gutes hinterherwerfen – und sie dann an der Wahlurne bestrafen.

Einen kleinen Trost hat die Aversion der Menschen gegen Verluste für die Politik: Diese Aversion kann dazu beitragen, die Kurskapriolen an den Finanzmärkten zu reduzieren. Fallen die Kurse, so werden Anleger zögern, die Verlierer zu verkaufen, was zu weiteren Kursrutschen führen würde – das stabilisiert die Kurse nach unten. Andersherum werden Anleger bei stark steigenden Kursen dazu neigen, ihre Gewinner zu verkaufen, was den Kursanstieg nach oben dämpft. In der Tat sagen viele Profis, dass bei Kapitalmarktkrisen Privatanleger besonnener reagieren als Profis. Das mag sich durch den Dispositionseffekt erklären: Geht es nach unten, halten die Privatanleger ihre Verlierer, geht es nach oben, verkaufen sie ihre Gewinner. Die Profis hingegen müssen oft rascher reagieren und sich mit dem Gesamtmarkt bewegen. Allerdings haben die Profis einen entscheidenden Nachteil gegenüber Privatanlegern: Sie müssen sich ständig vor ihren Investoren rechtfertigen, das bringt sie häufig unter Druck, zu handeln. Ein Privatanleger ist nur sich selbst Rechenschaft schuldig – das macht es einfacher, einen Kursrutsch auch mal auszusitzen.

Die Idee, dass Profis nicht anfällig sind für die Verlustaversion, geht allerdings nicht auf: So fragte ein Analyst der Investmentbank Dresdner Kleinwort Benson Profis, wie sie es mit dem Münzwurf halten:

> Kommt Kopf, müssen Sie 100 Pfund zahlen. Wie viel Gewinn verlangen Sie bei Zahl, damit Sie sich auf einen Münzwurf einlassen?

Das ist die gleiche klassische Münzwurffrage, die wir eingangs bereits gestellt haben. Das Ergebnis: Im Schnitt verlangten die Profis 190 Pfund, damit sie sich auf die Wette einlassen. Das passt bemerkenswert gut zu dem Befund, dass Menschen Verluste doppelt so schwer empfinden wie Gewinne – offenbar macht die Verlustangst auch nicht vor Profis halt. Wohlgemerkt, wir sprechen hier von professionellen Vermögensverwaltern, die für Privatkunden und große Institutionen Millionenbeträge verwalten. Umso verstörender ist die Tatsache, dass einige Profis sich mit einem Gewinn von weniger als 100 Pfund zufriedengaben. Bei Kopf verlieren sie 100 Pfund, bei Zahl gewinnen sie 50 Pfund? Das macht nachdenklich. »Bei diesen Jungs könnte sogar ich Geld verdienen«, spottete der Autor der Studie. Nicht jeder, der sich als Profi bezeichnet, ist auch einer.

Lassen Sie uns einmal einem anderen Profi über die Schulter schauen – einem ziemlich knauserigen Profi.

4 ALLES IST RELATIV

»Einweggeschirr wasche ich aus«

Ingvar Kamprad erzählt gerne von seiner Jugend, wie er als Zehnjähriger im schwedischen Älmhult Karottensaat in Tüten an die dortigen Bauern verkaufte. Kamprad hatte Schreib- und Leseprobleme, er schaffte die Realschule nur mit Mühe. Anschließend besuchte er ein Wirtschaftsgymnasium in Göteborg, wo er schnell wegen seiner Vorliebe für hübsche Mädchen bekannt wurde. Weltweite Berühmtheit erlangte Kamprad allerdings nicht wegen dieser nachvollziehbaren Vorliebe, sondern mit einem Regal, Billy heißt es. Es kostet 38 Euro, ist 80 Zentimeter breit, 28 Zentimeter tief, 202 Zentimeter hoch, und der Regalboden ist bis maximal 30 Kilogramm belastbar. Billy ist der Grundstein, das Fundament des schwedischen Möbelhauses IKEA, das Kamprad gegründet hat und das ihn zum Multimillionär gemacht hat.

In Schweden ist Kamprad allerdings nicht nur für seine Regale, sondern auch für seinen Geiz bekannt – die Zahl der Geschichten, die über den knickrigen Möbelhauspatriarchen kursieren, ist endlos. Kamprad spart an den Details: So verschickt er angeblich Weihnachtskarten, die er vom vergangenen Jahr wiederaufgearbeitet hat, er fährt einen alten Volvo, vor Reisen surft er so lange im Internet, bis er das billigste Ticket gefunden hat. Zur Pressekonferenz kommt er auch schon mal mit der Bahn – natürlich mit Seniorenrabatt. Einkaufen geht er kurz vor Ladenschluss, weil Frischprodukte dann herabgesetzt sind. Eine andere Geschichte bestreitet Kamprad allerdings: Er renne nicht nach einer Übernachtung im Hotel am nächsten Morgen in den Supermarkt, um eine billige Cola zu kaufen, damit er die Cola ersetzen kann, die er am Abend zuvor aus der sündhaft teuren Minibar des Hotels genommen hat. Dafür handelt Kamprad umweltfreundlich, vielleicht aber weniger aus ökologischen Erwägungen: »Einweggeschirr wasche ich aus, auch wenn es sich schlecht spült«, lässt er sich zitieren.

Die Geschichten über knickrige Millionäre wie Kamprad sind Legion, wobei es allerdings nicht leicht ist, Wahrheit, Halbwahrheit, Imagepflege und Falschinformationen auseinanderzuhalten. Da wäre beispielsweise Theo Albrecht, der Sohn des Gründers der Discountkette Aldi: Die nicht mehr aktuelle Postleitzahl auf dem privaten Briefbogen habe er durchgestrichen und die neuen Zahlen davorgesetzt, statt neues Briefpapier anzuschaffen, berichtet ein Wirtschaftsmagazin. Oder August Baron von Finck, ein legendärer bayrischer Bankier und Großgrundbesitzer, ließ sich noch im hohen Alter vom Stammsitz vor den Toren Münchens zum Geldhaus in die Innenstadt fahren – in einem VW Käfer. Der Metro-Gründer Otto Beisheim verschickte der Presse zufolge bis zum Ende der 80er-Jahre, als sein Privatvermögen längst zehnstellig war, Botschaften im Format eines sogenannten Wirteblocks, 14 mal 7,5 Zentimeter klein. Faxe wurden beschnitten – ein gedritteltes Blatt ist ja weniger kostenpflichtige Sendesekunden lang unterwegs. Und der frisch aufgebrühte Kaffee werde sofort in eine Thermoskanne umgefüllt, was die Stromrechnung reduziere.

Der Rennfahrer Michael Schumacher erzählte einmal, dass er aus seiner Wahlheimat Schweiz extra nach Deutschland fahre, um Marmelade zu kaufen, weil sie dort wesentlich billiger sei. »Schumacher, der geizige Millionär«, lästerten die Zeitungen am nächsten Tag. Vielleicht hat Schumacher diese Ader ja auch vom Formel-1-Manager Willi Weber, der gerne feilscht: »Ich gebe kein Geld aus, ohne zu verhandeln«, sagt er – und tut es wohl auch. Sehr freimütig auch das Eingeständnis des Tessiner Finanziers Tito Tettamanti, dessen Vermögen bis zu einer halben Milliarde Franken geschätzt wird: »Aus jedem Hotel nehme ich das Briefpapier mit«, verriet er. Auch die Kugelschreiber seien vor ihm nicht sicher, das sei legitim: »Hotelzimmer kosten sowieso zu viel.«

Warum sind wir – je nach Temperament und Weltanschauung – so amüsiert, erbost oder erstaunt über knickrige Millionäre? Es ist die offensichtliche Diskrepanz zwischen den vielen Millionen auf dem Konto der Millionäre und ihren Bemühungen, hier und da ein paar Cent zu sparen. Hier ein paar Cent, dort, im Hintergrund, ein paar Millionen – das ist albern, oder? Wer so viele Millionen hat, muss doch nicht auf die paar Cent schielen, sollte man meinen. Oder doch? Vielleicht ist es auch gerade das, was diese Millionäre zu Millionären macht – dass sie auf absolute Beträge achten und ihre Millionen im Hintergrund völlig vergessen – im Gegensatz zu uns, wir wissen, wie viel Geld wir besitzen. Oder?

Vielleicht verhalten wir normalsterbliche Nicht-Millionäre uns oft recht ähnlich wie diese Millionäre, indem wir bei manchen unserer Entscheidungen zu sehr auf den aktuellen, gegenwärtigen Reiz achten, anstatt uns auf das große Ganze, das Gesamtbild zu konzentrieren. Auch wir vergessen, ähnlich wie die Millionäre, unser Gesamtvermögen und schielen nur auf einzelne Aspekte unseres Entscheidungsproblems. Davon handelt dieses Kapitel, es handelt davon, dass alles relativ ist – und dass wir uns von dieser Relativität den Schneid abkaufen lassen. Bisweilen benehmen wir uns dann wie ein Millionär, der extra von der Schweiz nach Deutschland fährt, um ein paar Cent beim Marmeladenkauf zu sparen. Glauben Sie nicht? Gut, stellen Sie sich folgende Situation vor:

> Sie sind im Begriff, eine Jacke für 125 Euro und einen Taschenrechner für 15 Euro zu kaufen. Der Verkäufer ist nett, er weist Sie darauf hin, dass es den Taschenrechner im Augenblick in einer anderen Filiale im Sonderangebot für zehn Euro gibt. Die Fahrtzeit dorthin beträgt 20 Minuten. Würden Sie den Weg zu dem anderen Geschäft auf sich nehmen?

Wenn Sie wie die meisten Menschen entscheiden, dann haben Sie beschlossen, den Weg zu dem anderen Geschäft auf sich zu nehmen – in Experimenten waren das fast 70 Prozent der Befragten. So weit, so gut. Jetzt eine andere Situation:

> Sie sind im Begriff, eine Jacke für 15 Euro und einen Taschenrechner für 125 Euro zu kaufen. Der Verkäufer ist nett, er weist Sie darauf hin, dass es den Taschenrechner im Augenblick in einer anderen Filiale im Sonderangebot für 120 Euro gibt. Die Fahrtzeit dorthin beträgt 20 Minuten. Würden Sie den Weg zu dem anderen Geschäft auf sich nehmen?

Wofür haben Sie sich entschieden? In Experimenten haben sich die meisten Versuchspersonen dagegen entschieden, noch einmal zum anderen Geschäft zu fahren – gerade einmal 30 Prozent waren bereit, sich wegen der fünf Euro noch einmal in den Wagen zu setzen. Nehmen Sie die beiden Beispiele zusammen, ergibt das einen merkwürdigen Befund: Im ersten Beispiel ist die Mehrzahl der Menschen bereit, für fünf Euro 20 Minuten zu fahren, im zweiten Beispiel nicht. Was hat sich geändert?

Es ist der Bezugsrahmen, der sich geändert hat: Wenn

der Taschenrechner 15 Euro kostet und wir fünf Euro sparen können, fahren wir; wenn der Rechner 125 Euro kostet und wir fünf Euro sparen können, fahren wir nicht. Das klingt ein wenig nach knickrigem Millionär: Wenn wir bei einem 15-Euro-Rechner einen Fünfer sparen können, machen wir das – ähnlich wie der IKEA-Gründer, der mit dem Seniorenticket zur Hauptversammlung kommt. Aber auf der anderen Seite sind wir auch ganz schön großzügig: Wenn wir einen 125-Euro-Rechner kaufen, lassen wir fünf gerade sein respektive legen keinen Wert darauf, die gleichen fünf Euro zu sparen. Das ist die Version vom verschwenderischen Millionär mit der »Darauf kommt es jetzt auch nicht mehr an«-Haltung.

Kleinvieh macht Naturdünger

Was passiert in diesem Versuch? Im Grunde genommen zeigt dieses Experiment ein altes Gesetz, das die deutschen Wissenschaftler Gustav T. Fechner und Ernst Heinrich Weber entwickelt haben und das man deswegen auch das Webersche oder auch Fechner-Weber-Gesetz nennt. Dieses Gesetz nimmt an, dass eine konstante und berechenbare Beziehung zwischen der Stärke eines Reizes und der Empfindung existiert, die dieser Reiz auslöst. Das heißt: Je stärker ein Reiz ist, desto größer muss der Reizunterschied sein, um diesen Unterschied zu bemerken. Ein Beispiel: Zündet man in einem Raum, in dem zehn Kerzen stehen, eine weitere Kerze an, so wird es in unserer Empfindung deutlich heller. Zünden wir allerdings in einem Raum mit 100 Kerzen eine weitere Kerze an, so macht das in unseren Augen kaum noch einen Unterschied – um den gleichen Unterschied wie bei den zehn Kerzen wahrzunehmen, müssten wir nach diesem Gesetz zehn zusätzliche Kerzen anzünden statt nur einer. Die Stärke, die ein Reiz von außen auf uns ausübt, hängt also nicht alleine von seiner absoluten Stärke ab, sondern von dem Kontext, in dem wir diesen Reiz erleben. Stehen zehn Kerzen im Raum, so empfinden wir eine zusätzliche Kerze als wesentlich intensiver als in einem Raum, in dem bereits 100 Kerzen stehen.

Dieses Gesetz gilt für viele Bereiche unseres Lebens: So fällt es uns leichter, einen Temperaturunterschied zwischen drei Grad und sechs Grad zu identifizieren als den von der absoluten Höhe her gleichen Temperaturunterschied zwischen 13 Grad und 16 Grad. Und das gleiche Prinzip, so glauben Forscher, gilt auch für unseren Umgang mit Geld: Der Unterschied zwischen einem Rechner für 15 oder einem Rechner für zehn Euro wird von uns anders wahrgenommen als der Unterschied zwischen einem Rechner für 125 Euro und einem Rechner für 120 Euro. Und das ist der Punkt, an dem wir in unserem Verhalten inkonsistent werden: Sparen wir fünf Euro beim 15-Euro-Rechner, so nehmen wir 20 Minuten Fahrt auf uns; können wir bei 125 Euro fünf Euro sparen, so sind uns die gleichen fünf Euro keine 20 Minuten Fahrt mehr wert. Oder vereinfacht gesagt: Wenn man schon 125 Euro ausgibt, dann kommt es auf die fünf Euro mehr oder weniger auch nicht mehr an.

Diese recht menschliche Erkenntnis weist uns vielleicht nicht den Weg zum Millionär, aber zu einem der vielen Löcher, in denen unser mühsam erarbeitetes Geld verschwindet. Der Satz »Darauf kommt es jetzt auch nicht mehr an« ist vielleicht einer der größten Haushaltskassenzerstörer in der Geschichte der Familienfinanzen. Dieser Zerstörer schlägt gemäß den obigen Überlegungen immer dann zu, wenn wir besonders viel Geld ausgeben. Beispielsweise beim Kauf eines neuen Laptops: Sagen wir, 1000 Euro kostet das neue, schmucke Gerät, und beim Überreichen des Kartons – man ist schon gedanklich an der Kasse zum Zahlen – warnt der Verkäufer vor den Gefahren, die dem schmucken Neuerwerb drohen – ob man denn nicht lieber eine Versicherung abschließen möchte? Solche Policen gibt es schon ab drei bis fünf Euro pro Monat – das klingt erschwinglich angesichts der 1000 Euro, die man eben ausgegeben hat. Also greift man zu.

Abgesehen davon, dass zwölf Monate à drei Euro auch 36 Euro ausmachen, halten die meisten Profis solche Versicherungen für fragwürdig bis unnötig: Die Versicherer tun sich häufig mit der Schadensübernahme schwer. Der Kunde muss nachweisen, dass er das Gerät nicht mutwillig beschädigt hat, zudem bekommt er nur den Zeitwert seines Notebooks ersetzt, und bei Reparaturen muss er einen Teil der Reparaturkosten selbst tragen. Der Schadenersatz liegt vor allem bei älteren Laptops oft unter der Summe der bereits gezahlten Versicherungsbeiträge. Und der in der Regel allergrößte Schaden – der Verlust wichtiger Daten – wird von der Versicherung ohnehin nicht gedeckt. Und zu allem Übel sind bestimmte Ereignisse – hier lautet das Zauberwort Fahrlässigkeit – von der Versicherung ebenfalls nicht gedeckt. Solche Versicherungen gibt es auch für andere Elektrogeräte, dort sind sie ebenso teuer – bei Mobiltelefonen beispielsweise machen die Prämien für solche billigen Versicherungen nahezu ein Drittel des Handypreises aus.

Kurzum – solche Versicherungen sind in der Regel überteuert und überflüssig. Warum kauft man sie trotzdem? Ein Grund ist sicherlich Relativität: Wer gerade 1000 Euro ausgegeben hat, denkt nicht weiter über zusätzliche fünf Euro für eine Versicherung nach – und zahlt. Die einzige Schutzmaßnahme gegen solche Angebote ist eine Verzögerungstaktik: Wenn Sie zögern, ob Sie nicht doch so eine Versicherung brauchen, warten Sie einfach ein paar Tage. Würden Sie die gleiche Versicherung auch noch – sagen wir – eine Woche später abschließen? Möglicherweise nicht, denn nun ist Folgendes passiert: Sie geben jetzt nicht mehr 1000 Euro aus, zu denen sich nun zusätzlich drei oder fünf Euro gesellen, sondern Sie kaufen eine Versicherung, die drei Euro kosten soll. Die Vergleichsgröße von 1000 Euro steht Ihnen mental nicht mehr zur Verfügung, und jetzt schauen Sie genauer hin.

Ein Experiment macht diese Idee deutlich: Eine Forscherin – sie heißt Caryn Christensen – legte ihren Versuchspersonen einen Warenkatalog vor, aus dem sie auswählen sollten. Sie sollten eine Stereoanlage nebst einigem Zubehör kaufen. In dieser – fiktiven – Entscheidungssituation durften sie 1500 Dollar ausgeben. Die Anlage selbst kostete zwischen 950 und 1000 Dollar, es blieben also rund 500 Dollar für Extras. Die Anlage und ihre Komponenten waren auf den ersten Seiten des Katalogs abgebildet, auf den folgenden Seiten war das Zubehör abgebildet, unter anderem auch Kopfhörer, deren Preis zwischen fünf und 50 Dollar lag. Nun blätterten die Versuchspersonen durch den Katalog, kauften ein, und bekamen nach jedem Artikel, den sie in ihren Warenkorb gelegt bekamen, gemeldet, wie viel Geld sie bereits ausgegeben haben.

Der Trick bei dieser Versuchsanordnung waren die Kopfhörer: Einmal wurden die Kopfhörer auf den ersten Seiten angeboten, direkt hinter der eigentlichen Stereoanlage, einmal am Ende des Katalogs. Das Ergebnis ist ein klassisches Beispiel für »Darauf kommt es jetzt auch nicht mehr an«: Wenn die Kopfhörer auf den ersten Seiten des Katalogs angeboten wurden, also zu Beginn des Einkaufes, gaben die Versuchspersonen durchschnittlich keine zehn Dollar dafür aus. Waren die Kopfhörer erst auf den hinteren Seiten des Katalogs zu sehen, wenn die Versuchspersonen bereits mehr Geld ausgegeben hatten (sie hatten sich ja schon durch den Katalog gearbeitet und Geld ausgegeben), dann kauften sie Kopfhörer, die im Schnitt fast 19 Dollar kosteten. Warum, ist klar: Wer die Kopfhörer am Anfang des Katalogs sieht, hat noch nicht so viel Geld ausgegeben, also kauft er eher billigere Kopfhörer. Wer hingegen schon am Ende des Katalogs ist, hat mehr Geld ausgegeben – die Summe wird ihm ja stets mitgeteilt. Das aber bedeutet, dass der Preis der Kopfhörer relativ zu der bereits ausgegebenen Summe umso günstiger wird, je mehr Geld man bereits ausgegeben hat. Also gibt man mehr Geld für die Kopfhörer aus. So funktioniert Relativität.

Es müssen nicht immer Versicherungen sein, oftmals sind solche Angebote auch als zusätzliche Garantien getarnt – die aber letztlich nichts anderes sind als getarnte Versicherungen. So etwas gibt es beispielsweise bei Autos, und es ist teuer: In den Vereinigten Staaten beispielsweise zeigte ein Verfahren gegen einen asiatischen Automobilhersteller, dass von den 795 Dollar, die eine solche zusätzliche Garantie kostete, tatsächlich nur 131 Dollar für Reparaturen ausgegeben wurde, der Rest war Verwaltung (109 Dollar) und Gewinn für den Händler (555 Dollar). Ups.

Dieser Effekt der Relativität schlägt auch bei vielen anderen Gelegenheiten zu, bei denen wir kleines Geld für teils völlig überteuerte Gegenstände hinauswerfen. Da wäre beispielsweise die Minibar im Hotel, die der IKEA-Gründer angeblich am nächsten Morgen mit Einkäufen aus dem Supermarkt auffüllt, auch wenn er das bestreitet. Auch hier schlägt die Relativität zu: Da hat man ein Hotelzimmer für 100 Euro gebucht, da kommt es dann auch nicht mehr darauf an, dass die Cola in der Bar einen oder zwei Euro mehr kostet als an der Tankstelle gegenüber. Und wieder sind uns ein paar Euro durch die Hände geronnen. Oder das Essen im Urlaub: Da gibt man so viel Geld für Flug und Hotel aus – soll man jetzt am Essen sparen? Also zahlt man Touristenhochburg-Fantasiepreise. Gefährlich sind auch Großeinkäufe: Da hat man schon den Wagen voll mit vielen notwendigen Dingen – da kommt es nicht mehr darauf an, noch ein wenig teuren Schnickschnack mit in den Wagen zu packen – und wieder sind es ein paar Euro weniger. Das sind zwar alles Kleinigkeiten, doch auch Kleinigkeiten summieren sich rasch zu einem großen Berg von Geld – Kleinvieh macht Naturdünger. Wir werden in einem der nächsten Kapitel einen weiteren Grund dafür kennenlernen, warum wir im Kleinen oft zu großzügig sind und nicht erkennen, dass 100 mal ein Euro auch 100 Euro sind.

Weniger Kleinvieh, vielmehr Großvieh kann dieser Effekt bei größeren Anschaffungen kosten, beispielsweise beim Hausbau: Wer ein neues Haus baut, muss eine sechsstellige Summe auf den Tisch des Bauhauses legen – und im Schatten dieser beeindruckenden Summe segeln viele unnötige oder übersteigerte Ausgaben mit. Da werden dann rasch die teuren Baumaterialien gewählt – nur das Beste für unser Bad –, da entscheidet man sich für die teuerste Küche – wenn schon, denn schon –, und da muss es der exquisite Teppich sein – man baut ja schließlich nur einmal. Und ehe man sichs versieht, summieren sich diese kleinen Extras zu einem bemerkenswert hohen Betrag, weswegen viele Kostenvoranschläge beim Hausbau rasch Makulatur sind.

Es ist diese Relativität, die das Geldausgeben und Sparen zu einer psychologischen Falle macht. In der traditionellen Ökonomie taucht dieses Problem nicht auf. Man entscheidet sich für oder gegen einen Kauf oder Verkauf, wenn er unter dem Strich das Gesamtvermögen oder den Gesamtnutzen erhöht. Menschen entscheiden sich also für eine Handlung, wenn sie danach einen Gesamtnutzen haben, der über dem Nutzen ihres Vermögens liegt, das sie ohne diese Entscheidung haben. In welchem Kontext diese Handlung erfolgt, spielt für die traditionellen Ökonomen keine Rolle. Wie wir gesehen haben, ist das aber vermutlich nicht der Fall – wir beurteilen eine Entscheidungssituation nach dem Kontext, in dem wir sie treffen; wir fahren wegen fünf Euro 20 Minuten, wenn es um einen 15-Euro-Taschenrechner geht, nicht aber beim 125-Euro-Taschenrechner.

Vermutlich besteht einer der Unterschiede zwischen den eingangs beschriebenen Millionären und vielen Normalsterblichen darin, dass die Millionäre eben nicht dieser Illusion des Relativen erliegen – für sie ist ein Euro immer ein Euro, egal, ob sie zehn, 10 000 oder eine Million Euro ausgeben, das haben die eingangs erwähnten Beispiele ja gezeigt. Sie müssen das jetzt nicht als Aufforderung verstehen, ein Geizhals zu werden – wer sich im Urlaub etwas gönnen will, muss sich das nicht verweigern, wer sich im Hotel eine Cola genehmigen will, soll das tun. Weiß man aber um den Effekt der Relativität, so lassen sich einige unnötige Ausgaben vermeiden oder wenigstens hinterfragen. Doch nicht nur das: Das Phänomen der Relativität spielt auch eine wichtige Rolle in vielen anderen Gelddingen. Das bringt uns zurück zu unserer Angst vor Verlusten. Wann haben Sie das letzte Mal ein Haus verkauft?

Eine Frage der Perspektive

> Vor zehn Jahren haben Sie ein Haus gekauft, 300 000 Euro haben Sie damals bezahlt. Jetzt wollen Sie es verkaufen, Sie schätzen den Marktwert des Hauses auf 350 000 Euro; das wollen Sie auch dafür haben. Nun bekommen Sie ein Angebot: 320 000 Euro bietet man Ihnen. Ist das nun ein Gewinn von 20 000 Euro oder ein Verlust von 30 000 Euro? Oder beides?

In der traditionellen ökonomischen Entscheidungstheorie ist diese Entscheidung leicht: Sie überlegen sich die Folgen des Hausverkaufs für Ihr gesamtes Vermögen und entscheiden. Macht mich der Verkauf des Hauses insgesamt, unter dem Strich wohlhabender? Dann verkaufe ich. Berücksichtigt man nun die psychologische Befindlichkeit des Hausverkäufers, ergibt sich ein anderes Ergebnis: Hat er den Einstandspreis von 300 000 Euro im Kopf, so wird er mit einem Gewinn von 20 000 Euro verkaufen; spukt in seinem Kopf hingegen der Marktwert von 350 000 Euro, so steht vor seinem geistigen Auge ein drohender Verlust von 30 000 Euro – und er wird möglicherweise nicht verkaufen.

Der Grund dafür ist die bereits im vorherigen Kapitel erörterte Angst vor Verlusten: Menschen tun vieles (auch viel Dummes), um Verluste zu vermeiden, und wenn man den Preis von 320 000 Euro als Verlust ansieht, wird man davor zurückschrecken, das Haus zu verkaufen, und nach weiteren Käufern suchen, selbst auf die Gefahr hin, dass man kein höheres Gebot bekommt, und ohne Rücksicht auf die Kosten, die dabei entstehen: Solange das Haus nicht verkauft ist, verzinst sich das darin investierte Kapital nicht. Würde man das Haus für 320 000 Euro verkaufen und den Erlös zinsbringend anlegen, ergäbe das auch ein hübsches Sümmchen – bei nur drei Prozent wären das 9600 Euro im Jahr, auf die man verzichtet. Selbst nach Steuern sind das immer noch sagen wir rund 6000 Euro, die uns diese Angst vor Verlusten kosten kann. Und schlimmstenfalls wird es noch teurer, wenn man kein besseres Angebot mehr bekommt.

Hier zeigt sich wieder das gleiche Muster: Man konzentriert sich bei der Verkaufsentscheidung nicht auf die Folgen für das gesamte Vermögen, sondern achtet einzig auf die Relation zwischen dem gewünschten und dem tatsächlichen Verkaufspreis – und verliert dabei womöglich eine Menge Geld. Und der Grund dafür ist die Wahrnehmung des Geschäftes als Verlust oder Gewinn – je nachdem, welche Wahrnehmung wir haben, verkaufen wir oder nicht. Wir werden noch darüber nachdenken müssen, wie diese Wahrnehmung entstehen kann und wie man sie beeinflussen kann. Ähnliches passiert auch beim Verkauf von Aktienpositionen:

> Vor drei Jahren haben Sie von Ihrem Arbeitgeber Aktien Ihres Unternehmens geschenkt bekommen; damals kostete die Aktie 20 Euro. Unglücklicherweise ist der Kurs der Aktie seitdem auf zehn Euro gefallen. Nun steht Ihr Unternehmen vor einem großen Durchbruch – wird das neue Produkt ein Erfolg, so prophezeien Analysten, dass der Kurs der Aktie wieder auf 20 Euro steigen wird. Floppt das Produkt hingegen, so wird die Firma untergehen, der Wert der Aktie wird auf null fallen. Wollen Sie jetzt Ihre Aktien für zehn Euro verkaufen?

Das ist die gleiche Entscheidungssituation wie beim Hausverkauf – je nachdem, ob man nun die zehn Euro als Gewinn ansieht – schließlich hat man für die Aktien nichts bezahlt – oder als Verlust – sie waren ja mal 20 Euro wert –, wird man seine Verkaufsentscheidung treffen. Alle anderen wichtigen Entscheidungsparameter – brauche ich das Geld derzeit, wie hoch ist das Gesamtrisiko in meinem Portfolio, was sagt der Steuerberater? – werden gerne ausgeblendet. Auch beim Kauf und Verkauf von Aktien rät die traditionelle Ökonomie, auf das Gesamtvermögen abzustellen – wenn ich die Aktie für zehn Euro verkaufe, welche Folgen hat das für mein gesamtes Portfolio? Ein grundsätzlich richtiger Ansatz, der aber in der Realität oft verschmäht wird – stattdessen fällen wir die Entscheidung, ob wir eine einzelne Aktie verkaufen sollen, mit Blick auf eben diese einzelne Aktie und auf ihren Wert relativ zu unserem Bezugspunkt – 20 oder null Euro.

Dieses Phänomen beeinflusst auch unser Risikoverhalten: Je nachdem, in welchen Kontext eine Entscheidung gestellt wird, ändert sich unser Verhalten – mit der Folge, dass wir in ein und derselben Situation manchmal Risiken eingehen, manchmal vorsichtig sind. Das glauben Sie nicht? Gut, folgende Frage:

> Zusätzlich zu dem, was Sie besitzen, erhalten Sie 1000 Euro. Nun müssen Sie entscheiden zwischen
> - A: 1000 Euro mit einer Wahrscheinlichkeit von 50 Prozent gewinnen, und
> - B: 500 Euro mit Sicherheit gewinnen.

Wenn Sie nun Alternative B wählen, haben Sie sich wie die meisten Versuchspersonen entschieden, denen man dieses Entscheidungsproblem vorlegt. Wenn es um Gewinne geht, werden Menschen vorsichtig – das hatten wir schon gesehen, und der sichere Gewinn von 500 Euro ist uns lieber als die unsichere Aussicht auf 1000 Euro. Gut, jetzt folgende Frage:

> Zusätzlich zu dem, was Sie besitzen, erhalten Sie 2000 Euro. Nun müssen Sie entscheiden zwischen
> - A: 1000 Euro mit einer Wahrscheinlichkeit von 50 Prozent verlieren, und
> - B: 500 Euro mit Sicherheit verlieren.

Wenn Sie sich jetzt spontan für die Alternative A, das riskante Spielchen entschieden haben, haben Sie wiederum wie die meisten Versuchspersonen entschieden – und damit ein entscheidungstheoretisches Paradoxon erzeugt. Wenn Sie nämlich genauer hinschauen, erkennen Sie, dass beide Entscheidungssituationen gleich sind: Im ersten Fall haben Sie die Wahl zwischen sicheren 1500 Euro (Sie wählen den sicheren Gewinn) und einer 50-zu-50-Chance auf entweder 1000 oder 2000 Euro – genauso wie im zweiten Fall. Und dennoch entscheiden wir uns im ersten Fall für die sicheren 1500 Euro, im zweiten Fall sind wir bereit zu pokern und nehmen die 50-zu-50-Chance auf 1000 respektive 2000 Euro.

Auch hier ist es eine Frage des Bezugspunktes, welche Entscheidung wir treffen: Wenn unser Ausgangspunkt 1000 Euro sind, die wir geschenkt bekommen, empfinden wir eine Vermögensposition von 1500 als Gewinn – also greifen wir zu der sicheren Option. Starten wir hingegen bei 2000 Euro, so sind die 1500 Euro nun ein Verlust – also riskieren wir etwas und wählen die riskante Variante. Es ist also auch hier die Relativität, die uns ins Stolpern bringt: Statt auf das Endergebnis unserer Entscheidung zu achten, lassen wir uns durch die unterschiedliche Ausgangssituation beeinflussen – je nachdem, ob wir anfangs 1000 oder 2000 Euro hatten, ändert sich unsere Einstellung zum Risiko. Man muss nicht sonderlich viel Fantasie aufbringen, um zu vermuten, dass das einige Probleme aufwerfen kann. Schauen wir uns einmal einige dieser Probleme an, und beginnen wir mit dem König der Spieler, der 73-mal von arm nach reich wechselte.

73-mal von arm nach reich und eine Wette auf Gott

Nicholas Andreas Dandolos wurde 1883 auf Kreta geboren, sein Vater war Teppichhändler, sein Patenonkel Schiffsbauer. Er wuchs behütet und wohlhabend auf, machte einen Abschluss in Philosophie. Mit 18 Jahren wurde Nicholas von seiner Familie nach Amerika geschickt, um ihn auf ein erfolgreiches Geschäftsleben vorzubereiten. Im Jahr 1911 machte er in Montreal seine erste Pferdewette und entdeckte seine wahre Bestimmung – Nicholas erkannte, dass er ein Spieler war. Am Ende der Saison verließ er Montreal mit mehr als 500 000 Dollar in seinen Taschen und wandte sich dem Kartenspielen zu. Mit Erfolg: Man schätzt, dass Nick der Grieche, wie er respektvoll genannt wurde, im Verlauf seines Lebens mehr als 500 Millionen Dollar gewonnen und verloren hat; er selbst behauptete, dass er 73-mal zwischen Armut und Reichtum gependelt ist. Nick war besessen vom Spielen, es gab Zeiten, da verließ er den Tisch weder zum Essen noch zum Schlafen, und wenn er ärztliche Hilfe benötigte, musste der Arzt an den Tisch kommen.

Einer der Höhepunkte seines Lebens muss wohl das Spiel gegen den Texaner Nicholas Johnny Moss gewesen sein, das fünf Monate dauerte, und das Nick, der verlor, mit einem Satz beendete: »Mr. Moss, ich muss Sie jetzt gehen lassen.« Nick der Grieche und Spieler, dem Geld wenig bedeutete und der zeit seines Lebens 20 Millionen Dollar für wohltätige Zwecke gespendet hatte, starb 1966. »Das Glück ist eine Frau – und sie war die Liebe seines Lebens« hieß es in seinem Nachruf.

Nick dem Griechen wird nachgesagt, dass er den Tisch ungerne mit Verlusten verließ – es sei denn, er hatte kein Geld mehr, das er einsetzen konnte. Mit dieser Strategie steht er nicht alleine: Viele Spieler haben die Angewohnheit, am Ende eines Spieltages alles auf eine Karte zu setzen, wenn sie in den Miesen stecken – »betting on long shots« nennt man das im Angelsächsischen, was man frei mit »alles auf eine Karte setzen« übersetzen könnte, nur dass diese Karte eine eher unwahrscheinliche ist.

Auf Rennbahnen beispielsweise setzen viele Spieler gegen Ende des Tages auf eben diese long shots, also Pferde, denen man nur geringe Chancen auf den Sieg einräumt und die deswegen besonders viel Geld bringen, wenn sie wider Erwarten gewinnen. Und der Grund dafür ist die Verlustaversion: Wer gegen Ende des Tages mit seinen Wetten in den Miesen steckt, versucht mit dem letzten Rennen, der letzten Karte, das Ruder herumzureißen, indem er eine riskantere Wette eingeht. Hier schlägt wieder die Relativität zu: Wenn man schon dick in den Miesen steckt, kommt es auf das letzte Geld auch nicht mehr an – also setzt man alles auf die riskante Karte. Wenn die Spieler nicht in den Miesen stecken, spielen sie weniger auf Risiko.

Das ist eine beunruhigende Erkenntnis: Unsere Neigung, riskante Wetten einzugehen, hängt davon ab, wie tief wir schon in den roten Zahlen stecken. Sind wir im Plus, werden wir vorsichtig, sichern unsere Gewinne, haben sich Verluste angesammelt, so sind wir deutlich risikofreudiger, um mit einer letzten verzweifelten Wette das Ruder herumzureißen und die Verluste zu vermeiden. Und was auf der Rennbahn gilt, gilt auch beim Investieren: Wenn ein Investment, eine Aktie in die Miesen schliddert, erwacht unsere Angst vor Verlusten, und wir werfen dem schlechten Geld gutes hinterher – das kennen wir bereits. Neu an dieser Erkenntnis ist aber, dass das Ausmaß unserer Verlustaversion, wenn nicht überhaupt unsere Verlustaversion, von der Situation abhängt, in der wir uns befinden. Dabei gilt als Faustformel: je mehr, desto schlimmer.

Gut, genau genommen ist das keine Faustformel, sondern eine Theorie, die in den vergangenen Jahren auch in der etablierten Ökonomie beachtliche produktive Unruhe hervorgerufen hat und schließlich mit einem Nobelpreis geadelt wurde – die prospect theory, die wir bereits kennengelernt haben. Man könnte das in etwa mit »Erwartungstheorie« übersetzen. Um zu verstehen, muss man wissen, wie Ökonomen bisher mit den Erwartungen der Menschen umgegangen sind – das kann man anhand einer Wette erläutern: Gibt es Gott?

Blaise Pascal kann diese Frage zwar nicht beantworten, aber er hat eine Idee darüber entwickelt, ob es clever ist, an Gott zu glauben – eine Idee, die noch heute prägend für das gesamte Risikomanagement an Kapitalmärkten ist. Geboren im Juni 1623 in Clermont-Ferrand, rund 420 Kilometer von Paris entfernt, schloss er schon im Alter von 13 Jahren Bekanntschaft mit solchen Geistesgrößen wie dem Philosophen René Descartes oder dem Mathematiker Pierre de Fermat. Im Jahr 1654 hatte Pascal so etwas wie ein religiöses Erweckungserlebnis – für zwei Stunden saß er wie in Trance, und was er dabei erlebte, schrieb er auf zwei Seiten Papier nieder, die man erst nach seinem Tod in einer seiner Jacken fand. Darauf niedergeschrieben, kreuz und quer in schwer verdaulicher Handschrift, finden sich die Anfänge der modernen Entscheidungstheorie.

Pascals Problem lautet wie folgt: Wir wissen nicht, ob es Gott gibt – sollen wir also an ihn glauben? Und was ist das Risiko, wenn wir nicht an ihn glauben? Dazu nehmen wir an, dass die Wahrscheinlichkeit dafür, dass es Gott gibt, bei 50 Prozent liegt – angesichts unseres kompletten Unwissens die bestmögliche Schätzung. Jetzt gibt es zwei Möglichkeiten: Entweder es gibt Gott oder es gibt ihn nicht. Wenn wir uns nun entscheiden, an Gott zu glauben, und es gibt ihn, winken uns ein ewiges Leben und ewige Seligkeit – ein hoher Gewinn. Gibt es Gott aber nicht, und wir glauben dennoch an ihn, so sind die Kosten recht gering – ein wenig Aufwand, zu glauben und ein einigermaßen gottesfürchtiges Leben zu führen – kleine Münze angesichts der winkenden Belohnung, falls es Gott doch gibt. Das ist die Lösung zu diesem Entscheidungsproblem: Man gewichtet die unendliche Seligkeit, die man gewinnt, wenn es Gott gibt, gegen den endlichen Aufwand, an Gott zu glauben – und muss sich folgerichtig dafür entscheiden, an Gott zu glauben, sicher ist sicher.

Pascals Wette auf Gott ist der Schlüssel zum modernen Verständnis von Entscheidungen: Wir gewichten die Wahrscheinlichkeiten einer Option mit ihrem Ertrag. Also: Wir vergleichen 50 Prozent, gewichtet mit der Aussicht auf ewiges Leben (also multipliziert mit einem unendlich großen Wert), mit 50 Prozent mal dem Aufwand für ein gottesfürchtiges Leben (der endlich ist). Und das Ergebnis dieser Rechnung ist der sogenannte Erwartungswert einer Entscheidung, der im Falle dieser Wette unendlich groß ist. Diese Überlegung könnte erklären, warum es mehr Kirchensteuerzahler gibt als Gläubige – man weiß ja nie, und die Kirchensteuer ist eine Option auf die Gefahr, dass es doch so etwas wie ein Paradies gibt. Spekulieren auf Gott.

In modernen Worten nennt man diese Ideen »Erwartungsnutzentheorie«, und sie ist der Goldstandard in den meisten ökonomischen Modellen. Man vergleicht Entscheidungsalternativen, indem man die Ergebnisse der verschiedenen Handlungsalternativen mit ihren Wahrscheinlichkeiten gewichtet. Wer beispielsweise mittels eines Münzwurfes um einen Euro wettet (Kopf – ich gewinne einen Euro; Zahl – ich verliere einen Euro), berechnet den Erwartungswert dieser Wette wie folgt: mit 50 Prozent Wahrscheinlichkeit gewinne ich einen Euro – macht 0,5 mal einen Euro, also 50 Cent Gewinn –; mit 50 Prozent Wahrscheinlichkeit verliere ich einen Euro – macht 0,5 mal einen Euro Verlust, also 50 Cent Verlust. Addiert man die beiden Ergebnisse 50 Cent Gewinn und 50 Cent Verlust, so ergibt sich für die Münzwette ein Erwartungswert von null. Das ist die Erwartungsnutzentheorie, hervorgegangen aus einer Wette auf Gott.

Einen Haken dieser Theorie haben wir bereits kennengelernt: Die Erwartungsnutzentheorie unterstellt, dass Menschen bei ihrer Entscheidung immer auf den Endzustand abstellen, also ihr gesamtes Vermögen und ihren gesamten Nutzen im Blick haben, wenn sie entscheiden – dass dies offenbar nicht immer der Fall ist, haben wir in diesem Kapitel bereits gesehen. Wir fahren wegen fünf Euro nur zum nächsten Geschäft, wenn es sich um den 15-Euro-Rechner handelt, aber nicht beim 125-Euro-Rechner, es macht für uns einen Unterschied, welchen Preis wir im Kopf haben, wenn wir etwas verkaufen wollen, und wir werden risikofreudiger, wenn wir in den roten Zahlen stecken. Nach der Erwartungsnutzentheorie dürfte das nicht passieren, hier kommt es einzig darauf an, wie das Gesamtergebnis einer Handlung am Ende aussieht – welche Rahmenbedingungen dabei herrschen, spielt keine Rolle.

Die prospect theory hingegen hat eine andere Idee: Sie unterstellt, dass Menschen bei ihren Entscheidungen nicht auf absolute Werte, sondern auf Veränderungen dieser Werte abstellen, wobei die Veränderung natürlich auf einen Bezugspunkt abstellen muss. Nach der Erwartungsnutzentheorie rechnen wir beispielsweise aus, was es uns kostet, wenn wir eine Aktie verkaufen. Nach der prospect theory schauen wir nicht auf diesen Gesamtwert, sondern fragen uns, was uns diese Entscheidung kostet, verglichen mit einem Referenzpunkt – beispielsweise dem Kurs, zu dem wir diese Aktie gekauft haben. Nehmen wir dazu noch einmal unser Aktienbeispiel:

> Vor drei Jahren haben Sie von Ihrem Arbeitgeber Aktien Ihres Unternehmens geschenkt bekommen; damals kostete die Aktie 20 Euro. Unglücklicherweise ist der Kurs der Aktie seitdem auf zehn Euro gefallen. Nun steht Ihr Unternehmen vor einem großen Durchbruch – wird das neue Produkt ein Erfolg, so prophezeien Analysten, dass der Kurs der Aktie wieder auf 20 Euro steigen wird. Floppt das Produkt hingegen, so wird die Firma untergehen, der Wert der Aktie wird auf null fallen. Wollen Sie jetzt Ihre Aktien für zehn Euro verkaufen?

Der pascalsche Entscheider würde im Sinne der Erwartungsnutzentheorie nun fragen, was ihm der Verkauf absolut bringt: Pro Stück zehn Euro – rechtfertigt diese Summe einen Verkauf? Der Anleger, der im Sinne der prospect theory entscheidet, stellt eine andere Frage: Bezogen auf den für mich relevanten Kurs – was bringt mir der Verkauf? Ist der für mich relevante Kurs null Euro, weil ich die Aktien geschenkt bekommen habe, so ist der Verkauf ein Gewinn. Ist der relevante Kurs 20 Euro, weil das die Aktie mal wert war, so ist der Verkauf ein Verlust – obwohl man in beiden Fällen beim Verkauf den identischen Geldbetrag erhält. Die Idee des Bezugspunktes bei solchen Entscheidungen erklärt also das unterschiedliche Verhalten, und wie wir sehen werden, erklärt sie noch viel mehr – diese Idee ist einer der Dreh- und Angelpunkte beim Investieren und beim Geldausgeben. Dazu noch ein Beispiel:

> Sie wollen ein neues Auto kaufen. Der Verkäufer erklärt, dass das Modell, das Sie im Blick haben, 33 000 Euro kostet, er aber gewillt ist, Ihnen 3000 Euro Rabatt zu gewähren.

Das klingt gut, oder? Einem Rabatt von 3000 Euro kann man nur schwer widerstehen. Aber Sie gehen in ein weiteres Autohaus, dort macht man Ihnen folgendes Angebot:

> Der Wagen, den man Ihnen anbietet, ist das gleiche Modell wie im vorherigen Autohaus, er soll 27 000 Euro kosten. Allerdings fehlt die Klimaanlage, die kostet noch einmal 3000 Euro extra.

Wenn Sie die beiden Beispiele nebeneinander sehen, merken Sie sofort, dass es da keinen Unterschied gibt – und doch rät die Fachliteratur dazu, den Wagen in der ersten Variante anzubieten. Warum, ist im Licht der prospect theory klar: Der Kunde nimmt den Preisnachlass als einen eigenständigen Gewinn wahr, während der Aufschlag als zusätzlicher Verlust empfunden wird. Rein von der Logik betrachtet muss man eigentlich der Erwartungsnutzentheorie recht geben – 30 000 Euro sind 30 000 Euro, egal, wie man dorthin gelangt ist. Eigentlich. Diese Sache mit den Bezugspunkten ist so seltsam, dass wir ihr gleich ein eigenes Kapitel widmen wollen, hier wollen wir uns noch eine andere Besonderheit der prospect theory anschauen, die sehr hilfreich sein kann – es geht darum, dass Verluste nicht gleich Verluste sind. Das lässt sich recht einfach zeigen – beispielsweise indem wir uns einen turbulenten Tag anschauen. Nehmen wir doch einmal den 23. Februar 1995.

»Es tut mir leid«

Es ist der 23. Februar 1995, als der junge Händler Nick Leeson alles auf eine Karte setzt: »Ich habe heute alles gekauft, was der Markt hergab«, schreibt er später über diesen Tag. »Ich stand noch immer total unter Strom, hatte Stunde um Stunde mit ausgestreckten Armen herumgefuchtelt, gebrüllt, Händlerzettel ausgefüllt und sie ins Backoffice geschickt. Mit einer einzigen Handbewegung konnte ich Papiere im Wert von Millionen kaufen oder verkaufen. Dabei war es nur Papier, nicht Milch oder Brot oder sonst was, was man wirklich hätte brauchen können. Es war, als handelte man mit Seifenblasen.«

Leeson hat allen Grund, alles auf eine Karte zu setzen: Seit Jahren spekuliert er in Singapur im Namen und auf Kosten der britischen Traditionsbank Barings auf die Entwicklung von Börsenindizes – obwohl er das nicht darf. Er hat lediglich die Erlaubnis, Arbitrage zu betreiben, also kleine Kursdifferenzen zwischen verschiedenen Terminmärkten aufzuspüren und in kleine, aber sichere Gewinne umzusetzen. Stattdessen dreht Leeson das ganz große Rad, macht riskante Termingeschäfte, verschleiert diese gegenüber seinen Vorgesetzten und meldet dem Mutterhaus jährlich satte Gewinne – weswegen dieses auch nicht so genau nachfragt, was der Wunderknabe in Singapur dort so treibt.

Anfangs läuft alles gut, doch dann läuft der Markt gegen Leeson: Als sich Verluste in Höhe von gut 200 Millionen Dollar auftürmen, greift Leeson zu immer waghalsigeren Wetten – »if in trouble, double«, sagt man dazu an der Börse. Doch Leesons gewagte Wette geht schief – als am 17. Januar 1995 ein schweres Beben die japanische Hafenstadt Kobe erschüttert, weiß er, dass es kein Halten mehr geben wird. Als am 23. Februar seine letzte gewagte Wette schiefgeht, ist die Barings Bank pleite, Leeson flieht, an seinem Bildschirm hinterlässt er eine Nachricht: »Es tut mir leid.«

Das Muster findet sich häufig bei Spekulanten und Spielern: Wer Verluste aufgefahren hat, muss einfach seine Wetten verdoppeln – »if in trouble, double« eben. Dahinter steht eine Haltung, die wir bereits kennengelernt haben – darauf kommt es jetzt auch nicht mehr an. Das Schlimme daran ist, dass man umso mehr bereit ist, dem schlechten Geld gutes hinterherzuwerfen, je mehr Verluste man bereits aufgetürmt hat. Je größer die Verluste, desto mehr Risiko gehen wir ein. Um das zu verstehen, stellen wir uns folgende Situation vor:

> Ihr Berater ruft Sie an, Sie müssen sich entscheiden zwischen zwei Aktien: Bei Aktie A winkt Ihnen ein Gewinn von 6000 Euro mit einer Wahrscheinlichkeit von 25 Prozent. Bei Aktie B liegen die Gewinnchancen anders: Mit einer Wahrscheinlichkeit von 25 Prozent gewinnen Sie 4000 Euro, mit einer Wahrscheinlichkeit von ebenfalls 25 Prozent gewinnen Sie 2000 Euro. Welche Aktie wählen Sie?

Die meisten Menschen wählen in dieser Situation Aktie B, obwohl doch eigentlich die beiden Alternativen gleich sind; jedenfalls wahrscheinlichkeitstheoretisch betrachtet. Offenbar aber schätzen die meisten Menschen zwei Gewinne à 4000 und 2000 Euro höher ein als einen Gewinn von 6000 Euro. Das ist eine wichtige Erkenntnis, und noch wichtiger: Das funktioniert auch auf der Verlustseite. Dazu folgende Frage:

> Ihr Berater ruft Sie an, Sie müssen eine von zweien Ihrer Aktien verkaufen. Bei Aktie A droht Ihnen ein Verlust von 6000 Euro mit einer Wahrscheinlichkeit von 25 Prozent. Bei Aktie B liegen die drohenden Verluste anders: Mit einer Wahrscheinlichkeit von 25 Prozent verlieren

Sie 4000 Euro, mit einer Wahrscheinlichkeit von ebenfalls 25 Prozent verlieren Sie 2000 Euro. Welche Aktie verkaufen Sie?

Stellt man Menschen in Experimenten vor eine solche Situation, wählen sie mehrheitlich den Verkauf der Aktie A, will heißen: Ein Verlust von 6000 Euro ist offenbar nicht so schlimm wie ein Verlust von 4000 Euro plus 2000 Euro. Wie Sie sehen, sind das die gleichen Aktien, die gleichen Wahrscheinlichkeiten und die gleichen Zahlen, nur dass es dieses Mal um Verluste geht – und jetzt entscheiden wir uns anders.

Damit sind wir bei einer folgenschweren Idee der prospect theory: Gewinne und Verluste haben für uns ein unterschiedliches Gewicht, je nachdem, wie groß sie sind. Das erste Beispiel mit den Gewinneraktien zeigt, dass uns zwei Gewinne à 2000 und 4000 Euro lieber sind als ein Gewinn von 6000 Euro – der Nutzenzuwachs durch einen Gewinn sinkt, je höher dieser Gewinn ausfällt. Wer sich also von zehn auf 20 Euro verbessert, erhöht seinen persönlichen Nutzen mehr, als wenn er seinen Gewinn von 200 auf 210 oder gar von zwei Millionen auf zwei Millionen und zehn Euro steigert. Zusätzliche Gewinne schätzen wir umso weniger, je mehr wir bereits haben.

Diese Überlegungen erklären auch den eingangs gemachten Befund, dass Menschen auf long shots, also aussichtslose Wetten setzen, wenn sie in den Miesen sind, und noch mehr: Sie sagen, dass man umso mehr auf aussichtslose Wetten setzt, je tiefer man im Schlamassel steckt. Und wer wie Nick Leeson mehr als eine Milliarde in den Miesen steckt, ist bereit, auf alles zu wetten, egal wie verzweifelt man ist – das erklärt Leesons »Ich hatte heute alles gekauft, was der Markt hergab«.

Das sind die unmittelbaren Folgen der Ideen der prospect theory: Wer nur ein paar Euro in den Miesen ist, wird sie vielleicht noch murrend hinnehmen, doch werden aus den paar Euro einige Tausend Euro, macht es keinen so großen Unterschied mehr, ob man 2000 oder 3000 Euro verliert. Das kann bis zur völligen Zerstörung des Vermögens führen – chronische Spieler wie Leeson können das bestätigen.

Auch auf der anderen Seite schlägt dieser Effekt zu, er führt dazu, dass wir Gewinne auch nach ihrer Höhe bewerten. Stellen Sie sich dazu vor, dass Sie Geld bekommen. Wie kommt das Geld zu Ihnen?

> Variante A: Es kommen zwei Schecks je 100 Euro an zwei verschiedenen Tagen.

> Variante B: Es kommt ein Scheck zu 200 Euro an einem Tag.

Welche der beiden Varianten bevorzugen Sie? Die meisten Menschen bevorzugen Variante A, obwohl sie im Endergebnis identisch ist mit Variante B. Der Grund dafür ist wieder Relativität: Wenn wir an zwei verschiedenen Tagen zwei Schecks erhalten, so bewerten wir das wie zwei Gewinne à 100 Euro; und das ist in unseren Augen eine bessere Sache als ein einmaliger Gewinn von 200 Euro. Die ersten 100 Euro sind also in unseren Augen wertvoller als die nächsten 100 Euro und erst recht als 100 Euro, die zu den schon bestehenden 1000 Euro hinzukommen.

Das ist das gleiche Prinzip wie bei den Verlusten, nur eben mit umgekehrten Vorzeichen. Dazu noch ein Beispiel:

> Variante A: Das Finanzamt informiert Sie, dass Sie 100 Euro Steuern nachzahlen müssen. Zwei Tage später kommt ein weiterer Brief des Finanzamtes, dass Sie weitere 100 Euro nachzahlen müssen.

> Variante B: Das Finanzamt informiert Sie, dass Sie 200 Euro Steuern nachzahlen müssen.

Die meisten Menschen bevorzugen nun Variante B – lieber alles auf einmal zahlen. Und das ist der Schlüssel entweder zum Ruin oder aber zu einem Ausweg aus unserer Verlustaversion. Womit wir wieder zur üblichen Frage kommen: Was lernen wir daraus?

Was lernen wir daraus?

Offenbar sind also Gewinne und Verluste, Ausgaben und Einnahmen nicht immer das Gleiche – es hängt vom unmittelbaren Kontext ab, wie wir diese empfinden. Das macht uns dann anfällig für die Salamitaktik der Verkäufer, uns zu dem teuren Hauptprodukt überteuerte Zusatzprodukte zu verkaufen – darauf kommt es jetzt auch nicht mehr an, denken wir uns und kaufen die überteuerte Zusatzversicherung für den Laptop oder zahlen 15 Euro für die kleine Ledertasche, in der wir den 300 Euro teuren iPod verstauen wollen.

Wer dieser Falle entgehen will, muss mehr auf das Kleinvieh am Wegesrand der teuren Einkäufe achten. Am einfachsten geht das, indem man diese Zusatzprodukte ignoriert, oder zumindest einen zeitlichen Abstand herstellt – man lässt zwischen dem Kauf des teuren Hauptproduktes und dem Kauf von Zusatzprodukten ein paar Tage verstreichen – mit ein wenig Distanz sieht das Angebot dann oft anders aus. Wer zu ungeduldig ist, sollte sich wenigstens fragen, ob er das Zusatzprodukt kaufen würde, wenn er es auf der grünen Wiese kaufen würde, ohne dass er bereits Geld für den Rechner, den iPod oder das Auto ausgegeben hat.

Gut, das ist nur das kleine Geld, das große Geld verliert man vermutlich aufgrund der Verlustaversion, wenn sich diese mit dem Phänomen der Relativität paart: Je tiefer man in den Miesen steckt, umso mehr ist man bereit, Risiken einzugehen, verzweifelte Wetten zu machen und auf diesem Weg die Verluste noch zu vergrößern. Hier hilft nur Disziplin: Wer Aktien hat, setzt eine sogenannte Stop-Loss-Order; eine Weisung an die Bank, automatisch zu verkaufen, wenn ein vorher festgelegter Kurs erreicht ist. Also: Überlegen Sie sich, wie viel Risiko und Verlust Sie aushalten können, und bei dieser Kursmarke setzen sie die Weisung, zu verkaufen – erreicht die Aktie diesen Kurs, verkauft die Bank automatisch. Dabei hilft es ungemein, wenn Sie nicht ständig auf die Aktie schauen wie ein Kaninchen auf die Schlange, denn erstens schlafen Sie dann ruhiger und zweitens kommen Sie nicht in Versuchung, kurz vor der Stop-Loss-Marke die Bank anzurufen und die Order rückgängig zu machen.

Nun kann man natürlich auch mit anderen Investments in die Verlustfalle geraten, wo man keine Stop-Loss-Orders absetzen kann – hier helfen Freunde und Verwandte: Man verpflichtet sich gegenüber Freunden oder Familienmitgliedern, die Sache bei einem fest vereinbarten Punkt zu beenden, und bittet diese, an diesem Punkt auch tätig zu werden und auf eine Beendigung des Investments zu drängen. Das hat zwar keinen verbindlichen Charakter, das Drängen der Freunde und Bekannten kann aber eine gute Entscheidungshilfe sein. Oder man macht diese Bitte bindender, indem man den Bekannten verspricht, dass man Sie zum teuren Essen einlädt – das macht diese Bindung glaubwürdiger und vor allem teurer, was die Motivation erhöht, das Fiasko-Investment zu beenden.

Doch mit ein wenig Geschick kann man das Phänomen der Relativität auch zum eigenen Vorteil nutzen. Dazu eine einfache Frage: Wie machen Sie Ihrem Partner mehr Freude: Indem Sie ihm oder ihr einmal im Jahr ein großes Geschenk machen oder indem Sie mehrmals im Jahr kleine Aufmerksamkeiten schenken? Die meisten Menschen werden – im Einklang mit den hier diskutierten Theorien – für die zweite Variante plädieren, mehrere kleine Geschenke machen glücklicher als ein großes.

Dieses Phänomen kann man nutzen, indem man beispielsweise seine Gewinne nicht zusammenzählt, sondern sich über jeden einzelnen Gewinn separat freut. Der subjektive Wert von Geschenken reduziert sich, wenn man alle Geschenke in eine Schachtel packt.

Die gleiche Technik kann man bei Verhandlungen nutzen: Man überlegt sich vorher, wie weit man der Gegenseite entgegenkommen will, und tut dies dann häppchenweise – jeder kleine schrittweise Gewinn erfreut Ihr Gegenüber mehr als eine große Konzession und vermittelt ihm das Gefühl, die Verhandlungen zum eigenen Vorteil abzuschließen.

Auch auf der Verliererseite lässt sich diese mentale Technik anwenden, nun mit umgedrehten Vorzeichen: Statt sich mit vielen kleinen Verlusten rumzuplagen, sollten Sie diese gedanklich zusammenfassen zu einem großen Verlust, das ist leichter zu verschmerzen und tut nicht so weh wie viele kleine Nadelstiche. Also nicht den Verlust pro Aktie ausrechnen, sondern nur den Verlust des Gesamtportfolios – das ist erträglicher.

Offenbar spielt es für unser Anlageverhalten ebenso wie für unser Wohlbefinden eine wichtige Rolle, in welchem Kontext wir die Sachverhalte wahrnehmen – oder selbst stellen. Das ist ein interessantes Phänomen, dem wir das nächste Kapitel widmen wollen. Es führt uns in den Süden Deutschlands, nach Oberfranken.

5 EINE FRAGE DER PERSPEKTIVE

»Mr. Dausend«

Die 30 000-Seelen-Gemeinde Kulmbach in Oberfranken hat viele touristische Attraktionen, mit denen sie wuchern kann: Da ist das Deutsche Zinnfigurenmuseum, das größte der Welt, 300 000 Einzelfiguren stellen in 150 Dioramen die Geschichte der Menschheit nach. Oder die Plassenburg, das Wahrzeichen der Stadt Kulmbach, erbaut im zwölften Jahrhundert von den Herzögen von Andechs-Meranien. Dann wären da noch der weiße Turm, der rote Turm, die Spitalkirche, die Petrikirche, das Schlösslein oder der Rehturm – Kulmbach hat etwas zu bieten. Und Kulmbach hat berühmte Söhne, beispielsweise seinen Ehrenbürger Thomas Gottschalk, oder den Träger der silbernen Bürgermedaille, Bernd Förtsch.

Gut, Förtsch ist nicht so ein bunter Hund wie der blonde Gummibärchen-Moderator, aber in der deutschen Finanzwelt ist Förtsch hinreichend bekannt: Das *Manager Magazin* kürte ihn einst zu einem der größten Geldvernichter der Fondsindustrie, der *Spiegel* nannte ihn einen »umstrittenen früheren Börsenprediger«, das *Handelsblatt* sprach vom »Kulmbacher Börsenguru«, und die *FAZ* vom »Inhaber eines Börsenfernsehens mit Beigeschmack«. Doch einen Namen hat Förtsch bei allen weg: Die Branche hängte ihm den Namen »Mr. Dausend« an. Grund dafür war eine umstrittene Empfehlung des Börsenmanagers in einer Fernsehsendung: In der Sendung »3Satbörse« empfahl er die Aktie des Biotechnologieunternehmens Morphosys mit dem spektakulären Kursziel von 1000 Euro – einen Wert, den die Aktie, die zu diesem Zeitpunkt 250 Euro kostete, nicht einmal zur Hälfte erreichte, bevor sie wieder auf Talfahrt ging. Ob seines fränkischen Akzents wurde Förtsch fortan der Name »Mr. Dausend Euro« angehängt. »Glauben Sie an Ihre eigenen Kursziele?«, fragte ihn ein Magazin – Förtschs Antwort, kurz und knapp: »Absolut.«

Das Erschreckende daran ist: Für die Wirksamkeit dieses Kursziels spielt es gar keine Rolle, ob Förtsch an seine Kursziele glaubt, oder ob Zuschauer, Leser oder Anleger daran glauben – auch ohne diesen Glauben haben solche Kursziele eine fatale Wirkung.

Oder anders gefragt: Wie hoch ist die durchschnittliche Temperatur in Deutschland: höher oder niedriger als 500 Grad? Wie hoch ist der durchschnittliche Preis eines Buches: höher oder niedriger als 70 000 Euro? Und: Glauben Sie, dass diese Fragen Ihre Schätzung der tatsächlichen Durchschnittstemperatur und des tatsächlichen Durchschnittspreises beeinflussen? Dieses Kapitel wird Ihnen zeigen, dass solche Fragen tatsächlich Ihre Einschätzung beeinflussen, so lächerlich das klingt. Und es greift die Idee der Relativität aus dem vorherigen Kapitel auf und zeigt, was passiert, wenn man den Bezugspunkt verschiebt, den man nutzt, um zu entscheiden. Es macht einen Unterschied, ob ein Glas Wasser halb voll oder halb leer ist – und das beeinflusst unser Anlageverhalten ebenso wie die Zahl Dausend, die ein öffentlich-rechtlicher Fernsehsender Ihnen um die Ohren watscht. Was passiert da? Das kann man mithilfe eines Glücksrades erklären.

Ein seltsames Glücksrad

Die meisten Fernsehzuschauer kennen solche Sendungen wie das »Glücksrad«: Dort dreht man an einem riesigen Rad, das per Zufall einen Wert ausspuckt – um diesen Einsatz spielt man. Die Forscher Amos Tversky und der Nobelpreisträger Daniel Kahneman haben mit Versuchspersonen ebenfalls Glücksrad gespielt: Sie baten die Probanden in einen Raum und drehten vor ihren Augen ein Glücksrad, das eine Ziffer zwischen 1 und 100 anzeigte. Dann stellte man ihnen eine Frage: Wie viel Prozent der afrikanischen Staaten sind in der UNO – mehr oder weniger als die vom Glücksrad ausgeloste Zahl? Nachdem die Probanden geantwortet hatten, bat man sie um eine exakte Schätzung: Wie viel Prozent der afrikanischen Staaten sind in der UNO? Das Ergebnis dieses Experiments war bizarr: Die Schätzungen der Befragten orientierten sich eng an der vom Glücksrad gewählten Zahl. Zeigte das Glücksrad eine 30, so lagen die Schätzungen zwischen 20 und 40 Prozent, fiel eine 80, so nannten die Versuchspersonen Prozentsätze zwischen 70 und 90 Prozent. Obwohl die Zahlenvorgabe für die Lösung der Aufgabe von einem Glücksrad, also zufällig gewählt wurde und die Versuchspersonen das auch wussten, beeinflusste diese zufällig gewählte Zahl ihre Schätzung. Auweia.

Was war passiert? Psychologen haben diesen Effekt »Anchoring« getauft, das könnte man mit »Verankerungseffekt« übersetzen: Wenn wir Schätzungen von uns unbekannten Größen machen, haben wir die unbewusste Tendenz, uns an dem ersten Wert zu orientieren, der uns über den Weg läuft – egal, ob er nützlich ist oder nicht. Vereinfacht gesagt funktioniert der Verankerungseffekt wie folgt: Wenn wir einen uns unbekannten Wert abschätzen müssen, und bekommen einen anderen Wert vorgegeben, so haben wir die Neigung, uns an dieser Vorgabe zu orientieren – egal wie nützlich oder unnütz dieser Wert ist, um als Anhaltspunkt für diese Schätzung zu taugen.

Dieser Effekt funktioniert auch bei Profis – ein Experiment dazu: Man bittet Wirtschaftsprüfer zu schätzen, wie hoch sie das Ausmaß des Managementbetrugs in Firmen schätzen, die von großen Wirtschaftsprüfungsgesellschaften kontrolliert werden. Eine Hälfte der Wirtschaftsprüfer fragt man, ob das Ausmaß der Betrügereien mehr als zehn von 1000 Fällen ausmacht; die andere Hälfte fragt man, ob die Quote der Managementbetrügereien über 200 von 1000 Fällen ausmacht. Die Folge: Die erste Gruppe schätzt das Ausmaß des Betrugs auf 16,5 von 1000 Fällen, die zweite Gruppe auf 43,1 zu 1000. Der höhere Anker von 200 auf 1000 Fälle – um nichts anderes handelt es sich bei den beiden Fragen – treibt die Schätzungen um mehr als lässige 250 Prozent nach oben. Und wohlgemerkt: Wir sprechen hier von Profis.

Das funktioniert ebenso bei anderen Profis und bei Laien, beunruhigenderweise auch bei Geschworenen: Je höher die Strafe war, die der Ankläger in fiktiven Prozessen forderte, umso höher waren die Strafen, welche die fiktiven Geschworenen verhängten. Fast überflüssig zu sagen, dass auch Richter dem Phänomen des Anchoring erliegen.

Eine kleine Umfrage von James Montier, einem Analysten einer großen Bank, zeigt, dass auch Geldprofis aus großen Finanzhäusern Ankern zum Opfer fallen. Montier bat rund 300 hoch bezahlte Fondsmanager zu schätzen, ob die Anzahl der Ärzte in London höher oder niedriger ist als die letzten vier Ziffern ihrer eigenen Telefonnummer. Wer als letzte Ziffern seiner Telefonnummer beispielsweise die Ziffern 3904 hat, musste schätzen, ob es mehr oder weniger als 3904 Ärzte in London gibt. Im Anschluss an diese Frage sollten die Befragten die tatsächliche Anzahl der Ärzte in London schätzen. Das Ergebnis ahnen Sie bereits: Diejenigen, deren Telefonnummer am Ende eine

Ziffer größer als 7000 hatten, schätzten die Zahl der Londoner Doktoren im Schnitt auf 8000. Diejenigen, deren Telefonnummer hinten mit einer Zahl kleiner als 3000 endete, schätzten die Zahl der Londoner Ärzte im Schnitt auf 4000. Ersetzt man nun »Telefonnummer« durch »Aktienkurs«, so wird rasch klar, welche Rolle die Dausend hier spielen kann.

In der Tat: Kursziele wirken wie ein Anker auf Anleger, egal wie sinnvoll sie sind oder nicht – die Zahl Dausend hat vermutlich dazu geführt, dass viele Anleger die Zukunftschancen der Aktie übermäßig positiv erachteten, jedenfalls positiver, als wenn Herr Förtsch nicht Dausend, sondern sagen wir 300 aufgerufen hätte. Was passiert da?

Vermutlich Folgendes: Sobald wir vom Kursziel Dausend erfahren, erwägen wir alle möglichen Gründe, die dafür sprechen, dass die Aktie 1000 Euro wert sein könnte. Diese Gründe unterstützen uns bei der Schätzung des wahren Wertes der Aktie und ergeben ein übermäßig positives Bild von der Aktie. Hätte Herr Förtsch stattdessen gesagt, dass die Aktie sagen wir nur fünf Euro wert ist, hätten wir automatisch nach Gründen dafür gesucht, dass die Aktie auf fünf Euro fällt – aber wir hätten nicht mit demselben Aufwand nach Gründen dafür gesucht, dass die Aktie auf 1000 Euro steigt, weswegen uns viele Argumente, die für die Aktie sprechen, entgangen wären.

In einem einfachen Experiment kann man das als Hochschullehrer im Hörsaal nachprüfen: Ich frage regelmäßig die Hälfte des Hörsaals nach der Wahrscheinlichkeit, dass eine bestimmte Fußballmannschaft in dieser Saison deutscher Meister wird. Die andere Hälfte des Hörsaals frage ich nach der Wahrscheinlichkeit, dass diese Mannschaft nicht Meister wird. Das Ergebnis spricht für die Idee der Verankerung: Wer sich vorstellen soll, ob diese Mannschaft Meister wird, fragt nach den Argumenten, die dafür sprechen, aber nicht dagegen und schätzt die Wahrscheinlichkeit für die Meisterschaft entsprechend hoch ein. Wer hingegen nach der Wahrscheinlichkeit fragt, dass diese Mannschaft nicht Meister wird, sucht nach Rechtfertigungen dafür und schätzt die Wahrscheinlichkeit für den Titel entsprechend niedriger ein. Ersetzen Sie nun die Fußballmannschaft durch eine Aktie oder einen Aktienindex und die Meisterschaft durch einen Kurs oder ein Kursziel, dann wissen Sie, was der Verankerungseffekt an der Börse bewirken kann.

Die Folge ist also klar: Bei unserer Einschätzung über den Wert, den wir für eine Aktie oder ein Investment erwarten, lassen wir uns von Zahlen beeinflussen, die man uns vor die Füße wirft, und die möglicherweise keine, aber auch gar keine Aussagekraft haben. Nehmen wir einmal die Telekom-Aktie: In den Hochzeiten der New-Economy-Blase wurde diese Aktie von lockerer Geldpolitik, allgemeiner Börsenhysterie und überschäumenden Analysten und Börsenmagazinen auf mehr als 100 Euro hochgejazzt. Seitdem hat sich der Kurs der Aktie mehr oder weniger gezehntelt – die Zeiten haben sich drastisch geändert, das Telekommunikationsgeschäft ist hart umkämpft, der Markt gesättigt, die UMTS-Hysterie ist vorbei, es gab Debatten um Übernahmen und Diskussionen um Bilanzkennzahlen – die Welt ist eine andere als vor zehn Jahren, und der Kurs der Aktie auch.

Dennoch: Wenn Sie die Aktie seit zehn Jahren besitzen und über einen Verkauf nachdenken – zu welchem Kurs wollen Sie verkaufen? Die Idee der Verankerung legt nahe, dass Sie sich bei der Überlegung, welches ein guter Verkaufskurs ist, von der ehemaligen Bestmarke von rund 100 Euro beeinflussen lassen. Obwohl sich der Markt für Telekommunikation gedreht hat, die Welt eine völlig andere ist und wir wissen, dass die Aktie diese Marke nicht so rasch wiedersehen wird, und obwohl die Aktie selbst gar nicht weiß, dass sie einmal mehr als 100 Euro wert war – unser Denken und unsere Entschlusskraft werden von diesem Wert beeinflusst, er funktioniert als Anker. Die

Gefahr ist damit hoch, dass Sie einen zu hohen, unrealistischen Preis für die Aktie fordern und deswegen auf ihr sitzen bleiben.

Fungiert ein ehemaliger Kurs als Anker, so kann das auch dazu führen, dass man sich gierig auf Aktien stürzt, die in kurzer Zeit dramatisch an Wert verloren haben. Man hat noch den ehemaligen hohen Kurs vor dem Absturz vor Augen, und erwartet, dass dieser Kurs wieder erreicht werden muss: Schließlich war die Aktie mal 50 Euro wert, und jetzt kostet sie 20 Euro – ist das nicht ein Schnäppchen? Möglicherweise nicht: Die 50 Euro sind der Anker, an dem wir unsere Erwartungen festmachen, ohne darüber nachzudenken, warum die Aktie so stark gefallen ist, vielleicht deswegen, weil die Geschäftsaussichten sich verdüstert haben oder das Management versagt hat. Natürlich werden Sie jetzt sagen, dass Sie solche Faktoren mit berücksichtigen, doch wenn die Theorie des Verankerungseffektes stimmt, dann wird der ehemalige Höchstkurs der Aktie Ihre Erwartungen beeinflussen, ob Sie wollen oder nicht.

Ein weiterer, in der Regel sehr mächtiger Anker ist der Marktpreis, der uns für ein Objekt angegeben wird. Nehmen wir beispielsweise den Verkauf einer Immobilie: Man bittet mehrere Experten zu einem Besichtigungstermin, an dem sie sich das betreffende Objekt ansehen können. Zusätzlich versorgt man sie mit zahlreichen Informationen über das Haus, Quadratmeterzahl, Ausstattung, Nachbarschaft – und dem offiziellen Verkaufspreis für das Haus, der als Anker fungieren soll. Dabei bildet man wieder zwei Gruppen, denen man unterschiedliche Verkaufspreise vorlegt – was die Schätzungen der Profis für den Wert des Hauses satt ändert. In Zahlen: Der ersten Gruppe teilte man mit, dass der Verkaufspreis bei 119 900 Dollar liege – sie schätzten den Wert des Hauses auf 114 204 Dollar. Gruppe Nummer zwei teilte man mit, der Verkaufspreis des Hauses liege bei 149 900 Dollar – sie taxierten das Haus auf 128 754 Dollar. Mehr als 10 000 Dollar Unterschied für ein und dasselbe Haus, alleine hervorgerufen durch eine unterschiedliche Vorgabe des Verkaufspreises – so mächtig kann ein Anker sein. Dabei hatten nur acht Prozent der Profis nach dem Experiment angegeben, dass der vorgegebene Verkaufspreis unter den top drei Gründen für ihr Urteil gewesen sei.

Wenn der aktuelle Marktpreis als Anker fungiert, dann, so die Idee einiger Ökonomen, könnte dieses Phänomen erklären, warum Aktienmärkte bisweilen in die Irre laufen: Der aktuelle Marktwert aller Aktien wirkt wie ein mächtiger Anker, und alle Investoren, Anleger, Vermögensverwalter und sonstige Entscheider am Kapitalmarkt richten ihre Schätzungen für die Zukunft des Marktes am aktuellen Kurs aus. Stimmt diese Idee, so würde das bedeuten, dass der aktuelle Wert des Marktes einen erheblichen Einfluss auf den zukünftigen Wert hat – man richtet seine Entscheidungen für morgen an den Kursen von heute aus. Damit vernachlässigt man möglicherweise neue Faktoren, welche die Preise in eine neue Richtung treiben – der Markt treibt weiter im alten Trott, weil dieser alte Trott als Anker, als Orientierungspunkt dient. Das muss man sich in extremer und dynamisierter Form in etwa so vorstellen: Man kauft, weil die Kurse gestiegen sind, oder verkauft, weil die Kurse gefallen sind – das wird rasch zu einem Prozess, der Eigenleben entwickelt. Die Idee der Verankerung könnte einen Beitrag zu der Frage leisten, warum Kapitalmärkte bisweilen aus dem Ruder laufen.

War es das mit der Verankerung? Im Großen und Ganzen ja, aber eine Frage bleibt offen: Wo kommt der Anker her, und welche Folgen haben unterschiedliche Anker? Lassen wir uns dazu einen Moment von der Sprache verführen.

Strandnähe und ungezwungene Atmosphäre

In den frühen Stunden nach dem Anschlag auf die Türme des World Trade Center sprach die Regierung Bush von »Verbrechen«. Doch wenig später änderte sich die Wortwahl, nun war von »Terror« die Rede, später vom »Krieg gegen den Terrorismus«. Als in der Folge dieser Anschläge die Amerikaner im Irak einmarschierten, war rasch von einer Eskalation des Krieges die Rede – das ersetzte die US-Regierung durch den »surge«, was man mit »Schub« übersetzen könnte. Es war also keine Eskalation des Krieges, sondern ein »Schub«, ein kurzes, starkes Aufbäumen. Beide Beispiele zeigen, wie empfindlich wir auf Sprache reagieren: Ein »Krieg gegen Terror« ist etwas anderes als »Krieg gegen Verbrechen«, ein »surge« klingt besser als »Eskalation«.

Solche Beispiele sprachlicher Schönfärberei – oder soll man besser sagen Einfärberei – gibt es zuhauf: Wer gegen staatliche Ausgabenprogramme ist, spricht lieber vom Geld der Steuerzahler als vom Staatsbudget, wer Personal entlässt, spricht lieber von »Freisetzungen«, Probleme sind »Herausforderungen«, ein Hotel oder Zimmer ist nicht kärglich, sondern »rustikal« eingerichtet, und es ist natürlich immer »strandnah«, und die Partys und Ausschweifungen sind eine »ungezwungene Atmosphäre«. Einer der unverschämtesten Versuche der sprachlichen Schönfärberei war die Bemerkung eines Vorstandschefs auf einer Pressekonferenz, die ich besuchte, als dieser auf die Verluste seines Unternehmens angesprochen wurde: »Das sind keine Verluste, das sind Investitionen.« Ja, genau. Der absolute Favorit allerdings ist Deutsche-Bank-Chef Josef Ackermann, der die Entlassung von Mitarbeitern und die Verlagerung ihrer Arbeitsplätze ins Ausland als »Smartsourcing« anpinselte.

Doch man kann mit Worten nicht nur schönfärben, sondern auch handfeste Politik machen – ein Beispiel mit politischer Brisanz kommt aus Amerika: Als die Ölplattform Deepwater Horizon im April 2010 explodierte und den Golf von Mexiko verschmutzte, wurde viel über den Eigentümer der Plattform, die Aktiengesellschaft BP, gesprochen. Als die Bemühungen um das Leck, aus dem sich Millionen Tonnen von Öl ins Meer ergossen, immer verzweifelter wurden, tauchte eine merkwürdige Redewendung in den Medien auf: Der amerikanische Präsident sprach auf einmal nicht mehr von der Gesellschaft BP; sondern von »British Petroleum«, das ist der alte Name des Unternehmens, der sich noch hinter den Buchstaben BP erahnen lässt. Die britische Presse reagierte aufgeregt, sie wertete diese Sprachregelung als Versuch der Amerikaner, die Schuld für das Öldesaster auf die Briten abzuschieben.

Ähnliche Beispiele haben Sie sicher schon erlebt: Wie wir eine Situation bewerten, hängt davon ab, aus welcher Perspektive wir sie erleben, und der Blickwinkel wird uns oft verstellt oder von dritter Seite vorgegeben – was dann unser Urteil verändert. Das ist das sogenannte »Framing«, ein Ausdruck, der sich nur schwer übersetzen lässt, die wörtliche Übersetzung »Rahmung« lässt nur ansatzweise erahnen, um was es hier geht. Framing beschreibt den Effekt, dass die Formulierung eines Problems Einfluss auf unsere Entscheidungen nehmen kann. Also: Wir empfinden Fleisch, das als »zu 80 Prozent fettfrei« beschrieben wird, attraktiver als Fleisch, das »20 Prozent Fettanteil« hat. Obwohl beide Beschreibungen vom Inhalt her identisch sind, macht alleine die Formulierung einen Unterschied aus und beeinflusst unser Verhalten.

Nach der herkömmlichen ökonomischen Theorie sollte unsere Entscheidung für oder gegen das Fleisch nicht davon abhängen, wie es beschrieben wird – doch genau das passiert, und dieser Effekt wird als Framing bezeichnet. Zwei verschiedene Beschreibungen ein und desselben Problems sollten stets zur gleichen Entscheidung führen –

tun sie aber nicht. Glaubt man an das Framing, so kommt es also nicht nur auf den Inhalt, sondern auch auf die Verpackung an. Das Phänomen des Framing wird uns dabei helfen, viele der Effekte, die wir bereits kennengelernt haben, noch besser zu verstehen. Fangen wir dazu mit unserer Angst vor Verlusten an.

Stellen wir uns dazu vor, dass Ihr Heimatort mit 600 Einwohnern von einer Epidemie bedroht wird. Nun gibt es zwei verschiedene Therapiemöglichkeiten, zwischen denen Sie wählen müssen:

A: Wird Therapie A eingesetzt, werden 200 Menschen gerettet.

B: Wird Therapie B eingesetzt, werden mit einer Wahrscheinlichkeit von einem Drittel 600 Menschen gerettet; mit einer Wahrscheinlichkeit von zwei Dritteln wird niemand gerettet.

Für welche Therapie entscheiden Sie sich? Die meisten Befragten wählen in dieser Konstellation Therapie A, die sichere Variante. Jetzt stellen Sie sich noch einmal vor, dass eine Epidemie Ihre Heimat bedroht; nun stehen zwei andere Therapien zur Auswahl:

C: Wird Therapie C eingesetzt, so werden 400 Menschen sterben.

D: Wird Therapie D eingesetzt, so wird mit einer Wahrscheinlichkeit von einem Drittel niemand sterben; mit einer Wahrscheinlichkeit von zwei Dritteln werden 600 Menschen sterben.

Wenn Sie nun ohne Zögern entschieden haben und wie die meisten Menschen ticken, werden Sie Therapie D gewählt haben. Wenn Sie aber genauer hingesehen haben, werden Sie feststellen, dass alle vier Therapien völlig identisch sind: Bei A und C sterben 400 Menschen respektive 200 Menschen werden gerettet; bei B und D werden mit einer Wahrscheinlichkeit von einem Drittel alle gerettet, mit einer Wahrscheinlichkeit von zwei Dritteln werden alle sterben. Obwohl also jeweils A und C und B und D die gleichen Ergebnisse bringen, ändert sich unser Entscheidungsverhalten in Abhängigkeit von der Art der Darstellung des Problems – das ist Framing.

Diese hypothetische Frage – es handelt sich dabei um das in der Wissenschaft mittlerweile legendäre Asian-disease-Problem – zeigt, dass es das Phänomen des Framing tatsächlich gibt. Aber warum entscheiden wir uns im ersten Fall für A, im zweiten Fall aber für D? Was ist die Ursache für dieses inkonsistente Verhalten?

Die Antwort auf diese Frage kennen Sie, es ist unsere Angst vor Verlusten, die Verlustaversion, die uns schon begegnet ist. Wenn Sie noch einmal genau hinschauen, erkennen Sie, dass der Unterschied zwischen der Variante A und der Variante C in der Formulierung »gerettet« und »sterben« besteht – in A werden Menschen gerettet, in C sterben Menschen. Obwohl das von den Zahlen her äquivalent ist, stehen bei der Variante A die Menschen im Vordergrund, die wir retten können, während C die Menschen betont, die nicht gerettet werden. Wenn Sie nun an die Verlustaversion denken, dann erinnern Sie sich sicherlich, dass diese dazu führt, dass wir alles tun, um Verluste zu vermeiden – beispielsweise höhere Risiken eingehen. Genau das passiert hier: Die Formulierung »400 Menschen werden sterben« erinnert uns an den Verlust, den diese Therapie mit sich bringt, und da wir diesen verhindern wollen, wählen wir die riskante Therapie. Die Formulierung »200 Menschen gerettet« hingegen erinnert uns an die Menschen, die wir mithilfe dieser Therapie retten, also konzentrieren wir uns auf die Gewinne und wählen die sichere Option.

Das funktioniert also wie beim Dispositionseffekt: Anleger neigen dazu, Gewinneraktien zu verkaufen und Verliereraktien zu halten, weil sie die Gewinne sichern wollen und die Verluste vermeiden wollen. In unserem Beispiel ist die Formulierung von Option A so gewählt, dass man die 200 Überlebenden als Gewinne empfindet – und diese sichern will. Option C hingegen suggeriert uns, dass wir Verluste realisieren, wenn wir sie wählen, also gehen wir auf Nummer Risiko. Es ist also die Formulierung des Problems, die uns eine Entscheidungssituation als Gewinn oder Verlust empfinden lässt.

Das ist eine sensationelle Erkenntnis, die sich wunderbar in das einfügt, was wir bisher gelernt haben: Wir wissen, dass Menschen Verluste gerne vermeiden, und wir wissen, dass Menschen anfällig sind für die Darstellung eines Entscheidungsproblems – packt man diese beiden Zutaten in einen Tank, so wird daraus prima Treibstoff für teure Fehler.

Fangen wir beim alltäglichen Einkauf an – was, glauben Sie, ist teurer: Ein Auto mit allen Extras, das 33 000 Euro kostet, auf das der Verkäufer Ihnen einen Preisnachlass von 3000 Euro gibt, oder das gleiche Auto für 27 000 Euro plus eine Zusatzzahlung für einige Extras, die 3000 Euro kosten? Natürlich sind beide Autos gleich teuer, doch die erste Variante erscheint uns billiger, weil der Preisnachlass unsere Aufmerksamkeit auf die Einsparung lenkt – Framing in Reinkultur. Und jetzt kommt wieder unsere Vorliebe für Gewinne ins Spiel: Der Preisnachlass wirkt auf uns wie ein Gewinn, den wir uns gleich sichern wollen, weshalb wir bei der ersten Variante eher zugreifen als bei Variante Nummer zwei. Der Zuschlag hingegen fühlt sich für den Käufer wie ein Verlust an, den man gerne vermeiden möchte. Ein und dasselbe Produkt zu dem gleichen Endpreis wirkt völlig anders, je nachdem, wie wir die Entscheidungssituation formulieren.

Die Kombination von Framing und Verlustaversion beeinflusst also unser Käuferverhalten. Nicht umsonst sagt man der Kreditkartenindustrie nach, dass sie eine Abneigung dagegen hat, dass Händler bei Kartenzahlung einen Aufpreis verlangen. Besser wäre es für die Kartenindustrie, wenn man stattdessen bei Barzahlung einen Rabatt gewährt – das kommt zwar unter dem Strich auf das Gleiche raus, aber mit Blick auf das Framing ist der Rabatt für die Barzahlung für die Kartenindustrie spannender, weil er es den Kunden leichter macht, mit Karte zu zahlen. Ein Aufpreis auf Kartenzahlung würde sich für die Kunden wie ein Verlust anfühlen, auf den Rabatt bei Barzahlung verzichtet man leichteren Herzens. Für den Händler hingegen wäre es günstiger, billige Waren anzubieten und bei Kartenzahlung einen Aufpreis zu verlangen. Ein anderes Beispiel ist Steuerpolitik – gewährt man einer bestimmten Personengruppe einen Steuernachlass oder verlangt man von denjenigen, die nicht zu dieser Gruppe gehören, einen Steueraufschlag? So kann man die steuerliche Differenz zwischen einer kinderlosen und einer kinderreichen Familie entweder als Steuernachlass für die kinderreiche Familie darstellen oder als eine höhere Steuer für die kinderlose Familie – ökonomisch gesehen sind beide Alternativen äquivalent. Aber der Steuernachlass ist politisch attraktiver, weil er dem Lastesel Steuerzahler nicht klarmacht, dass schon wieder eine Personengruppe von der Steuer geschröpft wird – ein Nachlass für andere ist doch keine Belastung für mich, oder? Anders hingegen eine höhere Steuer, die andere nicht zahlen müssen – das tut sofort weh. Wer also das Framing nutzen will, um anderen Menschen etwas zu verkaufen, muss die Alternativen immer so formulieren, dass die Option, die der arme Kunde wählen soll, optisch wie ein Gewinn wirkt.

Eine andere Variante des Framing nutzen beispielsweise Fondsgesellschaften und Vermögensverwalter, wenn sie ihre eigenen Leistungen anpreisen. Hier kann man auf zwei Arten seine Kompetenz beweisen: Entweder man gibt an, wie viel Prozent Rendite man erwirtschaftet hat, oder aber man gibt an, wie man sich im Vergleich zur Konkurrenz oder zum Gesamtmarkt geschlagen hat. Wenn man zehn Prozent Rendite erwirtschaftet hat, aber im Vergleich zur Konkurrenz hinten liegt, so wird man sich hüten, damit zu werben, dass man zwei Prozent schlechter war als die Konkurrenz oder der Gesamtmarkt; ebenso, wie man lieber damit wirbt, wie man sich im Vergleich zum Gesamtmarkt geschlagen hat, wenn der Gesamtmarkt in den roten Zahlen steckt. Zehn Prozent Verlust klingen ganz anders, wenn man sagt, dass man genau die gleiche Leistung erreicht hat wie der Gesamtmarkt oder sogar leicht besser ist.

Vielleicht kann man das Framing auch zu seinem Vorteil nutzen, beispielsweise um dem Verankerungseffekt zu entkommen. Erinnern wir uns: Sie kaufen eine Aktie zu einem Einstandspreis, und jetzt geht der Kurs auf Talfahrt. Eigentlich sollten Sie die Aktie nun verkaufen, sie ist ein Verlustbringer und Portfoliozerstörer. Doch da ist diese dumme Sache mit der Verankerung: Der Einstandspreis wirkt als Anker, man will die Aktie nicht unter diesem Preis verkaufen, da man sonst Verluste realisieren würde, und die wollen wir ja auf Teufel komm raus vermeiden. Also gehen Verlustaversion und Verankerung eine teure Verbindung ein, die dazu führt, dass wir auf unseren Verlustbringern sitzen bleiben, weil wir verzweifelt daran festhalten, wenigstens den Einstandspreis dafür zu bekommen, obwohl wir realistisch betrachtet davon ausgehen müssen, dass die Aktie diesen Preis nie wiedersehen wird.

Welche Rolle spielt dabei das Framing? Das Framing kann uns helfen, diese Ehe zwischen Verlustaversion und Verankerung zu durchbrechen – indem wir den Einstandspreis vergessen. So merkwürdig das klingt, möglicherweise kann man seine Anlageentscheidungen verbessern, wenn man vergisst, zu welchem Preis man eine Aktie oder ein Objekt erworben hat. Warum, ist klar: Sobald Sie nicht mehr wissen, was Sie dafür bezahlt haben, gibt es keinen Anker mehr, der Sie daran hindert, zu verkaufen. Im Gegenteil kann man nun Folgendes machen: Verkauft man die Aktie mit Verlust, so hat das ja auch entsprechende Auswirkungen auf die Steuererklärung, da man die Verluste ja bei der Steuer geltend machen kann. Stellt man sich diese Steuerersparnis als Gewinn vor – was sie ja auch irgendwie ist –, dann fällt einem die Entscheidung, sich von Fehlinvestments zu trennen, wesentlich leichter. Man hat sich selbst einen Frame geschaffen und hat Verluste mental in Gewinne umgewandelt, was die Entscheidung erleichtert, die Verlustbringer zum Teufel zu jagen.

Eine ähnliche Idee gibt es für die Altersvorsorge: Wie bringt man die Menschen dazu, mehr zu sparen? Vielleicht, indem man Werbung macht für einen gesicherten Ruhestand? Im Lichte unserer Verlustaversion leuchtet eine andere Idee mehr ein: Man muss den Menschen klarmachen, was sie verlieren, wenn sie nicht fürs Alter vorsorgen – unsere Angst vor Verlusten ist ein besserer Motivator zum Sparen als die Verlockungen zukünftiger Gewinne. Beispielhaft untersuchen das Forscher anhand freiwilliger Beiträge für Gesundheitsvorsorgekonten mit Arbeitgeberzuschuss: Die Arbeitnehmer bekamen Zuschüsse von ihrem Arbeitgeber, wenn sie selbst auf ihre Vorsorgekonten einsparten – für diese Konten wurde Werbung gemacht. Das Ergebnis: Die freiwilligen Beitragszahlungen waren höher, wenn man den Beitragszahlern ins Gedächtnis rief, dass sie etwas verschenken – »Hören Sie auf, Geld zu verlieren« ist als Werbeslogan verlockender als die Aufforderung, mit dem Sparen zu beginnen – »Beginnen Sie jetzt, Geld zu sparen« wirkt nicht so gut. Auch das ist Framing: Das beworbene Produkt ist zwar das gleiche, doch in einen anderen Kontext gestellt, wirkt es gleich ganz anders.

Auch Versicherungsgesellschaften nutzen gerne das

Framing – auf Kosten ihrer Kunden. Welche Versicherung bevorzugen Sie: Eine hohe Prämie mit einer Rückzahlung bei Schadensfreiheit oder eine Versicherung mit niedriger Prämie und einer Selbstbeteiligung? Die meisten Menschen bevorzugen die Rückzahlungsoption, weil die Rückzahlung wie ein Gewinn wirkt, die Selbstbeteiligung hingegen wie ein Verlust, den wir vermeiden wollen. Rein logisch betrachtet sind beide Optionen identisch: In der ersten Variante zahlen Sie eine hohe Prämie, tritt kein Schadensfall ein, bekommen Sie Geld zurück, tritt der Schadensfall ein, wird die Prämie einbehalten. Das ist unter dem Strich nichts anderes als ein Selbstbehalt, nur dass der Kunde diesen der Versicherung sozusagen auf Vorbehalt zahlt. Das macht diese Variante genau genommen noch teurer, Sie könnten nämlich auch Folgendes machen: Sie wählen die Versicherung mit dem niedrigen Tarif und dem Selbstbehalt, und die Differenz zum Tarif ohne Selbstbehalt legen Sie auf einem Tagesgeldkonto zinstragend an. Bleiben Sie schadensfrei, kommt das Geld vom Tagesgeldkonto wieder zurück zu Ihnen – das ist die Rückzahlung, allerdings mit dem Unterschied, dass die Zinsen auf diese Rückzahlung jetzt bei Ihnen landen, nicht beim Versicherungsunternehmen.

Wie Sie sehen, macht es einen bemerkenswerten Unterschied, wie man ein Entscheidungsproblem präsentiert bekommt. Besonders hübsch hat das die Baseball-Legende Yogi Berra formuliert, womit wir wieder bei der Frage wären: Was lernen wir daraus?

Was lernen wir daraus?

Lawrence Peter »Yogi« Berra, 1925 geboren, wuchs in St. Louis auf. Berra diente im Zweiten Weltkrieg in Nordafrika und Italien, und er war am berüchtigten D-Day, der Invasion der alliierten Truppen in der Normandie am

Omaha Beach dabei. Berühmt jedoch wurde Berra durch den uramerikanischen Sport, Baseball – er war als Spieler eine Legende. Ebenso legendär waren seine Zitate, von denen einige heute fast Sprichworte sind: »Die Zukunft ist auch nicht mehr das, was sie einmal war«, »Antworte nie auf einen anonymen Brief«, »Man kann viel beobachten, indem man hinschaut« oder »Wir haben zu viele falsche Fehler gemacht« – echte Zitate-Klassiker. Als Berra einmal gefragt wurde, in wie viele Stücke er seine Pizza geschnitten haben möchte, antwortete er: »Schneid sie in vier Stücke, ich bin nicht hungrig genug für acht.« So funktioniert Framing.

Wer wie Yogi Berra Framing begriffen hat, hat Chancen, sich zumindest ein wenig diesem Phänomen zu entziehen. Man muss also lernen, die Dinge stets zu wenden, von beiden Seiten zu sehen: Der Verkauf unter dem Einstandspreis ist natürlich ein Verlust, aber der damit verbundene Steuervorteil ist auch ein Gewinn – das sollte die Entscheidung, zu verkaufen, ein wenig erleichtern. Eine weitere Waffe gegen Framing und teure Verankerungseffekte ist Entschlossenheit. So zeigen Experimente, dass die Verankerung umso mehr wirkt, je unentschlossener die Menschen sind – wer keine Entscheidung gefällt hat, ist anfällig für Manipulationen über Framing oder Verankerung.

Ein Experiment macht diesen Gedanken klar: Sie fragen Versuchspersonen nach dem Preis, zu dem sie bereit sind, einen Toaster zu verkaufen. Vorher wirft man wieder einen Anker aus, indem man sie bittet, zu sagen, ob der von ihnen gewünschte Preis über oder unter den letzten zwei Ziffern ihrer Sozialversicherungsnummer liegen soll – das ist der Anker. Und dieser Anker funktioniert, die Preisforderungen liegen in der Nähe der letzten beiden Ziffern der Sozialversicherungsnummer. Erklärt man den Versuchspersonen aber, dass sie sich bereits entschlossen hätten, zu verkaufen, lässt die Macht des Ankers deutlich nach. Wenn sich die Verkäufer sicher sind, dass sie den Toaster verkaufen wollen, orientieren sie ihre Preisforderung an vergleichbaren Preisen – jetzt hat die Sozialversicherungsnummer keinen Einfluss auf die Höhe der Preisforderung. Der Verankerungseffekt funktioniert nicht. Sobald sich die Verkäufer aber nicht sicher sind, ob sie verkaufen sollen, ist es der persönliche Nutzen, den sie in dem Toaster vermuten, der entscheidend für ihre Preisforderung ist. Dieser vermutete Nutzen aber lässt sich über den Verankerungseffekt beeinflussen. Es ist die Unsicherheit darüber, ob man verkaufen soll, die dafür verantwortlich ist, ob der Verankerungseffekt funktioniert oder nicht.

Damit ist klar: Eine erste Waffe gegen das Framing und die Verankerung ist Entschlossenheit. Die zweite Waffe im Kampf gegen falsche Anker ist systematisches Gegensteuern: Wenn der Analyst, der Berater oder Kollege sagt, dass sein Aktientipp ein Kursziel von 200 hat, so muss man sich systematisch Gedanken darüber machen, welche Gründe es dafür gibt, dass diese Aktie auf 20 fällt. Bei jedem Kauf sollte man sich in die Rolle des Verkäufers versetzen – welche Gründe hat er, zu verkaufen, und sind diese Gründe relevant für mich?

Wer hingegen auf der Verkäuferseite ist, wer jemanden von etwas überzeugen will, kann das Framing zu psychologischen Spielchen nutzen, um sein Gegenüber in die gewünschte Richtung zu lenken. Wer jemanden für eine Entscheidung gewinnen will, stellt die Konsequenzen im Falle des Nichtstuns als Verlust dar – beispielsweise so: »Wenn wir nichts riskieren, verlieren wir unseren Einsatz.« Das erhöht die Bereitschaft, sich auf die riskante Variante einzulassen, denn da droht ja ein Verlust. Wer hingegen seinem Gegenüber zu der sicheren Option raten möchte, formuliert anders: »Wenn wir jetzt verkaufen, dann sichern wir uns diesen Preis.« Präsentieren wir unserem Gegenüber die Konsequenzen einer Handlung als

Gewinn, erhöht das seine Neigung, sich für die sichere Variante zu entscheiden.

Um es vereinfacht zu sagen: Eine Waffe gegen Framing und Verankerung ist eine Art gegenteiliges Denken: Wenn das Kursziel 200 ist, warum könnten es 20 werden? Warum ist dieses Geschäft vorteilhaft für meine Gegenseite? Oder um es mit Yogi Berra zu sagen: Fragen Sie sich immer, warum man die Pizza nicht in vier, sondern in acht Teile schneiden sollte.

Wer sich selbst das Leben ein wenig netter gestalten will, greift zu dem, was Wissenschaftler hedonisches Framing nennen – überspitzt gesagt könnte man von der Pippi-Langstrumpf-Strategie sprechen, man macht sich die Welt, wie sie einem gefällt. Dazu nutzen wir die Kombination von Verlustaversion, Relativität und Framing. Hier gibt es vier mögliche Strategien. Strategie Nummer eins: Genießen Sie jeden Gewinn einzeln. Wie wir gesehen haben, sind zweimal zehn Euro Gewinn für uns angenehmer als einmal 20 Euro Gewinn. Also versuchen Sie, Ihre Gewinne getrennt voneinander zu genießen, das erhöht zwar nicht den Wasserstand der Haushaltskasse, aber das Wohlbefinden.

Das gleiche Prinzip wenden Sie bei Verlusten an, das ist Strategie Nummer zwei: Machen Sie eine gedankliche Klammer um Ihre Verluste und fügen Sie diese zu einem großen Verlust zusammen. Also: Nicht zwei Tage hintereinander 100 Euro verlieren, sondern innerhalb von zwei Tagen 200 Euro. Das schmälert zwar nicht den Verlust, macht ihn aber psychologisch erträglicher, denn wie wir gesehen haben, empfinden wir 200 Euro Verlust als nicht so schlimm wie zweimal 100 Euro Verlust. Auf diesem Weg haben wir sogar die Chance, unsere Verlustaversion zu überwinden und uns leichter von Verlierern zu trennen. Allerdings zeigen Experimente, dass diese Übung uns schwerfällt.

Strategie Nummer drei beim hedonischen Framing

besteht darin, kleine Verluste mit größeren Gewinnen zu verrechnen. Das verringert die Verlustaversion; der kleine Verlust wird von den großen Gewinnen überschattet. Wir können uns also die Trennung von einzelnen Verlustbringern im Portfolio erleichtern, indem wir sie ins Verhältnis setzen zum Gesamtgewinn des Portfolios – gut, der Verkauf der Aktie ist ein Verlustgeschäft, aber mit dem Portfolio insgesamt ist man ja im Plus. Strategie Nummer vier ist ähnlich: Trennen Sie kleine Gewinne von großen Verlusten. Freuen Sie sich also über den kleinen Gewinn bei der einzelnen Aktie, auch wenn das Portfolio insgesamt unter Wasser ist.

Wie gesagt, diese Strategien machen Sie nicht reicher, aber möglicherweise zufriedener, und sie können dabei helfen, unsere Verlustaversion zu überwinden – das wiederum kann wirklich zu einem besseren Anlageverhalten beitragen. Natürlich klingt das ein wenig seltsam – man verändert einfach den Blickwinkel auf die Welt, und schon wird man glücklicher und wohlhabender? Tatsache aber ist, dass Menschen solche Strategien anwenden, und diese sind so bemerkenswert, das wir ihnen jetzt ein eigenes Kapitel widmen. Und anschaulich demonstriert das ein preisgekrönter Schauspieler mit einem kleinen Problem.

6 EINMACHGLÄSER IM KOPF

Ein Oscar-Preisträger braucht Geld

Man wird nicht als zweifacher Oscar-Preisträger geboren: Bevor Dustin Hoffman mit solchen Kassenschlagern wie *Die Reifeprüfung, Kramer gegen Kramer, Tootsie* oder *Rain Man* bekannt wurde, muss das Geld oft knapp gewesen sein – so knapp, dass er sich Geld bei seinem Freund, dem Schauspieler Gene Hackman, leihen musste. Das war für Hackman eine merkwürdige Erfahrung, wie er später in einem Interview schildert: Hoffman fragte ihn, ob Hackman ihm etwas Geld leihen könnte – worauf dieser antwortete, dass dies kein Problem sein. Doch dann gingen sie in Hoffmans Küche, und da wurde Hackman stutzig: Auf einem Fenstersims standen etliche Einmachgläser mit Geld, alle beschriftet: »Bücher«, »Unterhaltung« und andere Ausgabenkategorien, und in allen war Geld – nur nicht in dem Einmachglas, das mit »Essen« beschriftet war. Offensichtlich brauchte Hoffman Geld, um etwas zu essen zu kaufen. Hackman war konsterniert – Hoffman habe doch Geld, warum er sich welches leihen wolle? Darauf Hoffman: »Ich kann nicht einfach das Geld aus den anderen Gläsern nehmen.« Offenbar hatte jeder Dollar in Dustin Hoffmans Haushalt eine klare Zuordnung, so klar, dass er nicht in der Lage war, Geld aus dem »Bücher«-Glas zu nehmen und damit Essen zu kaufen.

Besser als mit dieser schrägen Geschichte kann man die Idee des »mental accounting«, der geistigen Kontenführung, nicht illustrieren: Menschen betreiben eine Art geistige Buchhaltung, was bisweilen zu merkwürdigem Verhalten führt und eine Menge Geld kosten kann. Wenn Ihr Girokonto in den Miesen ist, obwohl Sie noch Geld auf einem niedrig verzinsten Sparkonto haben, wenn Sie mit einem unverhofften Gewinn anders umgehen als mit dem selbst verdienten Geld, wenn Sie Probleme mit Kreditkarten haben, und wenn Sie zu viel Geld ausgeben, aber nicht wissen, wofür – dann haben Sie Probleme mit Ihrer geistigen Kontenführung, und diese Probleme wollen wir uns in diesem Kapitel ansehen. Also was ist ein geistiges Konto? Am besten, wir schauen uns das anhand eines weiteren einfachen Beispiels an – das berühmte Theaterbeispiel:

> Sie wollen ins Theater gehen und haben bereits für 100 Euro eine Karte gekauft. An der Kasse angelangt, stellen Sie fest, dass Sie die Karte verloren haben. Sie haben noch genügend Geld dabei für eine neue Karte. Kaufen Sie eine neue Karte oder verzichten Sie auf den Theaterbesuch?

Wenn Sie nun keine neue Karte mehr kaufen, dann haben Sie wie die Mehrheit der Versuchspersonen entschieden, denen man diese Entscheidungssituation vorlegte. Aber wie sieht es mit folgender Situation aus:

> Sie wollen ins Theater gehen, die Karte kostet 100 Euro, Sie müssen diese noch an der Abendkasse erstehen. An der Kasse angelangt, stellen Sie fest, dass Sie einen 100-Euro-Schein verloren haben. Sie haben noch genügend Geld dabei für eine neue Karte. Kaufen Sie eine Karte oder verzichten Sie auf den Theaterbesuch?

In dieser Situation waren es nun zwölf Prozent der Befragten, die keine Karte kauften – obwohl es sich ökonomisch betrachtet um das gleiche Problem handelt, so oder so sind sie um 100 Euro ärmer. Was passiert hier?

Eine Erklärung für dieses Verhalten sind die Einmachgläser von Dustin Hoffman: Unsere Theaterbesucher haben ein Einmachglas, auf dem »Theater« steht, und für dieses Glas sind nur 100 Euro vorgesehen. Verliert man die Karte, so kann man nicht einfach aus den anderen Gläsern 100 Euro nehmen, denn die sind ja nicht dafür vorgesehen, also verzichtet man auf den Theaterbesuch. Warum aber geht man dann in Situation Nummer zwei ins Theater? Ganze einfach: Die 100-Euro-Note, die man verloren hat, stammt nicht aus dem Einmachglas »Theater«, sonder aus einem Glas, auf dem »Pech« oder »Unglücksfälle« oder »unvorhergesehene Ausgaben« steht – in dem »Theater«-Glas sind aber noch die 100 Euro drin, also kann man noch die Karte kaufen. Das sind mentale Konten, unsere geistige Buchführung.

Mentale Konten sind also geistige Einmachgläser, mit deren Hilfe wir unsere Finanzen verwalten. In der traditionellen ökonomischen Theorie haben Menschen nur ein Einmachglas, in das sie alle ihre Einnahmen und Ausgaben stecken. Entnehmen wir daraus Geld, so überlegen wir, welchen Einfluss eine Ausgabe auf den gesamten Inhalt dieses Einmachglases hat. Im Falle der Theaterkarte beispielsweise kommen wir an die Kasse und stellen fest, dass unser Vermögen um 100 Euro geschrumpft ist – warum das passiert ist, und ob wir die 100 Euro in Form der Theaterkarte oder in Form einer 100-Euro-Note verloren haben, spielt dabei keine Rolle. Wir überlegen nun, ob unser Gesamtvermögen es verkraftet, dennoch 100 Euro auszugeben, und handeln entsprechend. In diesem gedanklichen Modell macht es keinen Unterschied, ob wir die Karte verloren haben oder eine 100-Euro-Note.

Nach der Idee der mentalen Konten hingegen führen

Menschen verschiedene Konten, nicht nur eines – sie haben wie Dustin Hoffman mehrere Einmachgläser auf dem gedanklichen Fenstersims stehen, und wenn sie nun eine Entscheidung treffen müssen, berücksichtigen sie nicht die Folgen für alle Einmachgläser, sondern schauen nur auf das Einmachglas, das sie mental gerade aufgerufen haben. Und so lässt sich erklären, was bei dem Theaterproblem passiert: In der ersten Situation haben die Probanden die Kosten des Tickets bereits aus dem Einmachglas mit der Aufschrift »Theaterbesuch« entnommen. Müssten sie nun ein zweites Ticket kaufen, so würden sie dieses dem gleichen Einmachglas entnehmen, damit wären die mentalen Kosten für den Theaterbesuch 200 Euro – das ist zu teuer, also gehen sie nicht ins Theater. Im zweiten Fall hingegen werden die verlorenen 100 Euro dem Einmachglas namens »sonstige Verluste« entnommen, aber nicht dem für Theaterbesuch angelastet. Damit kostet der Theaterbesuch nicht 200, sondern immer noch 100 Euro, man kann ins Theater gehen. Es ist also die unterschiedliche Art, nach der man den Verlust verbucht, die dazu führt, dass wir eine verlorene 100-Euro-Note anders behandeln als eine verlorene Theaterkarte, was zur Folge hat, dass wir einmal ins Theater gehen, einmal nicht.

Ein mentales Konto ist ein geistiges Hilfsmittel, ein Rahmen, innerhalb dessen man die Ergebnisse seiner finanziellen Handlungsmöglichkeiten darstellt, bewertet und kombiniert – wie ein Großunternehmen verwalten wir unsere Geschäfte auf verschiedenen geistigen Konten – und wenn wir das übertreiben, dann stellen wir Einmachgläser auf und beschriften diese. Warum Menschen so etwas tun, liegt auf der Hand: Niemand kann bei seinen Entscheidungen deren Auswirkungen auf alle aktuellen und zukünftigen Optionen und Vermögenspositionen berücksichtigen. Die meisten Menschen könnten schon kaum bestimmen, wie groß ihr Vermögen ist – wie sollen sie da die Folgen einer Handlung für dieses gesamte Vermögen bestimmen?

Hier kommen die mentalen Konten ins Spiel: Sie helfen uns, den Überblick über Ausgaben und Einnahmen, Kosten und Nutzen zu behalten. Oder können Sie sich vorstellen, jeden Einkauf, jede Ausgabe und jede Einnahme daraufhin zu überprüfen, wie sie sich auf Ihre gesamten Finanzen, auf Ihre Rente, auf Ihren zukünftigen Lebensstandard auswirkt? Wenn Sie die 100 Euro verloren haben und überlegen, ob Sie nun die Theaterkarte kaufen oder nicht, müssen Sie nach der klassischen ökonomischen Theorie zuerst durchrechnen, ob diese 100 Euro statt in die Theaterkasse besser in die Altersvorsorge wandern, in die Rückzahlung der Hypothek oder was auch immer – Sie müssen jede mögliche Verwendungsmöglichkeit für dieses Geld durchspielen. Das kann und will kein Mensch, das wäre bei solchen Beträgen auch nicht ökonomisch – der mentale und zeitliche Aufwand, um solche Überlegungen anzustellen, wäre verglichen mit der Summe, um die es geht, zu groß. Also untersuchen wir, wie sich der Verlust der 100 Euro auf unser Konto »Theaterbesuch« auswirkt, und entscheiden. Diese Überlegung erklärt, warum Menschen bei großen Anschaffungen gründlich nachrechnen, überlegen und abwägen, bei den kleinen Dingen des Lebens hingegen großzügig hantieren. Darüber hatten wir bereits gesprochen, lassen Sie uns noch einmal einen Blick drauf werfen – warum sind die kleinen Dinge des Lebens so teuer?

Und noch einmal: »Darauf kommt es jetzt nicht mehr an«

»Darauf kommt es jetzt auch nicht mehr an« – das ist, wie wir gesehen haben, einer der teuersten Sätze für unser Haushaltsbudget: Wer gerade 1000 Euro für einen Rechner ausgegeben hat, fragt nicht mehr großartig danach, ob

60 Euro im Jahr für eine Zusatzversicherung viel Geld sind, sondern zahlt – 60 Euro kann man neben den bereits ausgegebenen 1000 Euro vernachlässigen. Wie wir gesehen hatten, ist es also die Relativität, die uns hier zu schaffen macht: Stehen wir nur vor der Entscheidung, 60 Euro für eine Versicherung auszugeben, so rechnen wir schon einmal gründlich nach; stehen aber die 60 Euro neben den 1000 Euro für den Rechner, greifen wir kurz entschlossen zu.

Jetzt, mithilfe der Idee der mentalen Konten, können wir diesen Effekt besser verstehen: Wir haben ein gedankliches Konto für den Kauf eines Rechners eröffnet, ein Einmachglas mit der Aufschrift »neuer Rechner« auf den gedanklichen Fenstersims gestellt. Bekommen wir nun die Versicherung angeboten, so verbuchen wir die Kosten für diese Versicherung auf dem gleichen Konto, das Geld dafür entnehmen wir aus dem gleichen Einmachglas – und dann schlägt das Phänomen der Relativität zu, bei 1000 Euro kommt es jetzt auch nicht mehr auf 60 Euro mehr an. Würden wir hingegen die Versicherung getrennt vom Rechner kaufen, so würden wir sie auf einem anderen geistigen Konto verbuchen, beispielsweise würden wir das Geld aus dem Einmachglas »Versicherungen« entnehmen, und jetzt würden wir die 60 Euro für die Versicherung beispielsweise mit den Kosten für die Hausratversicherung vergleichen (und möglicherweise dabei bemerken, dass diese auch teilweise Schadensfälle abdeckt, für welche man uns die teure Zusatzversicherung andrehen will) und erkennen, dass das ein teurer Spaß ist.

Die Relativitätsfalle schlägt also vor allem dann zu, wenn wir kleine Geldbeträge auf Konten verbuchen, auf denen sonst große Ausgabenposten zu Buche schlagen, und der Trick, dieser Falle zu entgehen, besteht darin, die mentale Kontenhaltung zu verändern. Deswegen der Trick mit der Wartezeit: Statt die Versicherung für den teuren Rechner oder die Garantie für den Wagen sofort zu kaufen, wartet man ein paar Tage ab – oft verändert das unsere Buchhaltung: Jetzt kommt das Geld nicht aus dem Einmachglas »Autokauf« oder »neuer Rechner«, sondern aus einem Einmachglas mit der Aufschrift »Versicherungen« oder »Garantien«. Damit steht der hohe Preis für den Wagen oder den Rechner nicht mehr als Vergleichsgröße zur Verfügung, und man kann den Wert der Garantie oder Versicherung realistischer beurteilen.

Dass man seine mentale Kontenbildung verändern kann, zeigt das Experiment mit den Theaterkarten: Man legte den gleichen Versuchspersonen beide Probleme vor – einmal verlieren sie die Theaterkarte, einmal die 100-Euro-Note – und begann zuerst mit Situation zwei, also mit der verlorenen Euro-Note. Präsentierte man anschließend die Situation mit dem verlorenen Theaterticket, so stieg die Bereitschaft, ein zweites Ticket zu kaufen, deutlich an. Offenbar haben die Probanden bei dieser Reihenfolge der Probleme erkannt, dass beide Situationen in Bezug auf ihr Gesamtvermögen identisch sind.

Es ist also unsere mentale Kontenhaltung, die unsere Ausgabendisziplin untergräbt – indem wir kleine Beträge zusammen mit großen Ausgaben verbuchen, verlieren wir die Kontrolle über diese kleinen Beträge und geben zu viel Geld für zu teure Kleinigkeiten aus. Doch nicht nur das: Wir haben auch die Angewohnheit, Kleinbeträge auf einem Konto zu verbuchen, das man mit der Aufschrift »Vermischtes« versehen könnte – und dieses Konto ist so richtig teuer.

Der Grund dafür ist rasch benannt: Natürlich wäre es viel zu aufwendig, zeit- und nervenraubend, wenn wir jeden Cent, den wir irgendwo ausgeben, daraufhin abklopfen würden, was er für unser Gesamtvermögen und unseren zukünftigen Lebensstandard bedeutet, und es wäre zu aufwendig, sich jedes Mal zu überlegen, zu welchem Konto diese Kleinausgabe jetzt gehört und wie man sie bewerten muss – also bildet man ein Konto »Vermischtes«, auf das man alle Kleinigkeiten verbucht, die man nicht genau zuordnen kann oder will.

Teuer wird das, wenn wir dieses Konto mehr oder weniger überhaupt nicht kontrollieren und lustig darauf Kleinbeträge ohne größere Kontrolle verbuchen – wenn wir einmal Kassensturz machen und nachschauen würden, was sich auf diesem Konto ansammelt, würden wir erschrecken. Vielleicht ist das einen Selbstversuch wert: einen Monat lang alle Kleinausgaben, die wir nicht eindeutig zuordnen können oder wollen, aufschreiben und am Ende des Monats zusammenaddieren – das dürfte ein hübsches Sümmchen sein. Wer also von sich glaubt, dass er ein sparsamer Mensch ist, der jede Ausgabe sorgfältig abwägt, aber am Ende des Geldes immer noch zu viel Monat übrig hat, sollte diese Ausgabenkategorie überprüfen – wo wandert das Kleingeld jeden Monat hin?

Es kann sogar noch schlimmer kommen: Möglicherweise führt unsere mentale Kontenbildung sogar dazu, dass Geldgeschenke für uns richtig teuer werden. Das jedenfalls glauben die Ökonomen Max H. Bazerman, Katherine Milkman, John Beshears und Todd Rogers. Sie haben sich ein kostspieliges Experiment geleistet, das sich nur gut ausgestattete amerikanische Universitäten leisten können: Sie haben 3000 Kunden eines Online-Lebensmittelhändlers einen Zehn-Dollar-Gutschein in die Hand gedrückt und deren Einkäufe mit den Einkäufen der Kunden verglichen, die keine Gutscheine hatten. Das Ergebnis: Die Kunden gaben 1,3 Prozent mehr aus, wenn sie mit einem Gutschein versehen einkaufen gingen – das waren im Schnitt 1,59 Dollar mehr, als sie normalerweise ausgegeben hätten. Zumeist gaben sie dabei das Geld für Dinge aus, die Supermarktkunden typischerweise eher nicht kaufen.

Bazerman und seine Kollegen machen für diesen Effekt mentale Kontenbildung verantwortlich: Geschenktes Geld – vor allen kleine Beträge – landen auf dem Konto »Verschiedenes« und entziehen sich damit unserer Ausgabendisziplin, also werden sie sofort ausgegeben, und zwar vor allem für Dinge, die wir uns so nicht gegönnt hätten. Damit steigen unsere Gesamtausgaben.

Wir wissen aus vielen Studien, dass Menschen unverhoffte Einkommen – Lottogewinne, unverhoffte Rückzahlungen, gefundenes Geld – leichtfertiger ausgeben als erarbeitetes oder gespartes Geld. Solche zufälligen Geldgeschenke werden mental anders verbucht als regelmäßiges Einkommen und deswegen lässiger verwaltet – mit schlechten Folgen für das Haushaltsbudget. Beispiel gefällig?

Sie haben in einem Fernsehquiz 500 Euro gewonnen. Was machen Sie mit diesem kleinen Segen? Die meisten Befragten geben dieses Geld für ein wenig Extra-Luxus aus, für Dinge, die sie nicht unbedingt benötigen. Was aber, wenn sie nicht 500 Euro, sondern 10 000 Euro gewonnen haben? Das zeigen die Antworten von Quizkandidaten, wenn sie vom Moderator befragt werden, was sie machen werden, wenn sie die Millionen-Frage richtig beantworten. In der Regel kommen Antworten wie Hypothek, Raten, Altersvorsorge oder Ähnliches, einen kleinen Betrag werde man aber für Spaß und Vergnügen ausgeben. Das ist bemerkenswert: Wenn man nur einen kleinen Betrag gewinnt, haut man diesen bedenkenlos komplett raus, bei einem großen Betrag hingegen stellt man sorgfältige Überlegungen an. Warum legt man nicht von dem kleinen Betrag einen Teil auf die Seite, für Hypothek, Raten oder ähnlich graue Dinge? Ganz einfach deswegen, weil Kleinbeträge auf dem Konto »Sonstiges« verbucht werden und damit nicht unter die Haushaltskontrolle fallen.

Das ist eine bemerkenswerte Erkenntnis: Kleines Geld behandeln wir anders als große Beträge – mit der Folge, dass wir das Geld nicht bei den großen Ausgaben verlieren, sondern bei den kleinen Rechnungsposten, die unter dem Radar unserer Finanzaufsicht fliegen. Doch nicht nur das: Auch Geld, das nicht aus regelmäßigen

Quellen kommt, wie beispielsweise das geschenkte Geld für den Supermarkt, behandeln wir sehr stiefmütterlich. Geld aus Lotterien, Glücksspielen oder sonstigen zufälligen unregelmäßigen, unverhofften Einkommensquellen geben wir leichter und für weniger ernsthaften Konsum aus als unseren Lohn, unser Gehalt. Die 500 Euro aus der Quizshow geben wir leichten Herzens für Schnickschnack aus; mit 500 Euro Gehalt hingegen gehen wir sorgfältiger um. Das liegt daran, dass wir das Geld aus der Quizshow, das Geschenk, auf einem anderen Konto verbuchen als das Geld, das jeden Monat von unserem Arbeitgeber kommt.

Das ist eine wichtige Erkenntnis: Sowohl die Quelle, aus der Geld stammt, als auch die Höhe des Betrags entscheidet über die Art der Verwendung – je kleiner und je ausgefallener die Quelle des Geldes, umso leichter neigen wir dazu, die Spendierhosen anzuziehen. Wer also mehr Kontrolle über seine Finanzen gewinnen will, muss erstens versuchen, zu vergessen, wo das Geld herkommt, und zweitens den Kleinbeträgen mehr Aufmerksamkeit schenken. Es geht also darum, das Geld anders auf den geistigen Konten zu verbuchen. Das bringt uns zu einer wichtigen Frage: Wie bilden wir solche Konten – nach welchem System entscheiden wir, wie viele geistige Einmachgläser wir verwalten und wie wir sie beschriften? Schauen wir mal glücklichen Angestellten eines Verlags über die Schulter, die von ihrem Arbeitgeber ins Kasino eingeladen wurden.

Eine Buchhaltung mit Tücken

Die Angestellten des Verlags waren echte Glückskinder: Das jährliche Treffen des Verlags fand auf den Bahamas statt, und zu allem Überfluss gab es noch einen Bonus für die gute Arbeit – jeder Angestellte bekam 50 Dollar in die Hand gedrückt. Was tut man mit so einem Geldsegen? Am besten ins Kasino gehen, und das taten sie auch. Allerdings nur mit angezogener Handbremse: Die meisten der Angestellten spielten nicht endlos, sondern machten Schluss, sobald ihre Verluste die Marke von 50 Dollar erreichten. Ein klarer Fall geistiger Kontenführung: Die 50 Dollar, das war nicht ihr Geld, sondern das Geld des Verlags, das man da verspielte.

Mentale Kontenführung fanden Experten auch bei amerikanischen Prostituierten: Sie gaben das Geld, das sie von der Wohlfahrt oder anderen staatlichen Quellen bekamen, zumeist für die notwendigen Dinge aus, das Geld aus ihren Dienstleistungen hingegen gaben sie wesentlich leichtfertiger für Drogen und Alkohol aus – selbst wenn das Geld zum Überleben fehlte. Ähnlich verfahren Millionen von Steuerzahlern, die jedes Jahr eine Rückzahlung vom Finanzamt bekommen – oftmals wird diese Rückzahlung wie ein Geschenk behandelt und dementsprechend rasch auf den Kopf gehauen, obwohl es doch ebenfalls sauer verdientes Geld ist. Geld aus regelmäßigen Quellen – Gehalt, Sozialhilfe – wird anders behandelt als einmalige, unregelmäßige Zahlungen.

Mentale Kontenführung spielt auch bei Geschenken eine Rolle, beispielsweise bei Geldgeschenken: Bekommen wir Geld geschenkt, beispielsweise zum Geburtstag, so tun wir uns schwer damit, dieses für die Handwerkerrechnung oder die Autoreparatur auszugeben – schließlich haben wir es doch geschenkt bekommen, um uns etwas zu gönnen.

Möglicherweise haben Sie nun bei dem ein oder anderen Beispiel gesagt, dass sie nicht so handeln – und damit auch recht. Das ist der Haken an der Idee der mentalen Konten: Es gibt keine allgemeinen Regeln, wie Menschen ihre mentalen Konten führen, jeder macht das anders. Vermutlich aber gibt es drei große Kategorien, welche die meisten von uns ähnlich behandeln und damit verbuchen: Ausgaben, Vermögen und Einkommen. In diesen Kategorien bilden wir Unterkategorien, beispielsweise unterscheiden wir beim Einkommen zwischen regelmäßigem Einkommen und zufälligem Einkommen, bei den Ausgaben zwischen Miete, Essen, regelmäßigen Ausgaben und einmaligen Ausgaben und bei den Ersparnissen zwischen Altersvorsorge und Notfallrücklagen. Und wenn Sie die Idee der mentalen Kontenbildung verstanden haben, werden Sie sicher sofort erkennen, dass die Art und Weise, wie wir einzelne Einnahmen oder Ausgaben auf diese Konten verbuchen, Einfluss auf unser Ausgabenverhalten hat.

Wir hatten ja bereits gesehen, dass die Verbuchung auf Konten wie »Verschiedenes« oder »Kleinigkeiten« unsere Ausgabendisziplin auf recht subtile Weise untergräbt, ebenso wie die Verbuchung auf Konten wie »Glück« oder »zusätzliches geschenktes Geld« (das wären die Verlagsangestellten im Kasino oder die Steuerrückzahlung). Aber auch die Verbuchung auf den Konten »Konsum« und »Ausgabenverhalten« kann Probleme machen. Eine Frage: Haben Sie eine Kreditkarte, auf der Sie in den Miesen sind? Oder ein Girokonto, das überzogen ist? Das kann vorkommen, aber haben Sie zugleich Geld auf einem Sparkonto, das niedrig verzinst wird? Wenn ja, warum nehmen Sie nicht dieses Geld und gleichen damit Ihre Kreditkarte oder Ihr Girokonto aus? Zwei Prozent Zinsen auf dem Sparkonto, zehn bis 16 Prozent Überziehungszinsen auf dem Girokonto – warum tut man sich diesen Irrsinn an? Viele Menschen werden trotz dieser einleuchtenden Rechnung das Sparkonto nicht antasten – und damit Geld verschenken. Dass man die teuren Schulden nicht mit den niedrig verzinsten Guthaben vom Vorsorgekonto ablösen will, liegt an der mentalen Kontenführung: Das Altersvorsorgekonto wird separat geführt, es hat nichts mit den aktuellen Liquiditätsschwierigkeiten zu tun. Wir tasten das Altersvorsorgekonto nicht an, weil wir um unsere Spardisziplin fürchten.

Mentale Kontenbildung ist auch im Spiel, wenn wir auf

Sonderangebote hereinfallen. Da sehen wir, dass wir ein Produkt mit einem satten Nachlass kaufen können – und schon legen wir ein separates Konto für genau dieses Produkt an, und auf diesem Konto machen wir aufgrund des Preisnachlasses einen Gewinn, wenn wir das betreffende Produkt kaufen. Also kaufen wir. Leider haben wir bei der Eröffnung dieses Kontos unsere Gesamtbuchhaltung aus den Augen verloren, und in dieser machen wir einen Verlust, weil wir das Sonderangebot gar nicht benötigen. Es ist dieser unmittelbare Gewinn, den wir uns auf dem separaten Konto »Sonderangebot« ausrechnen, der uns dazu verführt, zu kaufen – während wir den Gesamtnutzen dieses Angebotes vergessen. Unter dem Strich ist es oft eine Illusion, wenn wir denken, dass wir bei einem Preisnachlass etwas sparen – wir sparen nur in Bezug auf das gekaufte Produkt, aber ein Produkt, das wir nicht benötigen.

Mentale Konten erklären auch, warum wir dem schlechten Geld noch einmal gutes Geld hinterherwerfen – erinnern Sie sich noch an Taube Nummer 361, an *Boris Godunow* und den Concorde-Effekt? Lass-nichts-verkommen-Illusion hatten wir das getauft, und jetzt können wir noch besser verstehen, was da passiert: Wenn wir eine Theaterkarte kaufen, dann eröffnen wir ein mentales Konto mit der Aufschrift »Theater«. Lassen wir nun die Karte verfallen, so müssten wir dieses Konto mit einem Verlust schließen – also gehen wir lieber hin, auch wenn es stürmt und schneit, wenn wir krank sind oder überhaupt keine Lust mehr haben, ins Theater zu gehen, oder wir schicken den zwölfjährigen Sohn hin. Unsere Neigung, dem schlechten Geld gutes hinterherzuwerfen, entsteht also aus einer Kombination von Verlustaversion und mentaler Kontenbildung.

Das funktioniert auch beim Aktienkauf: Wir investieren 1000 Euro in die Aktien der Super AG, und nun nimmt der Aktienkurs Fahrt auf – nach unten. Unser mentales Konto

»Aktien der Super AG« steht im Minus, und wir werden aus Angst davor, dieses Konto zu schließen, an den Aktien festhalten, so lange, bis die Aktie wenigstens wieder den Einstandspreis erreicht, dann können wir das Konto wenigstens glattstellen, also mit einer schwarzen Null beenden und verkaufen. Und fertig ist der Dispositionseffekt, den wir bereits kennengelernt haben. Doch leider ist das keine schwarze Null, nicht einmal eine rote Null, sondern ein glattes Minus: In der Zeit, in der Ihr Geld in den Aktien der Super AG geschmort hat, hätten Sie es auch anderweitig besser investieren können – Ihnen sind also gute Gewinne entgangen, nur weil Sie das Konto nicht mit einem Verlust schließen wollten.

Diese Überlegungen können erklären, warum Anleger so auf Garantieprodukte stehen, die in den Augen vieler Experten überflüssig und überteuert sind. Ein Anleger, der ein Garantieprodukt kauft, führt nur ein geistiges Konto, das unter dem Strich nie ins Minus rutscht, da es sich um ein Garantieprodukt handelt. Also muss man sich um dieses Produkt (und das dazugehörige Konto) nicht mehr kümmern, und hat das entspannte Gefühl, dass dieses Konto nicht im Minus schließen kann. Dass man die Garantie mit einem Verlust an Wertzuwachs bezahlt, entgeht dem Anleger bei dieser geistigen Buchhaltung. Das ist der Preis für die Verlustaversion und könnte helfen zu erklären, warum die Deutschen so auf Lebensversicherungen als Altersvorsorge fixiert sind.

Mentale Kontenhaltung wirft beim Investieren ein massives Problem auf: Für jedes Anlageobjekt führt man im Geiste ein eigenes Konto, anstatt sich über den Zustand des Gesamtportfolios den Kopf zu zerbrechen. Statt also zu überlegen, wie man sein Gesamtportfolio ausrichtet, zerbricht man sich den Kopf über Einzelpositionen. Das hat zur Folge, dass man eine Summe von Einzelpositionen hat, die als Gesamtportfolio nicht zusammenpassen – das ist in etwa so, als würde sich der Koch größte Mühen bei der Auswahl der Kräuter geben, aber nicht darauf achten, was er daraus als Gesamtgericht machen will. Da verwendet man Stunden darauf, einzelne Aktien im Portfolio zu studieren und zu analysieren, übersieht aber dabei, dass diese Aktien in der Gesamtheit nicht zusammenpassen – wer sich beispielsweise ein Portfolio zusammenstellt, das nur aus Autoaktien besteht, wird damit irgendwann Schiffbruch erleiden, egal wie sorgfältig er die einzelnen Aktien ausgewählt hat. Das ist übrigens ein Problem, das professionelle Vermögensverwalter haben, die ihren Kunden jede Transaktion mitteilen: Da passiert es häufig, dass die Kunden anrufen und sich darüber beschweren, dass ihr Vermögensverwalter eine bestimmte Aktie verkauft hat – ohne sich dabei für das Gesamtportfolio zu interessieren.

Mentale Kontenführung steht auch hinter einer weitverbreiteten Strategie der Portfolioabsicherung: Viele Investoren zerlegen ihr Portfolio in eine sichere Komponente, die mit allergrößter Vorsicht gefahren wird, und eine riskante Komponente, mit der sie Rendite erwirtschaften wollen. Rein theoretisch gesehen sollte man aber auf das Risiko und den Ertrag aller Positionen in ihrer Gesamtheit abstellen. Genau das Gleiche gilt für die Neigung vieler Investoren, nur einzelne Geschäfte abzusichern, beispielsweise mittels Derivaten: Man sichert einzelne Positionen – also Konten – ab, statt sich um die Absicherung aller Positionen zu kümmern. Auf professioneller Ebene versucht man mittlerweile, dieses Problem durch sogenanntes Overlay-Management, also eine übergreifende Absicherung für alle Vermögensbestandteile zu lösen.

Experten vermuten, dass mentale Kontenführung auch den sogenannten »Januar-Effekt« erklären kann: In vielen Ländern kann man beobachten, dass die Kurse im Januar steigen – was mit der Idee rationaler Kapitalmärkte nicht gut vereinbar ist, das ist wieder eine dieser Kapitalmarktanomalien (so wie der Wochentagseffekt). Weiß man, dass im Januar die Kurse steigen werden, so investiert man schon im Dezember, weswegen die Kurse schon im Dezember steigen, der Effekt muss auf mittlere Sicht verschwinden, weil sonst unausgenutzte Gewinnmöglichkeiten bestehen – an einer Börse in der rationalen Welt der Ökonomen nicht vorstellbar. Eine naheliegende Erklärung für diesen Effekt, die Steuer, scheidet aus, da dieser Effekt auch in Ländern zu beobachten ist, deren Steuerjahr beispielsweise im April (Großbritannien) oder im Juli (Australien) beginnt. Mentale Kontenführung kann diesen Effekt erklären: Menschen betrachten das Jahresende als eine gute Gelegenheit, ihre Angelegenheiten neu zu ordnen, neue Vorsätze zu fassen, Altlasten zu entsorgen – also werden zu Silvester viele mentale Konten geschlossen und neue eröffnet, und dementsprechend Umsätze an der Börse generiert.

Eine letzte Anwendung für die Idee der mentalen Konten, die wir uns hier noch einmal kurz anschauen wollen, ist der größte Zerstörer unserer finanziellen Disziplin, den man sich denken kann: Plastik.

Eine finanzielle Neutronenbombe

Das amerikanische Fernsehen ist keine Veranstaltung für zartbesaitete, kulturbeflissene Mitteleuropäer. Da wäre beispielsweise Jim Cramer mit seiner Sendung »Mad Money«. Cramer, ein ehemaliger Hedgefonds-Manager, verkleidet sich als Arzt, wirft seine eigenen Bücher durchs Studio, fuchtelt mit einer Peitsche herum und zerschneidet Puppen. Notenbankchef Ben Bernanke habe »keine Ahnung«, tönt er, die Notenbank sei »verrückt«, und er lässt bei seinem Besuch in Harvard schon mal Heavy-Metal-Musik laufen und muskelbepackte Studenten Bürostühle werfen – mit viel Gebrüll, versteht sich. Sein Kollege Dave Ramsey ist eher ein ruhiger Vertreter, eine Art Peter Zwegat des amerikanischen Fernsehens, sein Credo lautet »schuldenfrei«. Eine besondere Zuneigung hat er zu Kreditkarten, die er »ein bescheuertes Produkt« nennt. »Wenn du mit Bargeld bezahlst, dann tut das weh. Du fühlst das. Wenn du aber das Plastikgeld benutzt, dann merkst du das gar nicht«, sagt Ramsey. Er habe keine Kreditkarte. Seine Anhänger lässt er ihre Kreditkarten vor laufender Kamera verbrennen, zersägen oder zerschießen. Das ist amerikanisches Fernsehen.

Kreditkarten sind in den Vereinigten Staaten weitverbreitet, rund 75 Prozent aller amerikanischen Haushalte haben mindestens eine Kreditkarte. Anfang der 80er-Jahre waren es noch 43 Prozent. Vor allem unter ärmeren Familien sind Kreditkarten heute weiter verbreitet als vor einem Vierteljahrhundert. Der durchschnittliche Darlehensbetrag amerikanischer Kreditkartennutzer liegt zurzeit bei etwa 1700 Dollar, das Gesamtvolumen aller Kreditkartenschulden in Amerika beträgt etwa 950 Milliarden Dollar, das ist fast eine Billion. Schätzungen gehen davon aus, dass sieben bis acht Prozent dieser Summe unwiederbringlich verloren sind. Rund 35 Millionen Amerikaner, so wird geschätzt, sind überschuldet.

Kreditkarten sind in den Augen mancher Ökonomen eine finanzielle Neutronenbombe, die unsere Finanzen und unsere Disziplin zerstören. Was macht dieses Plastik so gefährlich? Gefahr Nummer eins besteht darin, dass eine Kreditkarte eine Art Stand-by-Kredit ist: Sie ermöglicht es ihrem Besitzer, sich jederzeit zu verschulden. Das ist etwas anderes als ein Kredit für den Hausbau: Der ist erstens eine große Summe und wird zweitens auf dem mentalen Konto »Hausbau« verbucht – somit hat dieser Kredit eine hohe Aufmerksamkeit. Anders hingegen bei einer Kreditkarte: Man trifft keine explizite Entscheidung darüber, einen Kredit aufzunehmen – aber man hat die Möglichkeit, es jederzeit zu tun.

Das ist der Einstig in das Schuldenkarussell: Es ist nicht ein einziger großer Kredit, den man aufnimmt, sondern viele kleine Kredite, die allesamt auf dem Konto »verschiedene Verpflichtungen« landen, und ehe man sichs versieht, ist aus vielen kleinen Schulden ein großer Kreditberg geworden. Das Prinzip kennen wir bereits: Kleine Beträge entgehen leicht unserer Aufmerksamkeit, und wir unterschätzen, dass viele kleine Beträge zusammen einen großen Betrag ergeben. Anders kann man es gar nicht erklären, dass manche Menschen mit Schulden in sechsstelliger Höhe durch die Botanik wandeln.

Es kommt noch schlimmer: Unser Gehirn betrachtet Plastikgeld offenbar nicht als richtiges Geld, deswegen gehen wir leichtfertiger damit um. So versteigerten Ökonomen unter ihren Studenten Karten für ein Spiel der Boston Celtics. Die Hälfte der Studenten musste bar zahlen, die andere Hälfte hingegen sollte per Kreditkarte zahlen. Das Ergebnis zeigt, wie wenig wir Plastikgeld achten: Die Studenten, die per Kreditkarte zahlen sollten, boten knapp doppelt so viel wie die Studenten, die bar zahlen sollten. Plastikgeld ist Spielgeld. Die Folgen sind klar: Spielgeld gibt sich wesentlich leichter aus als echtes Geld. Insofern hat Dave Ramsey recht: »Wenn du mit Bargeld bezahlst, dann tut das weh. Du fühlst das. Wenn du aber das Plastikgeld benutzt, dann merkst du das gar nicht.« Psychologisch betrachtet ist das korrekt.

Doch damit nicht genug: Kreditkarten trennen den Vorgang des Bezahlens vom Kauf – was zur Folge hat, dass wir die Kosten des Kaufes nicht mehr richtig wahrnehmen. Tatsächlich zeigen Studien, dass sich Konsumenten besser an die Kosten ihres Einkaufes erinnern, wenn sie bar gezahlt haben statt mit Kreditkarte. Doch sobald wir nicht mehr wissen, wie teuer unser Einkauf war, können wir die Kosten eines Einkaufes nicht mehr mental korrekt verbuchen – das schwächt unsere Ausgabendisziplin. Wir verlieren den Überblick über unsere Konten, weil wir das

Geld, das wir per Plastik ausgeben, nicht mehr korrekt verbuchen. Hinzu kommt, dass Geld, das wir per Kreditkarte ausgeben, uns billiger erscheint, weil wir nicht den unmittelbaren Verlust spüren. Kaufen jetzt, zahlen später, macht die Industrie Werbung. Korrekt müsste das heißen: Kaufen jetzt, bereuen später. Dafür aber doppelt bereuen.

Erschwerend kommt hinzu, dass die Reue für die Ausgaben nicht so hoch ist wie bei der Barzahlung – das liegt daran, dass die Rechnung für alle unsere Plastikeinkäufe zusammen kommt statt getrennt. Erinnern Sie sich an die prospect theory, die Erwartungstheorie? Wir hatten gesehen, dass Gewinne und Verluste für Menschen ein unterschiedliches Gewicht haben, je nachdem, wie groß sie sind. Dazu hatten wir folgende Situation betrachtet:

Variante A: Es kommen zwei Schecks je 100 Euro an zwei verschiedenen Tagen.

Variante B: Es kommt ein Scheck zu 200 Euro an einem Tag.

Wir hatten gesehen, dass die meisten Menschen Variante A bevorzugen, obwohl sie identisch ist mit Variante B. Zwei Gewinne à 100 Euro sind in unseren Augen eine bessere Sache als ein einmaliger Gewinn von 200 Euro. Die ersten 100 Euro erscheinen uns wertvoller als die nächsten 100 Euro und erst recht als 100 Euro, die zu den schon bestehenden 1000 Euro hinzukommen. Das gleiche Prinzip, so hatten wir gesehen, gilt auch bei Verlusten, und es gilt auch bei Ausgaben, womit wir wieder bei der Kreditkarte wären.

Die Kreditkarte serviert uns alle unsere Ausgaben in einem Schwung, weswegen sie weniger wehtun. Statt also zweimal innerhalb einer Woche 100 Euro auszugeben, geben wir per Kreditkarte einmal im Monat 200 Euro aus, da die beiden getrennten Einkäufe per Kreditkarte zusammen abgerechnet werden – das tut weniger weh als die zwei getrennten Ausgaben, obwohl es das gleiche Geld ist.

Die Kreditkarte serviert uns die Ausgaben auf einen Schwung, das macht sie weniger schmerzvoll – und erhöht damit das Risiko, dass wir zu ausgabenfreudig sind.

Das klingt nicht gut – unter dem Strich deutet vieles darauf hin, dass unsere mentale Kontenführung uns eine Menge Geld kostet. Also wieder die Frage: Was lernen wir daraus? Und warum kriegt man an Regentagen so schlecht ein Taxi?

Was lernen wir daraus?

Gut, das ist keine wissenschaftlich überprüfte Tatsache, aber zumindest subjektiv gewinnt man rasch den Eindruck, dass es an Regentagen deutlich schwieriger ist, ein Taxi zu bekommen. Das mag zum einen an der persönlichen Perspektive liegen – bei Regen ist es schmerzhafter, auf ein Taxi zu warten, weswegen man sich besser daran erinnert, außerdem ist die Nachfrage an Regentagen höher – das sind zwei Faktoren, die dafür sprechen, dass es mit den Taxis an Regentagen schwieriger ist. Ein weiterer Grund dafür könnten mentale Konten sein. Viele Menschen bilden für ihr Einkommen mentale Konten, indem sie beispielsweise täglich, wöchentlich oder monatlich ihr Einkommen kontrollieren und zusammenrechnen. Vor allem, wenn man freiberuflich ist, setzt man sich oft ein bestimmtes Limit, das man erreichen muss – hat man dieses zusammen, macht man entweder Schluss oder betrachtet das, was man darüber hinaus erwirtschaftet, als Zubrot, weswegen man auch geneigt ist, dieses Zubrot leichter auszugeben.

Taxifahrer gehören zu dieser Spezies, die ihr Einkommen zumindest teilweise selbst kontrollieren können, und ihr Einkommenserzielungsverhalten wurde wissenschaftlich untersucht, jedenfalls für die New Yorker Taxifahrer. Jeder Fahrer mietet das Taxi für einen Tag und fährt auf eigene Rechnung. Denkt man logisch, so sollte man an guten Tagen länger fahren – weil es da mehr zu verdienen gibt – und an schlechten Tagen früher Schluss machen, weil es sich offensichtlich nicht lohnt. Tatsächlich aber lässt das untersuchte Verhalten der New Yorker Taxifahrer darauf schließen, dass diese sich tägliche Einkommensziele setzen: Sie machen früher Schluss, wenn sie ihr Einkommensziel erreicht haben, an guten Tagen machen sie also früher Schluss, an schlechten Tagen fahren sie länger.

Das könnte das Taxiproblem erklären: Wenn schlechtes Wetter ist, haben die Taxifahrer gutes Geschäft, und können ihr mentales Konto »tägliches Einkommen, das ich erreichen will«, früher schließen – und machen früher Feierabend. Und deswegen ist es (vielleicht) an regnerischen Tagen schwieriger, ein Taxi zu bekommen – die Fahrer haben früher Schluss gemacht.

Mentale Konten können uns leicht einen Streich spielen, aber wie wir später sehen werden, sind sie recht hilfreich, wenn es darum geht, mehr Spardisziplin an den Tag zu legen. Lässt man diesen Aspekt zunächst beiseite, so muss es uns darum gehen, zu erkennen, dass wir eine solche Kontenführung haben und wie sie wirken kann. Weiß man um diese Angewohnheit, so kann man sie auch zum eigenen Vorteil nutzen. Trick Nummer eins besteht darin, eine Verzögerung einzubauen.

Der Vorteil der mentalen Konten ist, dass sie nicht in Stein gemeißelt sind – Ausgaben wechseln auch das Konto. So können wir uns vor den vielen kleinen, undisziplinierten Ausgaben schützen: Wir bauen eine Verzögerung ein. Nehmen wir einmal an, Sie haben unverhofft Geld bekommen, Lotto, Steuerrückzahlung, Geschenk, was auch immer. Wir wissen, dass wir anfällig dafür sind, Einkommen aus dieser Kategorie rasch und bedenkenlos auszugeben, weil wir es auf dem Konto »Glücksfälle« verbuchen. Doch was, wenn es uns gelingt, dieses Geld auf ein anderes Konto zu buchen, beispielsweise auf das Altersvorsorgekonto, das wir nur ungerne anrühren? Dann wäre Schluss mit dem finanziellen Schlendrian. Kann man umbuchen? Vielleicht ja: Nehmen Sie sich einfach vor, mit der Ausgabe ein wenig zu warten, eine Bedenkzeit einzubauen. Ich gebe die Steuerrückzahlung aus, aber erst in drei Monaten. Neben der Vorfreude, die man sich damit verschafft, passiert noch etwas anderes: Das Geld wechselt die mentalen Konten, es ist nicht mehr das unverhoffte Geldglück, das wir schnell und impulsiv ausgeben, es ist Vermögen geworden – und damit fällt es uns schwerer, dieses Vermögen auszugeben. Und möglicherweise verzichten wir dann darauf, den Lottogewinn rauszuhauen.

Was machen wir mit den kleinen Beträgen, die unter unserem Radar fliegen, weil wir sie auf das Konto »Verschiedenes« verbuchen? Bei einigen Ausgaben kann man sich behelfen: Wer sich beispielsweise das Rauchen abgewöhnen will, rechnet nicht aus, dass seine Sucht vier Euro pro Tag kostet, sondern 120 Euro im Monat. Das ist ein Betrag, der nicht so leicht auf dem Konto »Verschiedenes« verschwindet und damit einer sorgfältigeren Überwachung unterliegt. Der Trick besteht also darin, kleine Beträge groß zu machen. Man kann auch seine Kontenführung verfeinern, indem man beispielsweise ein Konto »Shopping« anlegt, sich vielleicht sogar wirklich die Mühe macht, einen Monat lang aufzuschreiben, was man denn so an Impulskäufen vornimmt – das sorgt dafür, dass aus den kleinen Gelegenheitsbeträgen, denen wir keine Aufmerksamkeit schenken, dickere Batzen werden.

Den ganz großen Vorteil mentaler Konten allerdings wollen wir uns erst später ansehen, zuvor eine einfache Frage: Hängen Sie an Ihrem Eigentum? Und was hat das mit den Punischen Kriegen zu tun?

7 ICH WILL SO BLEIBEN, WIE ICH BIN

Ein Zögerer schlägt Hannibal

Der römische Feldherr Quintus Fabius Maximus Verrucosus war, so könnte man meinen, kein Mann der Tat: Im Zweiten Punischen Krieg mit Hannibal konfrontiert, vermied er den offenen Kampf, beobachtete mit seinem einsatzbereiten Heer aus sicherer Entfernung Hannibals Truppen und lauerte auf Gelegenheiten, die Schwächen des Feindes auszunutzen. Fabius wandte das an, was man heute als Partisanentaktik bezeichnet, er wich dem offenen Kampf aus. Er musste viel Kritik für diese Strategie einstecken, zumal Hannibal als Antwort durch Italien zog und verbrannte Erde hinterließ, und zu allem Übel nur die Landgüter von Fabius verschonte. Doch mit der Zeit zeigte sich, dass die Idee, Hannibal durch diese Hinhaltetaktik und Störmanöver zu zermürben, recht erfolgreich war – Fabius wurde in Rom als der »Zögerer« – »cunctator« – gefeiert. Dieser Beiname war seitdem sein Ehrentitel.

Den wenigsten Menschen ist es vergönnt, durch Nichtstun erfolgreich zu sein, durch Zögern Weltreiche zu retten – zumeist kostet uns unsere Neigung, zu lange abzuwarten, viel Geld, oft ist unsere Entscheidungsapathie eine bisweilen sogar gefährliche Sache. In diesem Kapitel sprechen wir über unsere Unfähigkeit, zu entscheiden und

Dinge zu ändern, und darüber, dass wir zu rasch der Idee des Eigentums verfallen.

Das letztere Problem, die Liebe zum Eigentum, hat jeder schon einmal am eigenen Leib erfahren: Vor ein paar Jahren bot mir ein Freund eine teure Gitarre zum Verkauf an – eigentlich hatte ich nicht vor, ein Instrument zu kaufen. Doch der Freund bot mir an, das gute Stück mit nach Hause zu nehmen, es auszuprobieren – ich könne sie ja jederzeit zurückbringen, das sei ja alles unverbindlich. Sie ahnen, was passiert ist: Die Gitarre fand nie den Weg zurück zu ihrem Besitzer, stattdessen gab ich eine Menge Geld für ein Instrument aus, das ich eigentlich nicht kaufen wollte.

»Eigentumseffekt« nennen Fachleute dieses Phänomen, dass wir Dingen verfallen, die in unserem Besitz sind. Und das geht rascher, als man denkt, wie ein bemerkenswertes Experiment zeigt. Durchgeführt wurde dieses Experiment von Jack Knetsch an der Simon Fraser University in Kanada. Knetsch ließ Studenten einen langweiligen Fragebogen ausfüllen und schenkte ihnen zum Dank für ihre Mühen einen Kaffeebecher mit Universitätslogo. Anschließend bot Knetsch den Studenten an, dass sie den Krug auch gegen einen Schokoriegel eintauschen könnten, aber das wollte die Mehrheit nicht: Rund 90 Prozent der Studenten behielten lieber den Kaffeekrug. Dann führte Knetsch den gleichen Versuch noch einmal durch, nur dass er den Studenten jetzt einen Schokoriegel schenkte und ihnen anschließend anbot, diesen in einen Krug umzutauschen. Und auch dieses Mal entschieden sich fast 90 Prozent der Versuchspersonen – aber für den Schokoriegel. Einer dritten Gruppe von Studenten ließ Knetsch die freie Wahl zwischen einem Schokoriegel und einem Krug, und jetzt war das Ergebnis ein anderes: Rund 56 Prozent der Studenten wollten den Krug, 44 Prozent den Schokoriegel.

Das Ergebnis ist bemerkenswert: Schenkt man den Studenten den Krug, so wollen sie ihn nicht eintauschen gegen einen Schokoriegel, schenkt man ihnen einen Schokoriegel, so wollen sie ihn nicht in einen Krug umtauschen, und lässt man ihnen freie Wahl, dann entscheidet sich die Hälfte für den Krug, die andere Hälfte für den Schokoriegel. Knetschs Erklärung für diesen Befund: Menschen hängen an ihrem Eigentum, und sie haben eine höhere Wertschätzung für Dinge, die sie besitzen. Besitz verändert unsere Einstellung zu dem Gegenstand, den wir besitzen – er wird für uns wertvoller, wenn wir ihn besitzen.

»Eigentumseffekt« (»endowment effect«) haben Wissenschaftler diesen Befund getauft, der in vielen Experimenten überprüft worden ist. So hat man im Labor richtige Märkte zwischen Versuchspersonen organisiert, auf denen diese Güter handeln sollten, und die Ergebnisse sprachen für einen solchen Effekt: Der Preis, den die Verkäufer forderten, lag durch die Bank weg über dem Preis, den die Käufer bereit waren, zu zahlen. Das ließe sich mit dem Besitztumseffekt erklären: Wer etwas verkaufen will, ist im Besitz dieses Gutes, und wenn wir tatsächlich an unserem Besitz übermäßig hängen, werden wir einen höheren Preis für das Gut fordern, als jemand dafür bieten würde, der das betreffende Gut kaufen will. Der potenzielle Käufer ist ja nicht im Besitz des Gutes, deswegen unterliegt er auch nicht dem Besitztumseffekt und ist deswegen bereit, weniger zu zahlen.

Stimmt diese Idee, dann bedeutet das, dass die Handelsvolumina auf Märkten mit Besitztumseffekt tendenziell geringer ausfallen als auf Märkten ohne Besitztumseffekt. Weil die Verkäufer zu viel verlangen, die Käufer zu wenig zahlen wollen, werden weniger Güter verkauft als bei Abwesenheit des Eigentumseffektes. Das muss allerdings nicht bedeuten, dass auch auf Finanzmärkten zu wenig gehandelt wird, denn andere Experimente zeigen, dass der Besitztumseffekt nur bei Gütern auftritt, nicht bei abstrakten Dingen wie beispielsweise Gutscheinen. Organisierte man Märkte, auf denen Gutscheine gehandelt wurden, die anschließend in Geld umgetauscht wurden, trat dieser Effekt nicht auf. Wenn die professionellen Teilnehmer an den Finanzmärkten die Wertpapiere, die sie dort handeln, nicht als Güter, sondern als abstrakte Gutscheine betrachten, dann unterliegen sie weniger dem Eigentumseffekt. Eine weitere Beobachtung: Professionelle Händler von Gütern erliegen diesem Effekt weniger, vermutlich, weil sie die Gegenstände, die sie verkaufen, nicht als ihr Eigentum, sondern als durchlaufende Posten verstehen.

Bei Privatleuten hingegen, die keine professionellen Verkäufer sind, kann der Eigentumseffekt fatale Folgen haben. Eine haben wir bereits kennengelernt: Der Eigentumseffekt ist dafür verantwortlich, dass in meiner Wohnung eine teure Gitarre steht, die ich nicht kaufen wollte. Im Lichte des obigen Experiments ist klar, was hier passiert ist: In dem Moment, in dem ich die Gitarre mit nach Hause genommen habe, hat der Eigentumseffekt zugeschlagen – ähnlich wie bei den Studenten, denen man den Schokoriegel beziehungsweise den Kaffeekrug in die Hand gedrückt hat, gewann diese Gitarre für mich alleine dadurch an Wert, dass ich sie mit nach Hause nahm, in mein Wohnzimmer stellte und darauf spielte.

Genau so funktionieren Probefahrten und Rückgabegarantien: Sie können das ja jederzeit zurückgeben, nehmen Sie es einfach mal unverbindlich mit, lockt uns der Verkäufer – wohl wissend, dass es nicht so einfach ist, etwas zurückzugeben, was wir mental in Besitz genommen haben. Sobald wir das getan haben, so zeigen die Experimente, steigt unsere Bereitschaft, es zu kaufen und mehr dafür zu zahlen – das kann eine teure Probefahrt werden. Doch der Eigentumseffekt kann nicht nur dazu führen, dass wir zu leichtfertig kaufen, er kann auch dazu führen, dass wir nicht verkaufen. Mögen Sie Fußball?

> Das ist ein echter Glücksfall: Sie haben in einer Lotterie eine Eintrittskarte zur Fußballeuropameisterschaft gewonnen – Endspiel, beste Ränge. Ihr Freund gratuliert Ihnen, macht Ihnen aber zugleich deutlich, dass er gewillt ist, Ihnen die Karte für viel Geld abzukaufen. Wie viel verlangen Sie für die Karte?

Wenn Sie diese Frage beantwortet haben, dann lesen Sie nun folgende Frage, und antworten Sie spontan, ohne zu zögern:

> Ihr Freund ist ein echter Glückpilz: Er hat eine Eintrittskarte zur Fußballeuropameisterschaft ergattert – Endspiel, beste Ränge. Sie gratulieren ihm, und er macht Ihnen deutlich, dass er gewillt ist, Ihnen die Karte zu verkaufen. Was sind Sie bereit, für die Karte zu zahlen?

Wenn Sie wie die Mehrheit der Menschen reagieren – auch wie die Mehrheit meiner Studenten, denen ich diese Entscheidungsfragen vorlege –, dann werden Sie einen höheren Preis für das Ticket verlangen, das Sie verkaufen, als Sie selbst bereit sind, zu zahlen. Eigentumseffekt in Reinkultur: Wenn Sie die Karte besitzen, verlangen Sie einen höheren Preis, als Sie bereit wären, dafür zu zahlen.

Sie können sich vorstellen, was das für Vermögensgegenstände bedeuten kann, die man besitzt – man kann sich schlichtweg nicht von ihnen trennen, oder man trennt sich zu spät von ihnen. Sie müssen Ihr Haus verkaufen? Kann schwierig werden, es ist ja Ihr Haus. Sie wollen das alte Gemälde verkaufen? Die Chancen stehen gut, dass Sie zu viel dafür verlangen. Es ist schwierig zu sagen, ob dies auch für Wertpapiere gilt – wie gesagt, in Experimenten zeigte sich, dass es vor allem langlebige Gebrauchsgüter sind, die diese Reaktion bei uns auslösen; bei Gutscheinen funktionierte das nicht. Vermutlich kommt es darauf an, welche Einstellung man zu »seinen« Aktien hat. Gefährlicher ist vermutlich der Effekt, die Aktien eines Unternehmens zu kaufen und dieses Unternehmen zu »seinem« Unternehmen zu machen. Ich beispielsweise verlor mein Geld mit der Bäckerei Kamps.

Heiner Kamps war ein Selfmade-Millionär, ein echter Unternehmer, der mit einer Bäckereikette Millionen Umsätze machte und an die Börse ging. Mir gefiel diese Idee, ein Geschäft, das bodenständig ist, das man versteht, das transparent ist – also investierte ich. In den ersten Monaten lief das auch erstaunlich gut, die Aktien entwickelten sich prächtig – mein Investment machte mir Spaß. Und genau das war der Punkt: Das war mein Investment, ich hatte die Aktie entdeckt und freute mich an meinem Anlageerfolg. Schlimm. Noch schlimmer: Man muss natürlich immer von seinen Erfolgen erzählen, und so trompetete ich in der Bekanntschaft, bei den Kollegen, in der Nachbarschaft rum, was für eine tolle Aktie ich entdeckt und gekauft hatte. Auweia.

Es kam, wie es kommen musste: Die Aktie ging zum Sinkflug über, und ich hätte verkaufen müssen. Aber wie soll man sich von seiner Aktie trennen? Sich selbst – und noch schlimmer den Bekannten, den Kollegen, der Nachbarschaft – eingestehen, dass das tolle Investment doch nicht so toll ist? Ich hatte die Aktie zu meiner Aktie gemacht, mich öffentlich dazu bekannt, und nun konnte ich mich nicht davon trennen, und blieb Aktionär bis zum bitteren Ende, das ein teures war.

Auch das ist der Eigentumseffekt: Je mehr man einen Gegenstand mit persönlichen Emotionen befrachtet, umso schwieriger wird es, sich davon zu trennen. So sagen Finanzprofis auch, dass Anleger, die in ethisch korrekte Investments investieren – Umweltschutz, Nachhaltigkeit oder ähnliche Anlagen –, ihren Investments deutlich länger die Treue halten, auch wenn diese sich nicht so vielversprechend entwickeln. Natürlich hat das auch etwas mit Emotionen zu tun. Aber damit sind wir noch lange nicht fertig, Emotionen spielen auch eine Rolle bei einem engen Verwandten des Eigentumseffektes, dem Beharrungsirrtum. Mögen Sie schwarze Limonade?

»Ich will so bleiben, wie ich bin«

In den frühen 80er-Jahren geriet das Brause-Imperium ins Wanken: Coca-Cola, die meistverkaufte Brause der Welt, wurde zunehmend vom Konkurrenten Pepsi bedroht. Was Coke vor allem nervös machte, war der Umstand, dass Pepsi in Blindtests deutlich besser abschnitt als Coke – servierte man Testtrinkern die zwei Brausen, ohne ihnen die Marken zu nennen, dann bevorzugte die Mehrheit der Testpersonen Pepsi. Also gingen die Coke-Forscher ins Labor und entwickelten eine neue Coke, die New Coke, die in den Blindtests besser abschnitt als Pepsi. Also führte man frohgemut die neue Coke ein, mit der neuen, verbesserten Formel – und erlebte ein Desaster. Die Coke-Kunden protestierten erbost gegen die neue Brause, die Proteste waren so stark, dass man wenige Monate später die alte Coke als »Coke Classic« wieder einführte – die New Coke verschwand sang- und klanglos aus den Regalen. Ein Desaster.

So sind Menschen und Kunden, sie wollen, dass die Dinge so bleiben, wie sie sind. Darüber wollen wir ein wenig nachdenken – unsere Neigung dazu, nichts zu verändern. Stellen Sie sich dazu folgende Situation vor:

> Seit Jahren benutzen Sie jeden Tag den gleichen Weg zur Arbeit. Dann erwischt es Sie: Sie kennen die Strecke zu gut, achten zu wenig auf die Straße und bauen einen Unfall.

Das ist ärgerlich, oder? Aber wie sieht es mit der folgenden Situation aus:

> Seit Jahren benutzen Sie jeden Tag den gleichen Weg zur Arbeit. Doch eines Tages nehmen Sie, einer spontanen Eingebung folgend, eine andere Route, aber leider bauen Sie einen Unfall.

In welcher der beiden Situationen glauben Sie, ärgern Sie sich mehr? Vermutlich in Situation Nummer zwei, oder? Wir bedauern diese Situation mehr, weil wir von unserem eingefahrenen Trampelpfad abgewichen sind und einen Unfall gebaut haben – warum bin ich nur nicht so wie immer gefahren? In der harten, rationalitätsbetonten Welt der klassischen Ökonomen spielt es keine Rolle, wie es zu dem Unfall gekommen ist – passiert ist passiert.

Tatsächlich aber empfinden Menschen Bedauern über eine Handlung mit schlechtem Ausgang, indem sie diese Handlung mit den Alternativen vergleichen. Hätte man den normalen Weg genommen, wäre nichts passiert (auch wenn das nicht sicher ist). Der Nutzen einer Handlung bestimmt sich also nicht nur über deren Erträge, sondern auch über die Erträge der Alternativen, die man nicht ergriffen hat. Wenn wir über eine Handlung nachdenken, schleicht sich auch der Gedanke ein, dass wir diese Handlung später bereuen könnten – was wir vermeiden möchten. Das bringt uns bisweilen dazu, untätig zuzusehen, wie unser Geld sich mit Vorankündigung verabschiedet. Stellen wir uns dazu zwei Aktionäre vor:

> Tom hat Aktien der Firma X, verkauft diese aber, um Aktien der Firma Y zu kaufen. Kurz nach seinem Kauf verlieren die Y-Aktien deutlich an Wert. Jerry besitzt Aktien von Y und überlegt, ob er X-Aktien kaufen soll, tut es aber nicht. Kurz danach verlieren die Aktien von Y deutlich an Wert.

Wer von beiden, denken Sie, ist unzufriedener: Tom oder Jerry? Die meisten Menschen tippen auf Tom – er hat durch eine aktive Handlung Geld verloren. Jerry hingegen hat nichts getan (was auch eine Handlung ist) und auch Geld verloren, aber er hat sich doch nicht aktiv in sein Unglück gestürzt, oder? Menschen bedauern eine aktive Handlung mehr als eine Unterlassung – auch wenn eine Unterlassung auch eine Handlung ist. Das kann – zusammen mit unserer Angst davor, eine Entscheidung zu bereuen – zu einer veritablen Entscheidungsstarre führen: Wir tun nichts, weil wir dann weniger bereuen, schließlich haben wir ja nichts gemacht. Vielleicht liegt unsere Neigung zum Nicht-Handeln auch darin begründet, dass man sich leichter vorstellen kann, eine Handlung zu unterlassen (»Hätte ich doch nichts getan«), als sich vorzustellen, eine Handlung zu begehen (»Wie wäre es wohl gewesen, wenn ich verkauft hätte?«).

Halten wir Nichtstun wirklich für weniger schlimm, als aktiv zu handeln? Offenbar sehen das die meisten Menschen so. Menschen sind sogar bereit, das Leben ihrer Kinder dafür zu riskieren:

> Das Gesundheitsministerium informiert Sie, dass eine neuartige Infektionskrankheit droht, die zehn von 10 000 Kindern das Leben kosten kann. Sie können Ihr Kind impfen lassen, aber die Impfung birgt ein Risiko: In sechs von 10 000 Fällen löst die Impfung die Krankheit aus und die geimpften Kinder sterben. Lassen Sie Ihr Kind impfen?

Rein statistisch betrachtet sollten Sie Ihr Kind impfen lassen – alles, was das Risiko der Erkrankung unter den Wert zehn von 10 000 senkt, macht das Leben Ihres Kindes sicherer. Und doch sagen die meisten Versuchspersonen, denen man diese Situation vorlegt, dass sie eine solche Impfung nur akzeptieren, wenn das Risiko, durch die Impfung zu erkranken, unter 5,5 Fällen auf 10 000 liegt – und machen damit das Leben ihres Kindes unsicherer.

Viele Untersuchungen zeigen diesen Befund: Negative Folgen werden nicht so schlimm beurteilt, wenn sie durch Unterlassung einer Handlung eingetreten sind statt durch aktives Handeln. Es ist schlimmer, etwas zu tun, als etwas zu unterlassen, auch wenn das Ergebnis in beiden Fällen das gleiche ist. Im Falle der Impfung ist das intuitiv einleuchtend: Stirbt das Kind an der Impfung, so führen wir das unmittelbar auf unsere Handlung zurück. Stirbt das Kind hingegen ohne Impfung, so machen wir andere Dinge dafür verantwortlich, nicht nur die unterlassene Impfung. Wir fühlen uns für die Konsequenzen aktiven Handelns verantwortlicher als für die Folgen einer unterlassenen Handlung – also halten wir die Füße still, ohne dabei zu erkennen, dass auch Nichtstun schlimme Folgen haben kann – und dass wir für diese Folgen verantwortlich sind.

Aber es kommt noch schlimmer, es lauern noch viele weitere Fallen auf uns, die uns alle in eine Richtung drängen – wir wollen so bleiben, wie wir sind, und wir wollen, dass alles so bleibt, wie es ist. Ein letztes Beispiel dazu:

> Sie kennen sich in Finanzdingen gut aus. Jetzt hat Ihnen Ihr Erbonkel eine stattliche Summe Bargeld hinterlassen. Sie überlegen, wie Sie dieses Geld anlegen. Ihnen stehen vier verschiedene Investments zur Verfügung: die riskanten Aktien des Unternehmens A, die soliden Aktien des Unternehmens B, Staatsanleihen und kommunale Anleihen. Wie legen Sie an?

Wie sich die Versuchspersonen, denen man diesen Fragebogen vorlegte, in diesem Fall entschieden haben, ist nicht wichtig, interessant wird es erst, wenn man die Frage ein wenig abändert: Vererbte der Erbonkel statt Bargeld die Aktien von Unternehmen A, so zeigten die Versuchspersonen eine deutliche Tendenz, in A zu investieren, vererbte der Onkel die B-Aktien, so bevorzugten die Versuchspersonen B-Aktien – und so weiter. Dasjenige Investment, das der Erbonkel hinterließ, wurde zum bevorzugten Investment – das man laut Studie tendenziell nicht so gemacht hätte, wenn der Onkel statt des Investments Bargeld hinterlassen hätte.

Das Investment, das der Onkel hinterlassen hat, nennt man den Status quo, also den bestehenden Zustand, und wir neigen dazu, den bestehenden Zustand zu akzeptieren und nicht ändern zu wollen. Und das ist der »status quo bias«, was man frei mit »Ich will so bleiben, wie ich bin« übersetzen könnte, etwas wissenschaftlicher könnte man auch Beharrungsirrtum dazu sagen.

Der Beharrungsirrtum besteht also in unserer Neigung, die Dinge so zu belassen, wie sie sind. Das kann zum einen an der Furcht liegen, eine aktive Handlung zu bereuen, zum anderen auch an dem Eigentumseffekt – es fällt uns schwerer, uns von etwas zu trennen, was wir als unseren Besitz betrachten. Das kann zu mittelschweren Verwüstungen auf dem Sparkonto führen, wie wir bereits gesehen haben: Unser bestehendes Ensemble an Aktien begreifen wir als Status quo, also bleiben wir dabei, obwohl es höchste Zeit wäre, sich von einigen Werten zu trennen.

Doch nicht nur das: Der Beharrungsfehler führt dazu, dass wir an alten Gewohnheiten festhalten, sie nicht hinterfragen – und eine Menge Geld verlieren. Nehmen wir beispielsweise die betriebliche Altersvorsorge: In den Vereinigten Staaten können die Teilnehmer an einigen Programmen zur betrieblichen Altersvorsorge jedes Jahr neu wählen, wie ihre jährliche Prämie investiert werden soll – beispielsweise in einen eher konservativen Fonds mit Anleihen und Immobilien oder in einen eher sportlichen Fonds mit Aktien. Aus investmenttheoretischer Perspektive ist das eine gute Sache: Beginnt man mit jungen

Jahren, so steckt man einen größeren Teil seiner Beiträge in den riskanten Fonds, der sich auf lange Frist lohnen wird, und je älter man wird, umso mehr steckt man seine Beiträge in den sicheren Fonds, da man ja bald in Rente gehen will und deswegen sicher sein will, dass man seine Beiträge zurückbekommt.

Theoretisch sollte man also folgendes Bild erwarten, wenn man sich die Beitragszahlungen zu solchen Pensionsfonds anschaut: Die jungen Menschen zahlen einen größeren Teil ihrer Beiträge in den riskanteren Fonds, und je älter sie werden, umso mehr lenken sie ihre Beiträge in den sicheren Fonds um. Schaut man sich die tatsächlichen Zahlen an, so ergibt sich – zumindest dort, wo man es untersucht hat – ein völlig anderes Bild: Nur die wenigsten Beitragszahler ändern die Aufteilung ihrer Beiträge auf die verschiedenen Fonds überhaupt; mehr als 70 Prozent ändern diese nie – und treten damit die traditionelle Investmenttheorie ebenso mit Füßen wie die Stabilität und Sicherheit ihrer betrieblichen Altersvorsorge.

Auch hier schlägt der Beharrungsirrtum zu: Die einmal festgelegte Aufteilung zwischen dem riskanten und dem sicheren Teil des Beitrags mutiert zum bestehenden, zum Status quo – und bei dem bleibt man, komme, was da wolle. Das Argument, dass die Beitragszahler vielleicht nicht verstanden haben, dass man mit zunehmendem Alter seine Investments risikofreier gestalten sollte, zieht nicht ganz: Wenn Beitragszahler erst im höheren Alter beginnen, in diese Versicherung einzuzahlen, gestalten sie ihre Zahlungen deutlich risikoloser, packen also einen höheren Teil ihres Beitrags in das risikolose Produkt. Das deutet darauf hin, dass sie wissen, was zu tun ist.

Auch die möglichen Kosten eines Wechsels, die dazu führen können, dass man lieber nicht wechselt, haben zumindest in den hier diskutierten Beispielen keine Rolle gespielt – weder bei den Befragungen zum Erbonkel noch bei der betrieblichen Altersvorsorge (dort kostete es nichts, seine Beiträge neu zuzuweisen).

Die Folge des Beharrungsirrtums: Man macht Entscheidungen aus Gewohnheit und hinterfragt diese nicht mehr – und das kann rasch teuer werden. Man bleibt bei einer Marke, ohne zu hinterfragen, ob es bessere Alternativen gibt, man wechselt nicht die Bank, obwohl es günstigere Anbieter gäbe, man fordert die alte Coke ein, obwohl die neue Coke besser schmeckt, wenn man sie blind testet. Man kündigt das Abonnement nicht, wechselt nicht den Telefon- oder Stromtarif und fährt jedes Jahr an den gleichen Urlaubsort.

Auch Gewohnheiten werden nicht mehr hinterfragt, was uns noch einmal zu den kleinen Geldbeträgen bringt, die rasch zu großen Bergen werden: Wer jeden Tag einen Euro für eine Angewohnheit spendet, gibt im Monat 30 Euro aus, im Jahr 365 Euro – da ist es wieder, das Kleinvieh. Aber die Folgen des Beharrungsirrtums können noch weitreichender sein: Man bleibt im alten Job, statt zu wechseln, man bleibt im alten Haus, statt eine neue, günstigere oder attraktivere Bleibe zu suchen, und man trennt sich nicht von verlustreichen Investments.

Letzteres wird durch einen Effekt erschwert, den wir bereits hinreichend kennen: Menschen streben nach Kongruenz, nach einem widerspruchsfreien Leben. Einen Verlierer verkaufen, bedeutet, sich und noch schlimmer – den Kollegen oder dem Lebensabschnittspartner – einzugestehen, dass man einen Fehler gemacht hat. Also bleibt man bei seinen verlustreichen Leisten.

Banken wissen um unsere Neigung, alles so zu lassen, wie es ist, und deswegen ködern sie uns: Sensationelle Zinsen für Neukunden sind ein schönes Beispiel dafür. Da werden jedem Neukunden sensationell hohe Zinsen zugesagt, der sein Geld das erste Mal zu dem betreffenden Institut trägt. Der erste Haken daran ist, dass diese Zinsen zumeist nur für einen lächerlich kurzen Zeitraum geboten werden – oft ein halbes Jahr –, danach fallen die Zinsen auf das marktübliche Niveau. Daran hängt sich der zweite Haken auf, natürlich der Beharrungsfehler: Nach Ablauf dieser scheinbar so lukrativen Frist ziehen wir unser Geld nicht ab, sondern lassen es dort liegen, wo wir es hinbringen – genau das, was die Bank erreichen wollte. Das ist der Beharrungsfehler.

Der Beharrungsfehler hat noch eine weitere, unpraktische Folge: Wir ändern nicht die Standardeinstellungen an technischen Geräten.

»Lass es so, wie es ist«

Mögen Sie Bedienungsanleitungen? Wie wäre es mit der Bedienungsanleitung für eine elektrische Weihnachtskerze?

> »Herzlichst Gluckwuensch zu gemutlicher Weihnachtskerze Kauf«. Mit sensazionell Modell GWK 9091 Sie bekomen nicht teutonische Gemutlichkeit fuer trautes Heim nur, auch Erfolg als moderner Mensch bei anderes Geschleckt nach Weihnachtsganz aufgegessen und laenger, weil Batterie viel Zeit gut lange.«

Oder die hier:

> »Indem Sie die Druckformatvorlage des Dokuments mit der Druckformatvorlage der Druckformatvorlage verbinden, können Sie die Druckformatvorlage der Dokumentenvorlage aktualisieren. Wenn Sie die Druckformatvorlage eines Dokuments mit der Druckformatvorlage einer Dokumentenvorlage verbinden, ersetzen die Druckformatdefinitionen des Dokuments die gleichnamigen Druckformatdefinitionen der Dokumentenvorlage. Sämtliche Druckformate in der Druckformatvorlage des

> Dokuments, die nicht in der Druckformatvorlage enthalten sind, werden dieser hinzugefügt.«

Oder die hier:

> »Drehen das Messing Ventil zu offener Position. Die Puff Unterlage wird sich puffen. Um eine zusätzlich feste unterlage zu haben, braucht man die Luft darin mehrer zu ablassen. Wenn die Luft reichbar, dann drehen das Ventil zu geschlossener Position.«

Gut, zugegeben, einige Bedienungsanleitungen sind nicht dazu angetan, sich näher mit dem betreffenden Gerät auseinanderzusetzen, aber dennoch ist es oft dienlich, dies zu tun und die Standardeinstellungen ab Werk zu ändern. Der Beharrungsirrtum könnte erklären, warum wir das so selten tun: Die Werkseinstellungen begreifen wir als den aktuellen Zustand, den Status quo, und den wollen wir nicht ändern. Und was für DVD-Player oder Digitalkameras gilt, gilt auch für unsere Geldgeschäfte – nehmen wir einmal Versicherungen. Hier ein Angebot:

> Sie können eine Autoversicherung abschließen, diese umfasst die Absicherung Ihres Wagens plus Rechtsschutz im Straßenverkehr. Sie können aber auch die Rechtsschutzoption streichen, in diesem Fall verbilligt sich die Versicherung entsprechend. Wie sieht die Police Ihrer Wahl aus – mit oder ohne Rechtsschutz?

Das klingt ganz gut, aber jetzt ein anderes Angebot:

> Sie können eine Autoversicherung abschließen, diese umfasst die Absicherung Ihres Wagens, aber keinen Rechtsschutz im Straßenverkehr. Sie können aber gegen einen entsprechenden Aufpreis Rechtsschutz be-

kommen. Wie sieht die Police Ihrer Wahl aus – mit oder ohne Rechtsschutz?

Welche Police wählen Sie? (Und erkennen Sie das Framing?) Die Erfahrung und die Idee vom Beharrungsfehler lehren uns, dass die Leute im ersten Fall mit Rechtsschutz nach Hause gehen, im zweiten Fall hingegen eher darauf verzichten. Die jeweils angebotene Police wird als der herrschende Zustand angenommen – und an dem ändern wir nichts, genau so wie an der Standardeinstellung unseres DVD-Players – die Puff Unterlage wird sich puffen, sozusagen.

Allerdings handelt es sich hier nicht um ein hypothetisches Beispiel – genau diese Versuchsanordnung bescherte das Schicksal amerikanischen Bürgern in New Jersey und Pennsylvania. Beide Staaten führten eine Wahlmöglichkeit für die Autoversicherung ein – allerdings mit unterschiedlichen Vorzeichen: In New Jersey war die Standardpolice ein billiger Vertrag mit der Option, gegen Aufpreis mehr Rechtsschutz zu erhalten. In Pennsylvania beinhaltete die Standardpolice teuren Rechtsschutz; wer wollte, konnte diesen verringern, was die Police billiger machte. Das Ergebnis war wie erwartet: Präsentierte man den Bürgern die New-Jersey-Variante, zeigten sie eine Vorliebe für die billige Police. Wer hingegen die Pennsylvania-Variante angeboten bekam, gab der teuren Police den Vorzug. Wir bevorzugen den Standard.

Damit haben Sie sofort eine Idee, mit welchen Sätzen man Versicherungen verkauft: »Das haben wir schon immer so gemacht«, »Schon Ihr Großvater hat seine Versicherungen bei uns gekauft« lauten die Zaubersätze. Wer eine bestimmte Lösung durchsetzen will, muss diese seinem Gegenüber als den Status quo, die herrschende Regelung, den Standard darstellen. Wenn das alle so machen, wenn das die Eltern so gemacht haben – welchen Grund gäbe es dann, an diesem Standard zu zweifeln? Kein

Wunder, dass Versicherungen und Bausparkassen gerne damit werben, dass ihre Produkte schon seit Jahrzehnten am Markt sind.

Denkt man das New-Jersey-Pennsylvania-Beispiel zu Ende, so ist klar, wie man Versicherungen verkauft: immer im Gesamtpaket mit Abwahl- statt Zuwahlmöglichkeiten. Wer teure Versicherungen verkaufen will, stellt die Luxusversion mit allen Extras als das grundsätzliche Produkt, die Basisversion dar – wer davon Abstriche machen will, um seine Police billiger zu machen, muss das aktiv wollen und einfordern. Im Lichte des Beharrungsirrtums wird es den Kunden schwerer fallen, statt der Basisversion die Minimalversion zu wählen, auch wenn die billiger ist. Wir bleiben beim Standard, wir ändern nicht die Ab-Werk-Einstellungen unseres DVD-Players. Batterie viel Zeit gut lange, sozusagen.

Positiv gewendet kann man unsere Abneigung gegen Veränderungen dazu nutzen, die Menschen zu mehr Altersvorsorge zu bewegen: Statt auf die Freiwilligkeit der Bürger bei der privaten Altersvorsorge zu bauen, sollte man einen automatischen Abzug vom Gehalt für die private Altersvorsorge einführen. Wer diesen automatischen Abzug nicht will, kann ihn abwählen. Stimmt die Idee vom Beharrungsirrtum, so dürfte die private Altersvorsorge einfach dadurch steigen, dass es den Menschen leichter fällt, die als Standardfall präsentierte Altersvorsorge zu akzeptieren, als sich aktiv selbst um eine private Altersvorsorge zu kümmern. Mehr Rente durch Nichtstun. So betrachtet kann man unsere Neigung, alles so zu belassen, wie es ist, auch zum Positiven wenden.

Nun gibt es aber noch einen weiteren Feind, der uns daran hindert, zu entscheiden – es ist die Vielfalt.

Wie viel Fonds darf's denn sein?

Wer in Deutschland investieren will, muss viele Entscheidungen zugleich treffen: Welche Vermögensklasse soll es sein – Aktien, Anleihen, Immobilien, Derivate, Fonds, alternative Investments? Und selbst wenn er die Anlageklasse gewählt hat, warten die nächsten Entscheidungen: Allein bei Fonds kann man als Privatanleger in Deutschland unter mehr als 6000 Produkten auswählen, verschiedene Gesellschaften, verschiedene Anlageziele, verschiedene Strategien – herrlich viel Auswahl, oder?

Vielleicht auch nicht, denn es ist die Vielfalt, die uns erschlägt und uns dazu bringt, gar nichts zu kaufen. Das jedenfalls haben Forscher herausgefunden, als sie Marmelade verkauften. Dazu eröffneten Sie einen Probierstand vor einem Supermarkt, an dem sie verschiedene Marmeladensorten anboten. Die Sorten waren so ausgewählt, dass sie alle gleich attraktiv waren. Jeder Kunde, der an den Stand kam, bekam einen Gutschein über einen Dollar zum Kauf von Marmelade überreicht. Eine clevere Variation ermöglichte es den Forschern, zu testen, ob eine größere Auswahl auch dazu führt, dass Menschen mehr kaufen: Jede Stunde rotierten sie das Angebot – eine Stunde wurden 24 verschiedene Sorten Marmelade angeboten, eine Stunde nur sechs verschiedene Sorten.

Das Ergebnis war fast zu erwarten: Von den Kunden, denen man 24 verschiedene Sorten präsentierte, kauften nur drei Prozent etwas, bei denjenigen hingegen, die nur sechs Sorten zum Probieren bekamen, griffen 30 Prozent zu. Will heißen: Je größer die Auswahl wird, umso mehr zögern wir. Übertragen auf die Zahl der möglichen Investments, die man zur Auswahl hat, und deren Zahl geht in die Tausende, ist das eine üble Sache: Unser Geld bleibt auf dem Girokonto oder dem Sparbuch, weil wir nicht entscheiden können, welche dieser vielen Möglichkeiten wir nutzen wollen. Und was bekommen wir dort für dieses Geld? Richtig, Mickerzinsen.

Noch schlimmer wird die Entscheidungsparalyse, wenn man den Faktor Zeit mit einberechnet: Je länger nun dieses Geld unverzinst oder kaum verzinst auf dem entsprechenden Konto schlummert, umso größer wird die Wahrscheinlichkeit, dass es dort liegen bleibt – dann kommt es auf die paar Tage mehr oder weniger auch nicht mehr an. Und je weniger Druck man hat, zu entscheiden, umso länger wird nichts passieren. Wenn nichts passieren muss, wird nichts passieren – das weiß jeder, der schon einmal eine Nachtschicht für eine Prüfung gelernt hat. Und es bereut hat.

Was lernen wir daraus?

Befragt man Menschen danach, was sie in ihrem Leben bereuen, so ist es eher das, was sie nicht getan haben – vor allem der Satz »Ich wünschte, ich hätte meine Ausbildung ernster genommen« steht auf der Hitliste ganz oben. In solchen Umfragen war das Bedauern der Dinge, die man unterlassen hat, zumeist größer als das Bedauern über Dinge, die man getan hat (hier stand übrigens in einer Befragung unter den Handlungen, die man bereut, die Aussage »Ich hätte nicht so früh heiraten sollen« an erster Stelle). Im späten Alter bereut man also eher die Sünden, die man nicht begangen hat, könnte man meinen.

Interessanterweise zeigt sich bei Untersuchungen, dass Menschen dazu neigen, auf kurze Frist eher das zu bereuen, was sie getan haben, auf lange Frist aber eher das zu bereuen, was sie nicht getan haben. Das deckt sich mit unserer intuitiven Einschätzung – auch mit Ihrer? Urteilen Sie selbst:

> Dave und Jim besuchen dieselbe Universität, sind aber nur leidlich zufrieden mit ihrer Wahl. Beide überlegen zu wechseln, kommen aber zu unterschiedlichen Entscheidungen: Dave wechselt, Jim bleibt. Beide erleiden mit ihrer Entscheidung Schiffbruch: Jim ist immer noch unzufrieden mit seiner Universität, Dave aber auch mit der neuen Universität, zu der er gewechselt ist.

Wer von beiden, glauben Sie, bereut seine Entscheidung auf lange Sicht mehr, wer auf kurze Frist? Wenn Sie so urteilen wie die Mehrheit der Versuchspersonen, denen man diese Frage vorlegte, dann kommen Sie zu dem Ergebnis, dass Dave auf kurze Frist unglücklicher ist, Jim aber seine Entscheidung auf lange Frist mehr bereut als Dave.

Das ist eine wichtige Lehre: Auf lange Frist bereuen wir eher das, was wir nicht getan haben – wer sich diese Lehre vergegenwärtigt, springt leichter über seinen Schatten und entkommt der Entscheidungsparalyse. Ein Grund für diese Beobachtung ist leicht nachvollziehbar: Verpasste Gelegenheiten lassen sich nicht nachholen. Wer mit 20, 30 Jahren nicht für das Alter vorsorgt, entgeht zwar der kurzfristigen Reue, wenn einige seiner Investments fehlschlagen, aber auf lange Frist wird seine Reue im Alter größer sein – dann lässt sich an diesem Versäumnis nichts mehr ändern.

Wer also gegen seine Entscheidungsparalyse ankämpfen will, muss sich die langfristigen Folgen seines Nichtstuns vorstellen – wie werde ich mich in zehn, 20 Jahren damit fühlen, dass ich nichts gewagt habe? Dabei hilft die Vorstellung, dass es besser ist, etwas zu wagen, als ein Leben lang mit der Unsicherheit zu reisen, was gewesen wäre, wenn wir gewagt hätten. Wer schon mit dem ein oder anderen Investment hereingefallen ist und deswegen zurückhaltend ist, kann zum sogenannten »counterfactual thinking« greifen – auf gut Deutsch bedeutet das, dass man sich einfach vorstellt, wie viel schlimmer es hätte kommen können. Das hilft dabei, negative Ereignisse besser zu verarbeiten. Allerdings kann das den unerwünschten Nebeneffekt haben, dass man nichts aus seinen Fehlern lernt – ein Phänomen, mit dem wir uns im nächsten Kapitel beschäftigen werden.

Ein weiterer Gedanke, der dabei hilft, eine Entscheidungsparalyse zu überwinden, ist die Idee der Opportunitätskosten. Dazu eine einfache Rechenaufgabe: Stellen Sie sich vor, Sie haben Ihr Geld auf dem unverzinsten Girokonto liegen und zögern, dieses zu investieren. Vielleicht hilft folgende Rechnung: Bei 10 000 Euro, die ein Jahr auf diesem Konto faul, weil zinslos, liegen, macht das bei einem Zinsniveau von sagen wir drei Prozent 300 Euro, die Ihnen entgehen. Und je höher die entgangene Rendite und je länger der Zeitraum, den Sie zögern, umso höher werden diese Opportunitätskosten – die Kosten der besten Alternative, die Sie verpassen, weil Sie zögern. Beispielhaft die Stadtväter meiner Heimatstadt, die eine Immobilie für drei Millionen kauften, um sie dann jahrelang leer stehen zu lassen. Diskutierte man mit Bürgern darüber, so kam oft der Satz, dass das Ding ja »kein Brot wegfresse«. Doch, tut es. Drei Millionen zu drei Prozent auf drei Jahre sind fast 280 000 Euro, welche die Stadtväter aus dem Fenster geworfen haben. Geld, das man dem Steuerzahler abknöpft.

Wer also lange Jahre zögert, beispielsweise in Aktien zu investieren oder seine Immobilie zu verkaufen, verliert mit jedem Jahr des Zögerns viel Geld. Selbst wenn Sie dieses Geld auf das Tagesgeldkonto stecken, entgeht Ihnen die Renditedifferenz zu den alternativen Anlageformen, in die Sie Ihr Geld hätten stecken können.

Das Problem mit den Opportunitätskosten ist, das wir sie mental anders behandeln als tatsächliche Kosten – die Angelsachsen sprechen von »out-of-pocket costs«. Wer seine Brieftasche öffnen muss und Geld auf den Tisch legt, spürt den Schmerz der Zahlung, er erfährt unmittelbar den Verlust seines Geldes. Wer hingegen auf Opportunitätskosten verzichtet, merkt – nichts. Und dieses Nichts trägt dazu bei, das wir nicht handeln und auf viel Geld verzichten. Verpasste Gewinne sind nicht so schmerzhaft wie erlittene Verluste. Man muss sich also die Opportunitätskosten bewusst machen, sie als echte Kosten, als echten Verzicht sehen. Sie können natürlich auch Folgendes probieren: Wenn Ihr Geld gerade auf dem Girokonto, in Beton oder in einem anderen wenig rentablen Anlageurlaub steckt, so stellen Sie ein Sparschwein auf, in das Sie jeden Monat einen Betrag hineinwerfen, der den Opportunitätskosten entspricht. Sie berechnen also die Differenz zwischen dem, was Ihr Geld gerade bringt, zu dem, was es in anderen Anlageformen erwirtschaften könnte, multiplizieren den Betrag, um den es geht, mit dieser Differenz und stecken das Ergebnis in das Sparschwein. Mal schaun, was da nach ein paar Monaten zusammenkommt.

Die Idee der Opportunitätskosten hilft vielleicht, einen weiteren Feind zu bekämpfen, der unsere Entschlusskraft bedroht: der große Wurf. Wer Entscheidungen verschiebt, weil er gerade keine Zeit hat, weil er sich das in Ruhe überlegen will, um dann alles richtig zu machen, gehört zu der Spezies Investoren, die ebenfalls von der Entscheidungsparalyse bedroht sind. Man wartet nur, bis man etwas mehr Zeit hat, um die große Lösung anzusteuern – derweil verschimmelt das Geld auf dem Sparbuch oder unter dem Kissen. Die Sehnsucht nach dem großen Wurf kennt jeder, der sich vorgenommen hat, den Keller oder den Dachboden aufzuräumen, es aber nie schafft. Statt ab und an ein wenig aufzuräumen, wartet man auf den Tag des Großreinemachens und müllt bis dahin den Keller oder Dachboden zu. Also: Statt auf den großen Wurf zu warten, lieber kurz entschlossen kleine Lösungen ansteuern – im Lichte der Opportunitätskosten ist alles besser als Nichtstun.

Eine weitere mentale Technik, die gegen Entscheidungsparalyse helfen kann, ist das Denken in grünen Wiesen. Sie haben eine Aktie und zögern, diese zu verkaufen? Dann sollten Sie sich die Frage stellen, ob Sie diese Aktie auch jetzt kaufen würden, wenn Sie diese nicht besitzen. Wenn die Antwort »Nein« ist – warum sollten Sie dann zögern, sie zu verkaufen? Wer sich gedanklich auf eine grüne Wiese setzt, tritt zumindest den Versuch an, dem Eigentumseffekt zu entgehen – wenn ich etwas nicht kaufen würde, wenn ich es nicht besitze, warum sollte ich es dann behalten?

Eine weitere gedankliche Hilfe kann darin bestehen, eine Entscheidung von beiden Seiten zu sehen. Also: In einem ersten Schritt fragt man, welches von beiden Investments man tätigen sollte, im zweiten Schritt fragt man, welches Investment man nicht tätigen sollte. Das hilft dabei, eine Entscheidung von unterschiedlichen Perspektiven zu beleuchten.

Das alles sind aber nur gedankliche Techniken, die keine Garantie dafür geben, dass man der Entscheidungsfalle entkommt. Gibt es noch eine andere Hilfe? Wie wäre es damit: Gewöhnen Sie sich an, jede Woche eine Sache in Ihrem Leben anders zu machen, etwas Neues zu probieren. Also: Einmal ein neues Café ausprobieren, ein neues Gericht, ein anderes Geschäft, etwas ganz anderes in der Freizeit probieren – jede Woche einmal den Geschmack von etwas Neuem wagen. Wiederholen Sie das gegebenenfalls ein paarmal, vielleicht werden Sie feststellen, dass Sie einige Dinge in Ihrem Leben ändern werden. Der Umgang mit Veränderung wird einfacher, wenn man sich an diese herantastet.

Allerdings sei hier ein Wort der Warnung angebracht: Dieses Kapitel sollte vor einer Entscheidungsstarre warnen, die durch die hier beschriebenen Mechanismen ausgelöst werden kann. Das bedeutet aber nicht, dass jede Veränderung automatisch gut ist – oft halten Menschen am Bestehenden fest, weil es sich bewährt hat, weil eine

Veränderung zu teuer oder zu riskant sein könnte. Es geht also nicht darum, um jeden Preis etwas zu verändern, sondern darum, zu erkennen, wo es uns schadet, wenn wir untätig bleiben. Ein schmaler Grat, den man da begehen muss.

Das klingt alles ganz nett, allerdings können alle diese Übungen nicht sicherstellen, dass wir dem Terror des Status quo entkommen. Aber es gibt noch eine mächtige Waffe, die im Kampf gegen den Beharrungsirrtum helfen könnte – und das ist der Beharrungsirrtum selbst. Dazu muss man nur ein einziges Mal all seinen Mut und seine Entschlusskraft zusammennehmen und seine Investments auf Autopilot stellen. Das bedeutet erstens, einen Sparplan abzuschließen, der dafür sorgt, dass automatisch jeden Monat Geld auf das Sparkonto fließt. Abfeuern und vergessen – in 20, 30 Jahren ergibt das eine angenehme Überraschung. Eine weitere Maßnahme kennen Sie bereits, das sind die Stop-Loss-Orders: Wer einen Verkaufsautomatismus einschaltet, der dafür sorgt, dass das Investment beim Erreichen einer vorher festgelegten Schwelle automatisch verkauft wird, vermeidet, dass er wie ein Kaninchen auf die Schlange respektive auf sein Investment starrt und seinem Geld beim Verdampfen zuschaut. Der Autopilot ist eine großartige Waffe gegen Entscheidungsschwäche, und ist er einmal eingeschaltet, dann schalten wir ihn auch nicht so rasch ab – wegen unserer Entscheidungsschwäche.

So viel zum Beharrungsirrtum, lassen Sie uns nun anschauen, dass auch das Gegenteil zu einer Entscheidungsapathie ungesund sein kann – wenn Menschen zu viel tun. Das liegt oft an unserem Ego. Schauen wir uns doch an, wie ein ganzer Landstrich eine formidable Pleite hinlegte, weil ein Mann sich für das Maß aller Dinge hielt.

8 WIR ÜBERFLIEGER

»Eine leere Flasche auf einer Welle«

Robert Citron ist das Zeug für eine steile Karriere nicht in die Wiege gelegt, als er sich 1960 um einen Job beim Schatzamt des kalifornischen Landkreises Orange County bewirbt: Das College verlässt er ohne Abschluss, seine Erfahrungen mit Finanzen beschränken sich auf einen Posten bei einer Firma, die bankrottgeht. Dass man ihm trotzdem einen Job anbietet, muss ihm wie ein Geschenk des Himmels vorkommen. Citron ergreift die Chance, arbeitet hart und schafft es an die Spitze – er wird der Chef des Schatzamtes, des sogenannten Treasury, des Landkreises Orange County. In dieser Position ist er dafür verantwortlich, die Gelder des Landkreises Orange County zu investieren und zu mehren.

In den nächsten Jahren wird Citron bemerkenswerte Erfolge einfahren – er füllt die Koffer des Landkreises jedes Jahr zuverlässig mit Geld, Orange County blüht. Citrons Ruf ist über alle Zweifel erhaben, sodass man die Anlagerichtlinien, denen das Schatzamt unterworfen ist, auf sein Drängen hin lockert. Citron kann nun auch in Derivate investieren: Für jeden Dollar, den er in der Kasse hat, leiht er sich zwei zusätzliche Dollar – aus knapp sieben Milliarden Dollar macht er so rund 20 Milliarden.

Derivate sind wie ein Messer: Je nachdem, wie man sie anwendet, können sie viel Gutes tun, Risiken senken, oder aber auch Risiken erhöhen, und viel Böses nach sich ziehen. Das Spezielle an Derivaten ist die sogenannte Hebelwirkung – man kann mit dem Einsatz von einem Dollar so investieren, als wären es drei Dollar. Geht die Rechnung auf, gewinnt man eben nicht sagen wir zehn Prozent auf einen Dollar, sondern zehn Prozent auf drei Dollar, obwohl man nur einen Dollar investiert hat. Die Gefahr besteht allerdings darin, dass dieser Hebel auch umgekehrt, also bei Verlusten funktioniert – man verliert nicht zehn Prozent auf einen Dollar, sondern auf drei Dollar.

Mit diesen Derivaten spekuliert Citron auf fallende Zinsen – je mehr die Zinsen fallen, umso höher werden seine Gewinne. Anfangs funktioniert das, aber dann dreht sich der Wind des Schicksals gegen Robert Citron – die amerikanische Notenbank Fed beginnt 1994 damit, die Zinsen zu erhöhen. Die Hebelwirkung der Derivate verstärkt und beschleunigt den Weg in den Untergang, zum bitteren Ende muss Orange County aufgrund eines Fehlbetrages von 1,7 Milliarden Dollar Konkurs beantragen. Robert Citron wird wegen Veruntreuung öffentlicher Gelder angeklagt und später zu einem Jahr Gefängnis verurteilt. Zur Kasse werden auch diverse US-Investmentbanken gebeten, die Citron bei seinem Finanzabenteuer beraten haben, Orange County hat sie wegen schlechter Anlageberatung auf Schadenersatz verklagt.

Zeugen sagen im Prozess gegen Citron aus, dass er Schwierigkeiten habe, die Idee des Risikos zu begreifen, ja bisweilen habe es den Anschein, er habe selbst Schwierigkeiten, die grundsätzliche Idee des »billig kaufen, teuer verkaufen« zu verstehen. Ein Psychologe, der im Prozess als Gutachter aussagt, erklärt, er sei überrascht, wie stark Citrons Erinnerungsvermögen und seine Fähigkeit, neue Informationen aufzunehmen, beeinträchtigt seien. Citron sei wie eine leere Flasche, die von einer Welle umhergetrieben werde.

Aktien, Zinsderivate, Rohstoffe, hypothekenbesicherte Anleihen, Währungen, Weizen-Futures, Kupfer-Futures – nichts, womit Spekulanten und ehrbare Kaufleute nicht schon viel Geld versenkt hätten. Weitere Beispiele gefällig? Runde 2,7 Milliarden Dollar kosten das japanische Handelshaus Sumito Corp. die Eskapaden dessen Starhändlers Yasuo Hamanaka im Jahr 1996. Hamanaka hat sich jahrelang erfolgreich auf dem Kupfermarkt ausgetobt, anfänglich sehr erfolgreich. Erst als der Kupferpreis die Gesetze der Schwerkraft testet, offenbart sich das Ausmaß der Katastrophe: Hamanaka hat interne Kontrollen umgangen und nicht genehmigte Geschäfte getätigt. Mit falschen Bewertungen und Bilanzfälschungen hat er Verluste vertuscht und stattdessen Gewinne ausgewiesen.

Der Klassiker unter den abgestürzten Spielern ist der Brite Nick Leeson, den wir bereits kennengelernt haben, und der die ruhmreiche Barings Bank, eine britische Traditionsbank, mithilfe von gewagten Spekulationen und manipulierten Büchern im Alleingang versenkte. Ein Anwärter auf Leesons Nachfolge ist sicher auch der Devisenhändler John Rusnak, der dem amerikanischen Tochterunternehmen der Allied Irish Banks rund 750 Millionen Dollar Verluste bescherte, sieben Jahre nach dem Untergang von Barings. »Aus meinem Fall ist scheinbar nichts gelernt worden«, kommentierte Leeson Rusnaks Fall. Offenbar nichts: Jerome Kerviel verspielte 2008 fast fünf Milliarden Euro der Société Générale; allein für die Rückzahlung des Schadens würde er bei seinem jetzigen Gehalt 177 000 Jahre brauchen, rechnete eine Zeitung genüsslich vor. Und 2011 war es ein junger Händler namens Kweku Adoboli, der seinen Arbeitgeber, die Großbank UBS, rund zwei Milliarden Dollar kostete.

In der Tat – so zahlreich die Geschichten aus der Welt des Finanzweltuntergangs sind, wir scheinen wenig daraus gelernt zu haben. Das Muster ist zumeist ähnlich: Ein Mann (in der Regel sind es wirklich nur Männer), der sich zum Star emporarbeitet, Erfolg hat, der ihm recht gibt, der immer größere Räder dreht, immer größere Wagnisse eingeht, sich für unverwundbar hält, während seine Vorgesetzten und die Aufsicht an der Seitenlinie stehen und die Augen verschließen, weil sie Angst haben, die schönen Gewinne zu hinterfragen – der wird schon wissen, was er tut, das wird schon gut gehen.

Darüber ist dieses Kapitel – über Menschen, die sich überschätzen und die nichts aus ihren Fehlern lernen, und über die Folgen dieses Größenwahns. Ein Kapitel über Menschen, die glauben, dass sie sogar den Zufall besiegen können. Jedenfalls beim Kartenspiel.

»Seien Sie ruhig, ich muss mich konzentrieren«

Ganz ehrlich: Glauben Sie, dass Sie über hellseherische Fähigkeiten verfügen? Dass Sie vorhersagen können, welche Karte aus einem Stapel von Spielkarten gezogen wird? Nein? Sicher? Stellen Sie sich vor, Sie kommen in ein Labor, wo man Sie bittet, an einem Spiel teilzunehmen. Die Regeln sind denkbar einfach: Sie spielen gegen einen anderen Spieler, es gewinnt derjenige, der von einem Stapel Karten die höhere Karte zieht. Dabei müssen Sie vor jeder Ziehung der Karten einen Wetteinsatz festlegen. Sehen Sie irgendeine Chance, wie Sie sich in diesem Spiel mit Geschick oder hellseherischen Fähigkeiten Vorteile verschaffen können? Sicherlich nicht, die gibt es auch nicht. Sie können nicht vorhersagen, welche Karte Sie oder Ihr Gegenüber ziehen wird, und Sie können auch nicht bluffen oder Ihr Gegenüber verunsichern. Jeder zieht eine Karte – fertig.

Und doch scheint es, als glauben Menschen daran, dass Ihre Cleverness, ihre geistigen Fähigkeiten dabei helfen, dieses Spiel zu gewinnen. Das jedenfalls zeigte die Psychologin Ellen Langer in einem Experiment: Sie bat Versuchspersonen, genau dieses Kartenspiel zu spielen, nur mit dem kleinen Detail, dass der Gegenspieler kein echter Gegenspieler war, sondern ein Schauspieler, der von der Psychologin engagiert worden war. Er trat in zwei verschiedenen Rollen auf, einmal als cleverer, charmanter, gewitzter Zeitgenosse, und einmal als kompletter Trottel. Und dann beobachtete Frau Langer die Wetteinsätze ihrer Versuchspersonen.

Das Ergebnis erwartet man fast intuitiv: Spielten die Versuchspersonen gegen den cleveren, weltmännisch auftretenden Gegenspieler, hielten sie sich mit ihren Wetteinsätzen zurück. Wenn sie aber gegen den (vermeintlichen) Trottel spielten, erhöhten sich ihre Wetteinsätze deutlich – obwohl es für das Spiel völlig unerheblich ist, ob man gegen einen Einstein, einen Trottel oder einen Schimpansen spielt. Die Tatsache, dass man jemanden vor sich hat, dem man überlegen zu sein glaubt, verändert unsere Risikofreude. Das erklärt, warum Trickbetrüger gerne ihren Opfern schmeicheln und ihnen damit das Gefühl geben, dass sie clever sind. Und je überlegener man sich fühlt, umso leichtsinniger wird man.

»Kontrollillusion« nennen Wissenschaftler dieses Phänomen: Wir glauben zu gerne und zu leicht, dass wir im Fahrersitz sitzen, dass wir die Kontrolle über das Geschehen haben, auch wenn das gar nicht der Fall ist. Ein bemerkenswertes Experiment verdeutlicht unsere Illusion davon, im Fahrersitz zu sitzen.

Dazu lädt man Versuchspersonen zu einem Spiel ein, es geht darum, Münzen zu werfen. Man bittet sie um eine Voraussage: Wird Kopf oder Zahl fallen? Der Versuchsleiter wirft eine Münze, hält sie in der Hand bedeckt und fragt den Probanden, ob Zahl oder Kopf gefallen ist. Die Versuchsperson gibt ihre Prognose ab, und der Versuchsleiter nickt oder schüttelt den Kopf – je nachdem, ob die

Prognose richtig war oder nicht. Den Versuchspersonen fällt dabei nicht auf, dass der Versuchsleiter ihnen gar nicht die Münze zeigt, sondern nur nickt oder den Kopf schüttelt. Das hat seinen Grund. Der Versuchsleiter will den Personen das Gefühl vermitteln, dass sie mit ihren Prognosen sehr gut liegen – also nickt er, wenn die Versuchsperson »Zahl« gesagt hat, auch wenn Kopf gefallen ist. Dadurch entsteht bei der Versuchsperson der Eindruck, dass ihre Prognosen recht gut sind.

Das Ergebnis dieses kleinen, zugegebenermaßen gemeinen Experiments: Auf einer Skala von null (ich kann den Münzwurf gar nicht voraussagen) bis zehn (ich kann den Münzwurf sehr gut voraussagen) geben sich die Versuchspersonen im Schnitt eine 5,4. Sie glauben also, dass Sie im Schnitt ganz gut darin sind, einen Münzwurf vorauszusagen. Und mehr noch: Rund 40 Prozent der Probanden glaubten, dass sie mit etwas Übung ihre Prognosekraft verbessern können. Und rund 25 Prozent der Versuchspersonen glaubten, dass ihre Prognosefähigkeiten leiden, wenn man sie während des Münzwurfes ablenkt – Konzentration also ihre Prognosefähigkeiten verbessert. Seien Sie ruhig, ich muss mich konzentrieren.

Um das auf den Punkt zu bringen: Mittels dieses einfachen Versuchsaufbaus kann man Menschen glauben machen, dass sie Münzwürfe voraussagen können. Wer realistisch ist und ein wenig über Wahrscheinlichkeitsrechnung weiß, sollte seine Fähigkeiten, einen Münzwurf vorauszusagen, bei null ansetzen. Man kann es nicht, man kann nur raten.

Ersetzen wir nun die Münze durch Aktienkurse, so ist klar, was das für unser Verhalten an der Börse bedeutet: Wir glauben, dass wir Aktienkurse prognostizieren können – selbst wenn unsere Investmenterfolge vielleicht nur zufälliger Natur sind. Wir haben ja schon ein wenig zum Zufallscharakter der Börse gesagt – nehmen wir einmal für einen Moment an, dass das Wüten der Kurse ganz und gar dem Zufall ausgesetzt sei. Selbst in diesem Fall werden wir ab und an mit unseren Prognosen richtigliegen – genau so, wie man auch bei einem Münzwurf bisweilen richtigliegen wird, wenn man rät (oder aber man rät immer »Kopf« oder immer »Zahl«, dann liegt man in der Hälfte der Fälle richtig). Also werden wir schon rein zufallsbedingt bisweilen die richtigen Kurse vorhersagen – und satte Gewinne einstreichen.

Diese zufallsbedingten Gewinne aber wirken wie der kleine Betrug des Versuchsleiters in dem Experiment: Wir bekommen das Gefühl, dass wir ausgeprägte Fähigkeiten in der Prognose von Aktienkursen haben. Und schon glauben wir, dass wir Münzwürfe, Roulette-Zahlen und Börsenkurse vorhersagen können. Und investieren voller Überoptimismus zu viel und zu riskant.

Gut, werden Sie nun sagen, was aber ist mit den Misserfolgen? Man wird bisweilen auch nebendran liegen, bremst das nicht unseren Überoptimismus? Vielleicht nicht, und der Grund liegt wieder in uns selbst. Bei dem Experiment mit den Münzwürfen suggerierte man einer zweiten Gruppe von Versuchspersonen mithilfe des gleichen Versuchsaufbaus, dass sie sehr schlechte Prognosefähigkeiten hätten – der Versuchsleiter schüttelte also häufig den Kopf, auch wenn der Proband richtig prognostiziert hatte. Und dann befragte man auch diese Personen. Das Resultat: Die Probanden lasteten ihre Misserfolge dem Zufall an. Will heißen: Geht es schief, war das Zufall, dafür kann ich nichts, geht es gut, so war das mein Verdienst.

Diese mentale Strategie – man spricht auch vom »self-serving bias« – immunisiert uns gegen Zweifel jeglicher Art: Der Erfolg geht auf mein überlegenes Können zurück, der Misserfolg war Pech, Zufall, äußere Umstände. Bei einer solchen Konstellation ist klar, dass wir dazu verdammt sind, unsere Fehler immer wieder neu zu machen – weil wir aus Misserfolgen nichts lernen. Wir lernen deswegen nichts aus ihnen, weil wir sie nicht unseren Fähigkeiten anlasten, sondern dem Zufall. Da konnten wir ja nichts dafür – das nächste Mal wird das schon klappen, gell?

Weitere Beispiele gefällig? Wie wäre es mit Würfelspielern? Die setzen höhere Summen, wenn der Würfel noch nicht geworfen ist; liegt der Würfel hingegen, aber das Ergebnis ist noch nicht offengelegt, so sinken die Wetteinsätze. Das legt den Verdacht nahe, dass die Versuchspersonen glauben, sie hätten Einfluss auf den Würfel – das ist natürlich nur möglich, solange er noch nicht geworfen ist, liegt er, lässt sich das Ergebnis des Wurfes ja nicht mehr durch – ja durch was eigentlich? – beeinflussen. Wer einmal in das konzentrierte Gesicht eines Spielers gesehen hat, wenn er die Würfel wirft, versteht diesen Effekt.

Oder wie wäre es mit Losen? Man verteilt Lose an Versuchspersonen, wobei man einer Gruppe die Lose kommentarlos aushändigt, die Personen der zweiten Gruppe hingegen dürfen ihre Lose selbst aussuchen. Will man anschließend die Lose den Versuchspersonen abkaufen, so verlangen die Personen, die ihre Lose selbst ausgesucht haben, eine deutlich höhere Kompensation für »ihr« Los. Offenbar glauben sie, dass ihre Auswahl des Loses einen Einfluss auf den Ausgang der Lotterie hat – unnötig zu erklären, dass das Unfug ist.

Das ist Kontrollillusion: Wir glauben, dass wir im Fahrersitz sitzen, auch wenn das nicht der Fall ist, und diese Illusion bestärkt uns darin, aktiv zu werden, zu handeln, zu investieren und zu verlieren. Was die Sache noch schlimmer macht, ist der Umstand, dass im Gegensatz zu den hier beschriebenen Experimenten im echten Leben nie so direkt klar ist, dass es sich nur um ein Zufallsexperiment handelt. Natürlich versteht man, dass man einen Münzwurf nicht mit psychischen Kräften manipulieren kann, aber wie ist es an der Börse? Haben wir nicht wenigstens ein wenig Einfluss auf unseren Investmenterfolg? Sicherlich, und das macht es so gefährlich: Wir glauben alles im

Griff zu haben, Zufall gibt es nicht, nur harte Arbeit, Cleverness und Sachkenntnis, und wer das hat und richtig einsetzt, kann gar nicht verlieren. Oder wie ein Bekannter mir erklärte, dessen Hobby es ist, mit dem Motorrad mit 220 Stundenkilometern über die Autobahn zu rauschen: »Ich habe das jederzeit unter Kontrolle.« Genau. Die Friedhöfe sind voll von Leuten, die alles unter Kontrolle hatten.

Und wenn wir von anderen Investoren hören, die all ihr Geld versenkt haben, wenn wir von Nick Leeson, Robert Citron und ihren Genossen in Geist und Tat hören – haben wir jemals daran gedacht, dass so etwas uns passieren könnte? Dämpft das unsere Kontrollillusion? Eher nicht. Ein Grund dafür ist das oben beschriebene Kartenspiel gegen den vermeintlichen Deppen – sobald uns ein Idiot gegenübersitzt, fühlen wir uns überlegen und erhöhen den Einsatz – zu Recht? Vielleicht sind die vermeintlichen Idioten, die Verlierer, die wir rings um uns herum beobachten, nur diejenigen, die weniger Glück hatten beim Börsenprognose-Roulette.

Aus dieser Perspektive betrachtet habe ich immer ein etwas merkwürdiges Gefühl, wenn Mitmenschen von ihren Börsenerfolgen erzählen. Da haben sie einen ganz normalen Acht-Stunden-Tag in einem Job, der nichts mit Kapitalmärkten zu tun hat, vielleicht noch eine Familie, ein zeitraubendes Hobby, keine explizite Ausbildung für dieses Geschäft und keinen exklusiven Zugang zu Daten, Börsen, Märkten und Experten wie die Profis im Geldanlagegeschäft – und rühmen sich, cleverer und erfolgreicher zu sein als Profis, die den ganzen Tag nichts anderes machen, als sich mit Kapitalmärkten zu beschäftigen. Ist Ihnen das noch nie merkwürdig vorgekommen? Vielleicht schlägt hier die Kontrollillusion zu, ebenso wie der self-serving bias. Wir haben das schon im Griff, wir können das. Zu allem Übel sind wir auch übermäßig optimistisch, was unsere Fähigkeiten angeht: Wir glauben, dass wir besser als der Durchschnitt sind. Und dass uns so etwas nicht passieren kann. Das kann man erkennen, wenn man das Wesen des Durchschnitts versteht. Sind Sie verheiratet?

»Mir? Mir doch nicht!«

In den Vereinigten Staaten wird im Schnitt jede zweite Ehe geschieden – das hält die Menschen dort nicht davon ab, zu heiraten. Warum? Ganz einfach: Befragt man Heiratswillige, so bekennen sie, dass sie um die hohe Quote bei den Scheidungen wissen – doch zugleich beteuern sie, dass ihnen das nicht passieren wird. Fragt man zwei Paare hintereinander, so wird man vermutlich von beiden Paaren diese Aussage hören. Da aber jede zweite Ehe geschieden wird, muss diese Einschätzung für eines der beiden Paare falsch sein. Das diktiert uns der Durchschnitt. Ähnlich verhält es sich mit den Autofahrern: Etwa 80 Prozent aller Autofahrer halten sich für überdurchschnittlich gute Autofahrer. Das ist vorsichtig formuliert ein statistisches Problem.[1]

Das gilt auch für die Branche der Geldverwalter, die Fondsmanager: In einer Befragung der Investmentbank Dresdner Kleinwort Benson gaben 74 Prozent der Fondsmanager an, dass sie ihren Job überdurchschnittlich gut erledigen. Viele Befragte sagten: «Ich weiß, dass alle von sich behaupten, sie seien gut, doch ich bin es wirklich!« Von den restlichen 26 Prozent glaubten die meisten, sie seien Durchschnitt, es gab nur vereinzelte Fondsmanager, die von sich sagten, sie seien unterdurchschnittlich. Mit anderen Worten: Die Fondsbranche ist eine Branche, in

1 Mit Durchschnitt ist hier der sogenannte Median gemeint, das ist der Wert, der eine Datenmenge in zwei gleich große Hälften teilt. Also: Bei einer Zahlenreihe wie 1, 2, 3, 4, 5 wäre die 3 der Median.

der es nur überdurchschnittlich gute Experten gibt, der Rest ist Durchschnitt, aber kaum einer liegt drunter. Erklären Sie das mal Ihrem Mathematiklehrer.

Diese Beobachtung legt nahe, dass Menschen dazu tendieren, ihre Fähigkeiten zu überschätzen – »Überoptimismus« nennt man das in der Literatur. Man kann diesen Überoptimismus experimentell überprüfen: Man bittet Menschen, einen Katalog von Fragen zu beantworten, ohne ihnen zu sagen, ob sie richtigliegen oder nicht. Anschließend fragt man sie nach ihrer Einschätzung: »Wie viel Prozent der Fragen haben Sie richtig beantwortet?« Das Ergebnis: Die meisten Menschen vermuten, dass sie einen viel größeren Prozentsatz der Fragen richtig beantwortet haben, als es der Fall ist. Sie überschätzen ihre Fähigkeit, Fragen korrekt zu beantworten. »Absolut sicher« beispielsweise bedeutet offenbar nicht absolut sicher, statistisch gesehen meint es einen Wert zwischen 71 und 83 Prozent – so viel Prozent hatten nämlich richtig geantwortet, wenn sie sich absolut sicher waren, dass ihre Antwort richtig war.

Dieses Phänomen – Menschen überschätzen die Korrektheit ihrer Entscheidungen – findet sich in empirischen Studien bei Anwälten, Ärzten, Investmentbankern und Geschäftsleuten. Man schätzt die Korrektheit der eigenen Diagnose, der eigenen Prognose zu hoch ein. Zahlreiche Experimente mit Fachleuten, die Fragen zu ihrem ureigenen Fachgebiet beantworten sollten, zeigten, dass auch diese sich verheben – sie glauben, mehr über ihr Fachgebiet zu wissen, als dies tatsächlich der Fall ist.

Und selbst wenn wir es nicht gewusst haben, so glauben wir doch, dass wir nahe dran waren, es zu wissen. Können Sie folgende Fragen beantworten: »Wie ist der Name der einzigen Frau, die die Unabhängigkeitserklärung unterschrieben hat? Wie heißt das einzige Reptil, das fliegen kann?« Eine bemerkenswert große Anzahl von Personen, denen man diese Fragen vorlegte, gab an, dass ihnen die

Antwort auf der Zunge liege. »Ich komme gerade nicht drauf«, sagt man dann. Kann man bei diesen Fragen auch nicht, weil es auf sie keine Antwort gibt. Aber wir haben es doch fast gewusst, oder?

Und es kommt noch dicker: Wir glauben, dass der Blitz im Haus des Nachbarn einschlägt, nicht in unsrem. Eine Befragung von Studenten zeigte einen bemerkenswerten Optimismus: Sie überschätzten die Wahrscheinlichkeit, dass ihnen positive Ereignisse zustoßen, und sie unterschätzten die Wahrscheinlichkeit, dass ihnen Negatives widerfahren würde. So glaubten sie, dass sie mit einer Wahrscheinlichkeit von mehr als 40 Prozent bessere Anfangsgehälter haben werden als ihre Kommilitonen, und dass die Wahrscheinlichkeit, vor dem 40. Lebensjahr einen Herzinfarkt zu erleiden, für sie persönlich rund 38 Prozent niedriger ist als für ihre Mitstudenten. Gute Ereignisse stoßen uns in unserer Einschätzung häufiger zu als dem Durchschnitt, von schlechten Ereignissen fühlen wir uns unterdurchschnittlich bedroht. Ähnlich überoptimistische Einschätzungen finden sich in der Literatur für die Wahrscheinlichkeit von Autounfällen, Lungenkrebs bei Rauchern und das Scheidungsrisiko. Man könnte das als interessengesteuerte Wahrnehmung bezeichnen.

Damit haben wir alle Zutaten zusammen, um an die Börse zu gehen: Wir glauben, dass unsere Fähigkeiten überdurchschnittlich sind, wir glauben, dass schlechte Dinge immer nur den anderen zustoßen, wir meinen, immer alles unter Kontrolle zu haben, und wenn etwas schiefgeht, dann war es nicht unsere Schuld – das liest sich fast wie das Persönlichkeitsbild eines Psychopathen. Und wie sieht das aus, wenn man derart persönlichkeitsgestählt an die Börse geht? Oder, um korrekter zu fragen: Wie sieht es aus, wenn Mann derart persönlichkeitsgestählt an die Börse geht?

Übermut ist männlich

Manche Klischees sind so gut, sie müssen einfach stimmen. Beispielsweise das Klischee, dass Männer überheblicher sind als Frauen. Männer lesen nicht die Bedienungsanleitung und fragen nicht nach dem Weg, sie können alles und wissen alles besser. Stimmt das? Es gibt zumindest Anhaltspunkte: Studien zeigen, dass Männer vor allem bei Aufgaben, die typisch für Männer sind, sich mehr zutrauen als Frauen; und auch was Finanzdinge angeht, fühlen sie sich Frauen überlegen. Ein Beispiel dazu: Fragt man Männer und Frauen, welchen Ertrag sie von ihren Investments in den kommenden zwölf Monaten erwarten, so glauben die meisten Befragten, dass die Wertentwicklung ihres Portfolios besser sein wird als die des Gesamtmarktes. Ein deutliches Zeichen für Überoptimismus: Meine Investmententscheidungen werden mir dabei helfen, besser als der Markt abzuschneiden. Natürlich muss man das denken, sonst sollte man sein Geld gleich einem Vermögensverwalter oder einer Fondsgesellschaft anvertrauen. Oder noch besser: Man investiert sein Geld einfach in ein Produkt, das die Kapitalmarktindizes nachbildet, dann hat man zumindest die gleiche Wertentwicklung wie der Durchschnitt des Gesamtmarktes.

Wenn Sie jetzt wieder an unsere optimistischen Studenten denken oder an die Autofahrer, von denen 80 Prozent überdurchschnittlich gut fahren, müssen Ihnen Zweifel aufkommen: Kann die Mehrheit des Marktes, also die Mehrheit aller Investoren, den Markt schlagen? Naturgemäß nicht. Sehen wir einmal von statistischen Finessen ab, so müssen wir zu dem Schluss kommen, dass nur die Hälfte aller Marktteilnehmer den Markt schlagen kann – zu welcher Hälfte zählen wir dann? Die obige Befragung zeigt: Die meisten Befragten erwarten, dass sie besser sind als der Markt; im Grunde genommen muss das jeder Investor erwarten, der sein Geld nicht in Indexprodukte investiert, also Produkte, die passiv den Markt nachbilden. Das sind ein paar zu viel, jedenfalls statistisch betrachtet.

Die Befragungen über die erwartete zukünftige Wertentwicklung zeigen noch einen weiteren interessanten Punkt: Der Effekt, dass man die Rendite seines Portfolios überdurchschnittlich einschätzt, war bei Männern deutlich ausgeprägter als bei Frauen. Das hat praktische Folgen. Teure Folgen. Fragen wir doch einen Mann.

Terrance Odean heißt dieser Mann, und er ist Professor an der Haas School of Business an der University of California, Berkeley. Und Odean sorgt sich um die Vermögen der Bürger – »Handeln an der Börse gefährdet Ihren Wohlstand« hat er einen seiner Artikel im *Journal of Finance,* einer renommierten Fachpublikation, genannt. Odeans Befund: Je mehr die Anleger kaufen und verkaufen, umso mehr Geld verlieren sie. Um diesen Befund zu illustrieren, hat Odean die Daten von 66 000 Haushalten, allesamt Kunden eines Discountbrokers, genommen, und deren Handelsgewohnheiten und Gewinne über einen Zeitraum von sechs Jahren ausgewertet. Befund Nummer eins: Manche Haushalte handeln kaum mit ihren Aktien, verkaufen und kaufen wenig, sie verfolgen das, was der Fachmund als »Buy-and-hold-Strategie« bezeichnet – man kauft eine Aktie und lässt sie liegen, damit sie über die Jahre reift wie ein guter Wein. Andere Haushalte hingegen machen das, was die Händler an der Börse »hin und her« nennen – sie kaufen und verkaufen ständig ihre Aktien, kaufen neue Werte, werfen die alten aus dem Portfolio, engagieren sich aktiv an der Börse. Und, wer schneidet besser ab?

Auf den ersten Blick gibt es keinen Unterschied: Die Bruttogewinne aller Haushalte sind – unabhängig davon, wie viel Aktien sie kaufen und verkaufen – identisch. Doch sobald man die Kosten des Hin und Her, die Kommissionen, die Handelsgebühren und sonstige Kosten berücksichtigt, wird das Bild eindeutiger: Die Buy-and-hold-Haushalte, die Investoren, die Aktien kaufen und liegen lassen, kommen auf einen jährlichen Nettoertrag von 18,5 Prozent, die Haushalte, die viel handeln, ihre Werte hin und her verkaufen, schaffen nur 11,4 Prozent. Es sind die Handelskosten, die den Anlegern ihre Bilanz verhageln, und die Auswertungen von Odean zeigen sehr schön, dass die Nettoerträge der Haushalte umso mehr sinken, je mehr diese Haushalte ihr Portfolio ständig erneuern, also neue Aktien kaufen und alte verkaufen. Die Haushalte, die am aktivsten sind, also am meisten handeln, hinken im Schnitt 5,5 Prozent hinter den anderen Haushalten her. Eine alte Börsenweisheit, die an Plattheit kaum zu überbieten ist, und damit auch wissenschaftlich abgesichert wäre: Hin und her macht Taschen leer.

Und von diesem Hin und Her gibt es ordentlich: Der durchschnittliche Haushalt hat Odean zufolge in einem Jahr 75 Prozent seines Portfolios umgeschlagen, also Aktien im Wert von 75 Prozent seines Portfolios gekauft oder verkauft. Zum Vergleich: Die Umschlaghäufigkeit an der New Yorker Börse lag im Zeitraum von Odeans Studie bei 50 Prozent.

Und es kommt noch dicker: Der Studie zufolge reicht die Wertentwicklung der Aktien, welche die Anleger kaufen, nicht aus, um die Kosten zu rechtfertigen, die durch den Kauf entstehen – jedenfalls dann, wenn man ihre Werteentwicklung mit der Wertentwicklung der Aktien vergleicht, welche sie verkaufen. Oder um es einfacher zu sagen: Hätten sie ihre alten Aktien behalten, wären sie besser gefahren. Und um dem Ganzen die Krone aufzusetzen: Im Schnitt schneiden die Aktien, welche die Anleger verkaufen, besser ab als die Neuerwerbungen. Handeln schadet Ihrem Vermögen.

Eine Motivation für dieses übermäßige Handeln liegt auf der Hand: Überoptimismus. Wir glauben, dass wir den Markt schlagen können, wir denken, wir sind clever genug, um mit ein wenig Aktienschubsen viel Geld zu verdienen. Und das Ganze wird noch schlimmer, wenn wir jetzt über den kleinen Unterschied sprechen.

Odean hat sich auch die Investmenterfolge der Männer und Frauen angesehen, mit einem klaren Befund: Männer sind an der Börse schlechter, weil überheblicher. Während Frauen bei Befragungen glaubten, dass ihr Portfolio rund zwei Prozent besser abschneiden werde als der Gesamtmarkt, waren sich Männer sicher, dass sie den Markt um fast drei Prozent schlagen können. Das Klischee lebt also zumindest mit Blick auf die Börse: Männer trauen sich mehr zu als Frauen.

Das hat Konsequenzen für die Investmentstrategie: Wer der Ansicht ist, dass er die Märkte im Griff hat, und weiß, wohin die Reise mit den Kursen geht, der handelt mehr mit Aktien und Wertpapieren, weil er ja weiß, was zu tun ist, und daran glaubt, dass er den Markt schlagen kann. Das lässt sich statistisch zeigen: Dazu verwendet man wieder die Daten von Discountbrokern und untersucht das Investmentverhalten von 35 000 Haushalten, säuberlich getrennt nach Geschlecht. Das Ergebnis ist eindeutig: Männer kaufen und verkaufen ihre Investments häufiger als Frauen. Während Frauen im Jahresdurchschnitt etwa die Hälfte ihres Portfolios umschlagen, verkaufen Männer mehr als drei Viertel ihres Portfolios jährlich – Männer handeln mehr mit ihren Wertpapieren als Frauen. Renditetechnisch ist das nicht von Vorteil, wie wir schon gesehen haben. Wer mehr handelt, hat höhere Kosten und weniger Rendite, und da Männer mehr handeln, haben sie auch weniger Rendite als Frauen.

Die geringere Rendite der Männer resultiert aber auch aus einem weiteren Klischee: Männer sind risikobereiter als Frauen. Was die Börse angeht, so stimmt das: Männer greifen Studien zufolge häufiger und in größerem Umfang zum riskanten Investment als Frauen. Die Analyse einer Direktbank zeigte die gleichen Resultate: Während beispielsweise knapp ein Zehntel des Depotvolumens der Männer aus riskanteren Zertifikaten besteht, ignorieren Frauen diese Papiere völlig. Sie investieren beinahe ein Drittel ihres Geldes in Fonds und Anleihen, die als sicherer und transparenter gelten. Männer investieren nur etwa 20 Prozent in diese Anlageklassen – rund 80 Prozent ihres Depots investieren sie in Aktien, Optionsscheine und Zertifikate. Dieses unterschiedliche Verhalten spiegelt sich in der Wertentwicklung der Depots wider: So erzielten männliche Kunden 2009, als die Aktienmärkte weltweit zulegten, eine Rendite von durchschnittlich 27,4 Prozent, die Depots der Frauen hingegen legten nur 22,3 Prozent zu. Daraus zu folgern, dass Männer die besseren Investoren seien, wäre jedoch falsch: Zwar schneiden sie aufgrund ihres riskanteren Anlageverhaltens in Phasen des Aufschwungs besser ab als Frauen, wenn es aber an der Börse abwärtsgeht, fahren die Frauen mit ihrer größeren Vorsicht entsprechend besser.

Eine Studie des Centre for Financial Research an der Universität Köln bestätigt diesen Befund auch für professionelle Geldhäuser: So dokumentierten die Forscher, dass weibliche Fondsmanager in den USA bei den Aktienfonds weniger aggressive Strategien verfolgen als Männer und auch weniger zu Extremen neigen als ihre männlichen Kollegen, die einen deutlich aktiveren Anlagestil verfolgen und ihre Portfolios häufiger umschlagen. Offenbar macht der Geschlechterunterschied beim Investieren auch nicht vor Profis halt.

Eine Erklärung für dieses Verhalten könnte die Biologie sein: So zeigen Studien, dass der Testosteronspiegel Einfluss auf das Risikoverhalten von Menschen hat – Frauen mit einem höheren Testosteronspiegel sind risikofreudiger als ihre Geschlechtsgenossinnen mit entsprechend geringeren Hormonwerten. Vermutlich spielen auch unterschiedliche Anlageziele eine Rolle bei der Erklärung dieses Phänomens: So ist Umfragen zufolge finanzielle

Unabhängigkeit für Frauen bei ihren Anlageentscheidungen das wichtigere Motiv als für Männer, und Frauen planen langfristiger – das alles erfordert eine Anlagestrategie, die sich vom raschen Börsenerfolg und dem schnellen Hin und Her verabschiedet. Diese Überlegungen machen deutlich, dass die richtige Anlagestrategie nicht nur eine Frage des Geschlechts ist, sondern der individuellen Anlageziele und Lebensumstände.

Angesichts dieser Ergebnisse bleibt eine Frage offen: Warum gibt es nicht mehr Frauen an der Börse? Das bringt uns zurück in den Mai 1943.

Frauen an die Börse

Der Mai 1943 war ein außergewöhnlicher Monat an der New Yorker Börse: Zum ersten Mal in der 150-jährigen Geschichte der Börse betrat mit der 18-jährigen Helen Hanzelin eine Frau das altehrwürdige Parkett. »Der Aktienhandel wurde in der vergangenen Woche um einiges interessanter«, schrieb das *Time Magazine* – heute würde man das als recht chauvinistische Attitüde und politisch unkorrekt brandmarken. Um zu großer Aufregung an der Börse vorzubeugen, hatte Frau Hanzelins Arbeitgeber bewusst auf eine konservative Kleidung geachtet. Es war der Zweite Weltkrieg, der Frau Hanzelin an die Börse gebracht hatte – viele Männer, auch die an der Börse, waren an die Front gezogen, viele Millionen Frauen betraten zum ersten Mal das Arbeitsleben. Es folgten ihr weitere Kolleginnen an die Wall Street, doch mit dem Ende des Krieges war das rasch vorbei, jetzt zogen wieder Männer die Jobs an der Wall Street an sich. Zwar arbeiteten auch weiterhin Frauen an der Börse, aber auf das Parkett, also den eigentlichen Handelssaal, kehrten sie erst 20 Jahre später zurück.

Natürlich haben sich die Zeiten geändert, doch so sehr offenbar noch nicht, auch nicht in der Finanzbranche: In den 100 größten Banken sind 2,6 Prozent, in den 62 größten Versicherungen 2,8 Prozent aller Vorstandsmitglieder Frauen. Von insgesamt 418 Vorstandsposten bei den 100 größten Banken und Sparkassen in Deutschland sind lediglich elf mit Frauen besetzt, in den Vorständen der 62 größten Versicherungen stehen elf Frauen 392 Männern gegenüber. Und wer in Frankfurt den Weg auf das Parkett findet oder in die Büros der Fondsgesellschaften, in denen das Geld von Millionen von Kunden verwaltet wird, findet bemerkenswert wenige Frauen.

Angesichts der obigen Ergebnisse ist das verwunderlich: Wenn Frauen weniger risikofreudig sind und ihre Portfolios weniger umschlagen, dann sind sie in Krisenzeiten erfolgreicher als Männer – warum sind sie nicht mehr an der Börse und im Fondsmanagement vertreten? Ganz ehrlich: Eine einfache Antwort auf diese Frage gibt es nicht, vermutlich sind es mehrere Faktoren, die hier zusammenkommen. Wendet man aber die Ideen des Überoptimismus konsequent an, so kommt man zu einem beunruhigenden Ergebnis: Vielleicht gibt es an der Börse zu viele überhebliche Menschen.

Argument Nummer eins für diese beunruhigende Idee ist einfach: Wer sucht einen Job als Händler oder Fondsmanager an der Börse? Vermutlich verstärkt Menschen, die ein entsprechendes Vertrauen in ihre Fähigkeiten als Händler und Vermögensverwalter haben. Das wäre eine Art negative Selektion: Wer sehr von sich überzeugt ist, den zieht es an die Börse, wer vorsichtiger oder bescheidener ist, der bleibt ihr fern. Stimmt das Vorurteil von den überheblichen Männern, dann würde diese Idee erklären, warum es so wenige Frauen im Geldbusiness gibt. Argument Nummer zwei spricht dafür, dass diese Verzerrung noch schlimmer wird. Wer bleibt langfristig an der Börse? Vor allem diejenigen, die langfristig erfolgreich sind. Wer aber erfolgreich ist, tendiert unter Umständen dazu, seine Fähigkeiten zu überschätzen.

Denken Sie einfach an den self-serving bias: Geht es gut, führen wir das auf unser Können zurück, geht es schief, war es Pech, Zufall, äußere Umstände. Wer also an der Börse erfolgreich ist, führt diesen Erfolg hauptsächlich auf sein eigenes Können zurück, weniger auf Zufall und Glück. Das bedeutet aber, dass jeder Erfolg an der Börse uns sicherer macht und unser Vertrauen in unsere eigenen Fähigkeiten steigert – und uns damit anfälliger macht für Überoptimismus. Die Folge: Wir agieren riskanter, handeln häufiger und leeren auf diesem Weg unsere Taschen.

Das passt zu empirischen Befunden: Menschen, die in der Vergangenheit große Erfolge an der Börse gefeiert haben, werden mit höherer Wahrscheinlichkeit zu einem Online-Broker wechseln und auch mehr handeln. Man hat Erfolg, schreibt diesen Erfolg seinen Fähigkeiten zu, beschließt in die Vollen zu gehen und mehr zu machen – die Folgen kennen wir bereits. Wer erinnert sich noch an die Geschichten von den Lehrern und Handwerkern, die auf dem Höhepunkt der Internethausse des Jahres 2000 – so wird zumindest erzählt – ihre Jobs aufgegeben haben und ihren Lebensunterhalt als Daytrader bestreiten wollten, also als professionelle private Aktienhändler?

Die Presse hat sie porträtiert: Den Hoteliersohn, den Fabrikantensprössling, den BWL-Studenten, die Hausfrau, den Ex-Briefträger, die sich auf das große Börsenglück stürzen, und den Tag damit verbringen, an der Börse mit kurzfristigen Geschäften Geld zu machen – Daytrading nennt man das, im Beamtenfachdeutsch wäre wohl »untertägiges Handeln an der Börse« die korrekte Bezeichnung. In speziell eingerichteten Trading-Centern, wo die entsprechenden Informationssysteme, Rechner und die notwendige Börsensoftware zu finden sind, treffen sie sich und daddeln an der Börse, um damit gutes Geld zu verdienen. Tun sie das? Wie erfolgreich sind Daytrader?

Möglicherweise weniger erfolgreich, als man denkt. Bei einem Verfahren gegen einen Broker in Amerika zeigte sich, dass 67 der 68 dort geführten Daytrading-Konten per saldo in den Miesen standen. Eine Studie der North American Securities Administrators Association (NASAA) unterstützt die Hypothese, dass Daytrader nicht so erfolgreich sind, wie wir es vermuten. Die Ergebnisse der Studie: Die Daytrader sind in Wirklichkeit gar keine Tageshändler. Sie realisieren zwar ihre Gewinne sehr kurzfristig, nämlich spätestens innerhalb von drei Tagen. Die Verluste lassen sie jedoch meist bis zum bitteren Ende stehen – auch dieses Muster kommt uns bereits bekannt vor, wenn Sie noch einmal an die Verlustaversion denken. Und: Die Mehrheit der Daytrader setzt alles Geld in den Sand. Der durchschnittliche Daytrader handelt vier Monate lang; in dieser Zeit zahlt er mehr als 50 Prozent des ursprünglich eingesetzten Betrags an Spesen. Der Grund dafür sind nicht in erster Linie die Spesen pro Kauf und Verkauf, sondern die enorm hohen Umschlaghäufigkeiten – die Daytrader kaufen und verkaufen zu viel, mit dem uns bereits bekannten Resultat. Im Schnitt setzen die Daytrader im Jahr ihr ursprünglich eingesetztes Kapital 278-mal um, und rund 70 Prozent aller Daytrader verlieren innerhalb eines Jahres ihren gesamten Einsatz.

Ist Daytrading also ein schlechtes Geschäft? Nicht unbedingt: Gewinner dieser Veranstaltung sind die Betreiber von Broker-Büros, die den Kunden die Arbeitsplätze für das Daytrading verkaufen, die Gebühren für die Käufe und Verkäufe einnehmen und in teuren Lehrgängen Daytrading lehren. Und wenn der Kunde vom Misserfolg gezeichnet ist, ist er reif für den letzten Akt: Ob er nicht lieber sein Geld von einem Profi verwalten lassen wolle – gegen eine kleine Gebühr, versteht sich?

Eine leidgeprüfte Daytraderin brachte das Problem der Daytrader mit dem Überoptimismus und dem self-serving bias schön auf den Punkt: »Das Schlimmste, was geschehen kann, ist, als Novize zu viele Gewinne einzustreichen. Sobald nämlich die unvermeidlichen ersten Verluste auftreten, beschuldigt der Trader alle und jeden, nur nicht sich selbst.« Dem gibt es wenig hinzuzufügen. Zumindest diese Daytraderin hat offenbar aus ihrem Leid gelernt – sie ist umgestiegen und hat eine Daytrading-Firma gegründet. Eines ändert sich nie, wenn es irgendwo einen Goldrausch gibt: Das meiste Geld verdient man immer damit, die Schaufeln zu verkaufen.

Aber wie heißt es doch so schön? Aus Fehlern wird man klug. Wenn diese Idee stimmt, kann Überoptimismus eigentlich kein so großes Problem sein: Man riskiert ein paarmal zu viel, ist zu überheblich, wird vom Leben zurechtgestutzt und ist damit für alle Zeiten kuriert. Oder? Das obige Zitat der Daytraderin legt nahe, dass die Welt so einfach nicht ist – können wir aus unseren Fehlern lernen? Und noch schlimmer: Können wir überhaupt erkennen, dass wir einen Fehler gemacht haben? Ein etwas drastisches Beispiel illustriert, wie schwer es ist, aus der Vergangenheit zu lernen. Es geht um Krieg, um ein amerikanisches Trauma.

»Das habe ich ja kommen sehen«

Am Morgen des 7. Dezember 1941 um 6:10 Uhr starten etwa 400 Kilometer nördlich der Insel O'ahu 183 japanische Maschinen, formierten sich über den Flugzeugträgern der Kaiserlich-Japanischen Marine, von denen sie gestartet sind, und fliegen in Richtung des Hafens der Insel, in dem die amerikanische Pazifikflotte vor Anker liegt. Es wird ein Stich in das Herz der amerikanischen Nation, der vernichtende Angriff auf Pearl Harbor, und er gilt als Auslöser für den offiziellen Kriegseintritt der Vereinigten Staaten, die bis dahin formal als neutral gegolten hatten. Das Tückische an diesem Angriff ist das Überraschungsmoment – die Amerikaner werden kalt erwischt, niemand konnte damit rechnen. Oder?

Wenige Monate vor dem Angriff der Japaner fängt der amerikanische Nachrichtendienst eine Anforderung an einen japanischen Agenten in Honolulu ab, er solle Pearl Harbor in fünf Bereiche unterteilen und über die Schiffe in diesen Bereichen Bericht erstatten. Und nicht nur das: Ebenfalls wenige Monate vor dem Angriff verlieren die Amerikaner die japanische Flotte aus den Augen, da sie deren Funkverkehr nicht mehr orten können, und dann kommt die Nachricht, dass die Japaner zum zweiten Mal innerhalb eines Monats ihre Funkcodes ändern – normalerweise tun sie das nur alle sechs Monate. Das wird später als Zeichen dafür gedeutet, dass die Japaner eine größere Operation vorbereiten. Und es gibt noch mehr Hinweise: Japanische Außenposten in der Welt werden angewiesen, vertrauliches und geheimes Material sowie ihre Codes zu vernichten. Am Abend des 6. Dezember, also am Abend vor dem Angriff, wird einem hochrangigen amerikanischen Militär die Nachricht überbracht, dass in den japanischen Botschaften große Aufregung herrsche und massenhaft Dokumente verbrannt werden. Der Mann schaut sich diese Nachricht an, überlegt fünf Minuten – und geht essen. Hätte man die Katastrophe von Pearl Harbor voraussehen können, ja müssen? Waren die Hinweise nicht leuchtfeuerartig? Vielleicht nicht ganz – dazu eine einfache Situation:

> Infolge des starken Euro sind die Kurse deutscher Aktien gefallen. Der Grund: Ein starker Euro macht die Exporte der deutschen Unternehmen ins Ausland teurer und gefährdet somit ihre Absatzchancen – das drückt auf die Gewinnerwartungen und damit auf die Kurse.

Das klingt völlig plausibel, das hat man doch so kommen sehen müssen, oder? Also werden Sie, sobald Sie hören, dass der Euro steigt, Ihre Aktien verkaufen. Richtig? Wer weiß. Wie wäre es damit:

> Infolge des starken Euro sind die Kurse deutscher Aktien gestiegen. Der Grund: Ein starker Euro macht die Importe der deutschen Unternehmen aus dem Ausland billiger – vor allem das Öl, der Treibstoff der deutschen Wirtschaft, wird günstiger und verbilligt so die deutsche Produktion. Das beflügelt den inländischen Konsum ebenso wie die inländische Produktion – das verbessert die Gewinnerwartungen und beflügelt damit die Kurse.

Das klingt ebenso plausibel wie die erste Geschichte, nur dass Sie jetzt Aktien kaufen müssen, wenn Sie hören, dass der Euro erstarkt. Das hätte man doch wissen müssen, oder?

Das ist ein Effekt, den Psychologen »Rückschaufehler« nennen: Kennen wir den Ausgang eines Ereignisses, so erscheint es uns in der Rückschau unvermeidbar, ja logisch, dass es so gekommen ist, wie es gekommen ist. Ein Ihnen bekanntes Paar trennt sich? War ja logisch, die waren zu gegensätzlich. Oder sie bleiben zusammen? Ist doch auch logisch: Gegensätze ziehen sich eben an. Sie haben bei fallenden Kursen gekauft und sitzen nun auf Verlusten? Klare Sache, wie heißt es so schön: Greife nie in ein fallendes Messer. Sie haben bei fallenden Kursen gekauft und einen tollen Gewinn gemacht? War doch absehbar, man soll doch kaufen, wenn die Kanonen donnern.

Kurzum – sobald wir den Ausgang einer Geschichte kennen, erscheint uns dieser Ausgang absolut logisch, weswegen wir glauben, es bereits im Voraus gewusst zu haben.

Im Licht dieses Effektes betrachtet wirkt der Angriff auf Pearl Harbor nicht mehr so vorhersehbar: Die Anfrage, Pearl Harbor in fünf Bereiche zu teilen, war nichts Besonderes, Ähnliches hatten die Japaner auch schon bei anderen Häfen gemacht. Auch das Verschwinden des Funkverkehrs der japanischen Flotte war nicht so außergewöhnlich, das passierte, wenn die Flotte in Heimatnähe war und mit schwächeren Sendern kommunizierte, welche die amerikanische Funkaufklärung nicht abfangen konnte. Und wenn man einen japanischen Angriff erwartete, so gab es neben Pearl Harbor jede Menge anderer potenzieller Ziele. Das ist der Rückschaufehler.

Wer im Nachhinein eine Sachlage oder ein Problem beurteilen muss, hat einen großen Vorteil: Er kennt den Ausgang dieser Lage oder des Problems – ein Vorteil, den jemand, der sich ein Urteil über ein aktuelles Problem bilden muss, nicht hat. Die Folge: Wer den Ausgang eines Ereignisses kennt, überschätzt die Möglichkeit, diesen Ausgang vorauszuahnen; und das Wissen um den Ausgang des Ereignisses verzerrt unsere Urteilskraft.

Diesen Effekt kann man mit einfachen Versuchen zeigen. Wie wäre es damit: Prohibition wurde »das noble Experiment« genannt – stimmt diese Aussage? Und für wie wahrscheinlich halten Sie es, dass diese Aussage stimmt? Nehmen wir an, Sie entscheiden sich für 70 Prozent – die Chance, dass diese Aussage stimmt, schätzen Sie mit 70 Prozent ein. Eine Weile später teilt man Ihnen das Ergebnis mit: Ja, Prohibition wurde das noble Experiment genannt. Erinnern Sie sich noch, wie hoch Sie die Wahrscheinlichkeit einschätzten, dass diese Aussage korrekt ist? In Versuchen jedenfalls erinnerten sich die Versuchspersonen nun eher daran, diese Wahrscheinlichkeit mit 90 Prozent angegeben zu haben.

Dreht man den Spieß um, so ändert sich auch die Erinnerung. Also teilt man Ihnen mit, dass Prohibition nicht das noble Experiment genannt wurde. Jetzt erinnerten sich die Versuchspersonen daran, dass sie die Chance, dass diese Aussage stimmt, deutlich geringer eingeschätzt haben, auf sagen wir 60 Prozent. Das funktioniert in Versuchen recht gut: Man stellt Versuchspersonen vor eine Reihe von Aussagen und bittet sie, anzugeben, wie sicher sie sind, dass die jeweilige Aussage korrekt ist. Anschließend teilt man ihnen – mit einer leichtern Verzögerung – mit, ob die betreffende Aussage korrekt war oder nicht, und fragt sie nach ihrer ursprünglichen Einschätzung bezüglich der Frage. Das Ergebnis: Die Versuchspersonen haben eine falsche Erinnerung an ihre ursprüngliche Einschätzung, nachdem sie die korrekte Antwort erfahren haben. Und sie glaubten, dass sie an der richtigen Antwort viel näher dran waren, als sie es eigentlich waren. Klar, nun kennen sie ja auch den Ausgang des Ereignisses, weswegen es ihnen leichter fällt, sich vorzustellen, dass sie ihn vorausgeahnt haben.

Man kann diesen Effekt auch anders demonstrieren. Kennen Sie den Ausgang des Konfliktes zwischen den Briten und den Gurkhas im Jahr 1814? Nein? Das macht nichts, im Gegenteil, das hilft bei der Demonstration des Rückschaufehlers. Wir bilden aus der Reihe unserer Versuchspersonen fünf Gruppen, denen wir einen Text über diesen Konflikt geben. Allerdings mit einem kleinen Unterschied: Jede der Gruppen bekommt ein anderes Ergebnis dieses Konfliktes mitgeteilt – die Briten gewinnen, die Gurkhas gewinnen; ein militärisches Patt ohne Friedensvertrag und ein militärisches Patt mit Friedensvertrag. Der fünften Gruppe teilen wir kein Ergebnis mit, das ist unsere Kontrollgruppe.

Dann befragen wir jede Gruppe nach der Wahrscheinlichkeit, dass das Ergebnis, das sie kennengelernt haben, auch eingetroffen ist. Das Ergebnis: Die Gruppen schätzten die Wahrscheinlichkeit, dass der ihnen bekannte Ausgang hätte eintreten müssen, signifikant höher ein als die Kontrollgruppe, die keinen Ausgang des Krieges kannte. Wer also mitgeteilt bekam, dass die Gurkhas gewonnen haben, schätzte die Wahrscheinlichkeit für diesen Ausgang deutlich höher ein als jemand, der den Ausgang des Konfliktes nicht kannte. Wer wusste, dass die Briten gewonnen haben, schätzte die Wahrscheinlichkeit eines britischen Sieges deutlich höher ein als jemand, der diesen

Ausgang nicht kannte. Das Wissen um den Ausgang des Konflikts verändert das Urteil über die Möglichkeit, diesen Ausgang im Voraus zu erkennen.

Was die Sache noch verschärft, ist die Beobachtung, dass die Versuchspersonen Informationen ganz anders gewichteten, wenn sie den Ausgang des Konfliktes kannten. Die Information, dass die Briten aus Rückschlägen lernten, wurde als wichtig empfunden, wenn man dachte, dass die Briten den Krieg gewonnen hatten. Wer hingegen dachte, dass die Gurkhas gewonnen hatten, stufte diese Information als unwichtig ein. Natürlich: Kennt man den Ausgang eines Ereignisses, so ist es leicht, die wesentlichen von den unwesentlichen Fakten zu trennen und auf die entscheidenden Fakten zu achten, das verstärkt den Anschein des Unvermeidbaren – die Welt verfällt einem schleichenden Determinismus, es hatte ja so kommen müssen.

Etwas vereinfacht gesagt könnte man den Rückschaufehler mit dem Satz »Das habe ich ja kommen sehen« beschreiben – im Nachhinein glauben wir, dass wir gewusst haben, wie eine Geschichte enden wird, aber nicht, weil wir über so exzellente prognostische Fähigkeiten verfügen, sondern weil wir das Ende bereits kennen. Die Kurse sind gefallen? Das musste ja so kommen. Das Unternehmen ist pleitegegangen? Das konnte man doch im Voraus wissen.

Dieser Rückschaufehler bringt weitere unangenehme Nebenwirkungen mit sich: Wenn wir den Ausgang eines Ereignisses kennen, überschätzen wir systematisch die Fähigkeit anderer Personen, diesen Ausgang vorauszuahnen. Wer also den Ausgang des Konfliktes zwischen den Briten und den Gurkhas bereits kennt, kann sich nicht vorstellen, dass man dieses Ende nicht vorausahnen kann. Ähnliches gilt auch für Details: Wer weiß, dass die Briten gewonnen hatten, glaubt, dass auch diejenigen, die dies nicht wissen, die Relevanz solcher Informationen wie »Die

Briten lernten aus Rückschlägen« sehen müssen. Wieso achten sie nicht auf diese Information – das liegt doch direkt vor ihren Augen.

Dieser Mechanismus ist bei Gutachtern recht unangenehm: Da wird ein Gutachter befragt, ob eine Katastrophe oder ein Unglück hätte verhindert werden können. Kennt der Gutachter den Hergang und das Ende, so gewinnt er automatisch den Eindruck, dass man dieses Unglück leicht hätte vermeiden können. Wer weiß, dass ein fehlendes Maschinenteil oder Schild, ein loser Bolzen oder eine fehlende Warnung zu dem Unglück geführt hat, glaubt, dass man hätte sehen müssen, wie wichtig dieser Umstand ist – und unterstellt den Verantwortlichen Fahrlässigkeit.

Wie und warum dieser Effekt entsteht, ist umstritten, eine Theorie besagt, dass bildlich gesprochen die alte Gedächtnisspur mit den neuen Informationen überschrieben wird: Man erstellt mit dem neuen Wissen über den Ausgang eines Ereignisses einen neuen Sinnzusammenhang, verleiht dem ganzen Vorgang nachträglich Sinn; das verzerrt die Einschätzung der Wahrscheinlichkeiten. Für diese Idee spricht, dass weder Warnungen vor dem Rückschaufehler noch die Aufforderung, die neue Information zu ignorieren, Wirkung zeigen – der Rückschaufehler wird dadurch nicht beseitigt.

Eine andere Theorie vermutet, dass neue und alte Informationen in unserem Gedächtnis erhalten bleiben, aber Vergessensprozessen unterliegen. Bittet man die Versuchspersonen, Gründe für ihre erste, ursprüngliche Einschätzung zu suchen, oder aber die neuen Informationen als unglaubwürdig darzustellen, so reduziert das ihren Rückschaufehler. Die alte Information scheint also noch vorhanden, man muss ihr nur ein wenig auf die Beine helfen.

Auf der Suche nach Erlösung

Was auch immer die Ursache für den Rückschaufehler ist, seine Folgen sind unangenehm: Wir lernen nicht aus unseren Fehlern, wir werden das, was man im Beraterjargon »beratungsresistent« nennt – unter Freunden oder Normalsprachlichen würde man das starrköpfig oder dickköpfig nennen. Was passiert hier?

Es ist der Rückschaufehler, der es uns erschwert, zu lernen: Wenn Ereignisse uns im Nachhinein als unausweichlich erscheinen, weil sie in ihrer Abfolge ja so logisch, so zwingend sind, und wenn wir deswegen im Nachhinein glauben, dass wir es ja haben kommen sehen, so überschätzen wir unsere Fähigkeiten, solche Ereignisse zu prognostizieren, vorauszuahnen und uns gegen sie zu wappnen. Wir glauben also, dass wir ein sicheres Auge dafür haben, zum richtigen Zeitpunkt zu investieren, schließlich haben wir es ja vorausgesehen, dass die Kurse fallen würden, dass die Finanzmarktkrise kommen würde, genauso wie wir vorausgesehen haben, dass sich die Kurse wieder erholen werden – war doch logisch. Oder?

Eigentlich nicht, wie der Rückschaufehler zeigt, aber er suggeriert uns, dass wir es haben kommen sehen, dass es doch logisch war, dass das passieren würde, was passiert ist – und dass damit unsere Umwelt, in unserem Fall speziell die Börse, überschaubar, logisch und beherrschbar ist. Wenn ich es doch habe kommen sehen, dass die Kurse fallen (oder steigen), dann wird mir dieses Kunststück doch auch wieder gelingen, oder? Also warum zögern, warum Angst haben? Auf geht's an die Börse, ohne Risiko und Zögern, im vollen Bewusstsein unserer Prognosefähigkeiten – die zumindest im Falle des Rückschaufehlers leider eher eingebildet sind.

Wer die Zuversicht der Menschen in ihre prognostischen Fähigkeiten an der Börse erschüttern will, kann dies mithilfe einer recht einfachen Frage tun. Da kommt also der Börsenfachmann daher und sagt, dass das Debakel mit den amerikanischen Immobilienkrediten vorhersehbar war, man habe das ja schon lange kommen sehen. Meine Standardantwort, als Frage verpackt, lautet dann immer: Wie viel? Reden wir über Gurus.

Guru – das war ursprünglich ein Titel für religiöse Lehrer im Hinduismus, im Sikhismus und im tantrischen Buddhismus. Guru – das ist mittlerweile eine Art Kultstatus, den man besonders herausragenden Menschen verleiht, die einer Profession nachgehen, die zumeist Geschick und Fachkenntnis erfordert. Und an der Börse redet man von Börsengurus, also Fachleuten, die regelmäßig mit ihren Prognosen in den Medien präsent sind, und deswegen einen Bekanntheitsgrad erreichen, der sie zur Berühmtheit macht. Die Börse Düsseldorf wählte das Wort Börsenguru zum Börsenunwort des Jahres 2006 – das hat was für sich, denn in der ursprünglichen Bedeutung sind Gurus allwissende Propheten, die zur Erleuchtung führen – ein wenig unpassend für eine Börse, sollte man meinen. Wer nach Erlösung sucht, sollte nicht an der Börse danach suchen.

Aber der echte Börsenguru verspricht in der Tat Erlösung – Erlösung von der an der Börse allgegenwärtigen Unsicherheit. Er weiß, was passiert, er weiß, warum es passiert, und er weist uns den Weg zu mehr Sicherheit, Rendite und Erfolg. Befreie uns von unseren Fehlern. Und unserem Geld.

Im Jahr 2009 gab es eine Menge Börsengurus, die allesamt die Katastrophe am amerikanischen Immobilienmarkt haben kommen sehen und sich mit diesem Ruhm in der medialen Sonne aalten. Keine Frage – es gab eine Menge Ökonomen, welche die Probleme am Immobilienmarkt haben kommen sehen, doch die meisten haben die Heftigkeit dieser Krise und ihre Ausschläge deutlich unterschätzt, auch wenn sie sich jetzt nicht mehr so daran erinnern wollen. Beweis gefällig? Ganz einfach, der Beweis ist die Frage nach dem »wie viel«. Wie viel haben diese Propheten des Untergangs mit ihrem Wissen verdient? Aus der Tatsache, dass die meisten von ihnen immer noch in Medien auftreten müssen, um ihren Lebensunterhalt zu verdienen, dass sie Bücher verkaufen müssen, lässt sich schließen, dass sie eher wenig mit der Krise verdient haben.

Aber genau da muss man stutzig werden: Da hat jemand mit Sicherheit einen der größten Crashs der vergangenen Jahrzehnte vorausgesehen – und hat nicht daran verdient? Anscheinend war er sich seiner Sache doch nicht so sicher, sonst hätte er doch Haus und Hof auf fallende Kurse gesetzt und hätte es jetzt nicht mehr nötig, Bücher zu verkaufen – ein äußerst mühsames Geschäft. Diese Frage funktioniert in den meisten Debatten um Prognosen ganz gut – wer einem erzählt, dass er das alles ja habe kommen sehen, den fragt man, wie viel er denn mit seinem Wissen verdient hat. Das beendet das Gespräch zumeist – bisweilen allerdings recht ruppig.

Wer also dem Rückschaufehler ein Schnippchen schlagen will, stellt einfach die Frage nach dem »wie viel« – auch sich selbst. Ich wusste also genau, dass die Aktien des Baukonzerns steigen werden – wie viele habe ich denn davon gekauft und was habe ich daran verdient? Nichts? Warum? Warum habe ich diese Aktien damals nicht gekauft, wenn es doch so sicher war, dass die steigen werden? Aus der Tatsache, dass mein früheres Ich, also der Anleger, der ich vor sechs, acht oder zwölf Monaten war, beim Kauf gezögert hat, muss ich schließen, dass ich mir meiner Sache nicht so sicher war, wie es mir heute der Rückschaufehler suggeriert. Die Frage nach dem »wie viel« sollte man sich selbst ebenso wie allen Börsengurus immer wieder stellen, denn die meisten Menschen legen ihr Geld nur dort an, wo auch ihr Glaube ist – wer sein Geld nicht dort hat, wo sein Mund predigt, ist kein Prophet, sondern ein Geschäftemacher.

Unter dem Strich sehen wir, dass der Rückschaufehler unsere Fähigkeit, zu lernen, dramatisch einschränken kann: Indem er uns suggeriert, dass wir es ja gewusst haben, auch wenn wir es nicht gewusst haben, suggeriert er uns eine Prognosefähigkeit, eine Sachkenntnis, die wir nicht haben, er wiegt uns in falscher Sicherheit. Wie heißt es so schön: Gewinner wissen, dass sie für ihre Resultate verantwortlich sind; Verlierer glauben, sie sind es nicht. Können wir uns davor schützen? Durch Warnungen? Äh – nein.

»Sie wurden gewarnt«

In vielen Studien zeigen Warnungen vor dem Rückschaufehler keine Wirkung. Ein wenig hilft es, die Versuchspersonen zu bitten, bewusst Argumente dafür zu suchen, warum ein Ereignis anders hätte ausgehen können als im geschilderten Szenario – das lindert den Rückschaufehler ein wenig. Man müsste also den Gutachter in einem Prozess bitten, explizit nach Argumenten dafür zu suchen, warum es nicht zu dem Unfall hätte kommen dürfen, und man muss sich als Anleger explizit fragen, ob das Investmentabenteuer auch hätte anders ausgehen können. Das hilft – aber nur ein wenig.

Noch dümmer wird die Sache mit dem Rückschaufehler dadurch, dass sein Ausmaß von unserer persönlichen Betroffenheit beeinflusst wird. Dazu ein Börsenexperiment: Man macht mit mehreren Versuchspersonen ein Börsenspiel. Nach der dritten Woche wird einem Teil der Versuchspersonen gesagt, dass die von ihnen gekauften Aktien sehr stark an Wert verloren haben – Pech gehabt. Jetzt befragt man die Versuchspersonen: Wie vorhersehbar war dieser Kursverlust? Die Antwort: Die Käufer der gefallenen Aktien waren der Ansicht, dass dieser Kursverlust wenig vorhersehbar war; die anderen Versuchspersonen, die diese Aktien nicht gekauft haben, betrachteten diesen Kursverlust als vorhersehbarer.

Die Erklärung ist einfach, es ist unser Selbstwertgefühl: Für diejenigen, deren Selbstwertgefühl nicht an diesen Kursverlust gebunden war – sie hatten die betreffenden Aktien nicht gekauft –, war der Kursverlust vorhersehbar; wer mit seinen Investments danebengegriffen hat, kann sich selbst mit leichterem Herzen im Spiegel anschauen, wenn er sich klarmacht, dass das ja nicht zu verhindern und auch nicht vorherzusehen war. Erinnern Sie sich noch? Geht es gut, war ich gut, geht es schief, war es Pech, Zufall, die anderen. Da ist er wieder, der self-serving bias, die selektive Wahrnehmung zum Schutz des Selbstwertgefühls. Negative Ereignisse, die unser Selbstwertgefühl bedrohen, erscheinen uns weniger vorhersehbar.

Unter dem Strich ist das eine wenig nette Diagnose: Geht etwas gut, schreiben wir es unseren Fähigkeiten zu, geht es schief, war nichts daran zu machen – das versorgt uns mit dem warmen Gefühl, dass wir ganz schön was draufhaben. Und der Rückschaufehler unterstützt das noch, indem er uns suggeriert, dass wir ja gewusst haben, was passieren wird. Tut man das zusammen, kommt dabei ein Anleger heraus, der sehr von sich und seinen Fähigkeiten überzeugt ist – möglicherweise eher zu Unrecht. Das bringt uns wieder zu der wichtigsten Frage: Was kann man dagegen tun? Und was haben Meteorologen und Bridge-Spieler damit zu tun? Oder rothaarige Gentlemen?

Was lernen wir daraus?

Die »Liga der rothaarigen Gentlemen« ist eine recht kuriose Veranstaltung: Sie bietet dem Londoner Ladeninhaber Jabez Wilson das großzügige Salär von vier Pfund die Woche, und als Gegenleistung soll dieser nichts anderes tun, als vier Tage die Woche ein paar Stunden in das Büro der Liga zu kommen und dort die *Encyclopædia Britannica* abzuschreiben. Für die damaligen Verhältnisse – wir befinden uns im London des späten 19. Jahrhunderts – sind vier Pfund eine Riesensumme, weswegen Wilson beherzt zugreift. Bekommen hat Wilson diesen merkwürdigen Job allerdings nur, weil er rote Haare hat – das ist die Vorbedingung der Liga der rothaarigen Gentlemen. Als die Liga auf einmal sang- und klanglos verschwindet, wird Wilson misstrauisch und wendet sich an den größten Detektiv seiner Zeit. Sherlock Holmes ist entzückt von diesem abstrusen Problem und löst es recht schnell: Die Liga war nur ein Vorwand, um Wilson aus seinem Laden wegzulocken, damit sein krimineller Gehilfe in Ruhe im Keller des Ladens einen Tunnel graben kann, um die nahe gelegene Bank auszurauben. Ein skurriles Problem wird rasch auf eine einfache, triviale Lösung zurückgeführt. War doch naheliegend, oder?

Doktor John H. Watson, Holmes Freund und Gehilfe, zeichnet zahlreiche dieser Fälle auf, und immer wieder ist er verblüfft von Holmes Scharfsinn, und wenn ihm Holmes erklärt, wie er zu seinen Schlussfolgerungen kommt, erkennt er enttäuscht, dass dies ja alles kein Hexenwerk war, sondern recht logisch, so logisch, dass er sich oft fragt, warum er nicht selbst darauf gekommen ist. Alles klingt einleuchtend und einfach, wenn man es erst einmal erklärt hat, sagt Doktor Watson. Und genau das ist der Rückschaufehler – wenn man erst einmal alles erklärt bekommen hat, dann kann man sich gar nicht mehr vorstellen, dass es nicht so gewesen ist, dass es auch anders gelaufen sein könnte.

Zusammen mit dem Überoptimismus und dem self-serving bias kann der Rückschaufehler verheerenden Schaden im Portfolio anrichten: Wir glauben, dass wir den Markt schlagen können, dass wir das Händchen für die richtigen Aktien haben, dass wir erkennen, wann es Zeit ist, zu kaufen oder zu verkaufen, und wenn wir in den

Rückspiegel schauen, scheinen wir mit dieser Meinung sogar recht zu haben. Das sind alle Zutaten, die es für ein Börsendesaster braucht.

Aber Profis, die sind doch gegen solche Fallstricke besser gewappnet, oder? Zumindest glauben wir das: Man macht Prognoseexperimente mit Laien und Investmentprofis, bei denen man sie bittet, Prognosen für Aktien abzugeben. Befragt man sie dabei nach der Chance, dass sie richtigliegen, so kommen Laien und Profis beide zu dem gleichen Schluss: Die Profis werden es besser wissen. Tun sie aber nicht, de facto zeigt sich, dass zwischen den Prognoseerfolgen der Laien und der Ergebnisse der Profis kein Unterschied auszumachen ist. Dabei sind beide Gruppen überoptimistisch, ihre Zuversichtlichkeit hinsichtlich ihrer Prognosen wird durch ihre Ergebnisse nicht gerechtfertigt. Die Profis beispielsweise lagen in 40 Prozent aller Fälle richtig – hätte man eine Münze geworfen, so hätte man bessere Ergebnisse erzielt.

Doch es gibt Gruppen von Menschen, die weniger anfällig sind für Überoptimismus und den Rückschaufehler, und das sind Meteorologen und Bridge-Spieler. Was kann man von diesen Menschen lernen? Was haben diese Professionen gemeinsam? Vor allem eines: Sie bekommen eine rasche Rückmeldung. Nehmen Sie den Meteorologen: Er gibt am Montag eine Prognose für das Wetter am Dienstag ab, und kann die Richtigkeit seiner Prognose am Dienstag testen, indem er aus dem Fenster schaut. Ähnlich ist das bei Bridge-Spielern: Man muss, bevor man ein Spiel macht, ankündigen, wie viele Stiche man mindestens machen wird. Dann spielt man und kann Minuten später auszählen, ob man die Zahl der Stiche gemacht hat, die man glaubte, erreichen zu können.

Das ist eine der Waffen gegen Überoptimismus: häufige, unmittelbare und direkte Rückmeldung. Wer jeden Tag, jedes Spiel eine Vorhersage macht und anschließend sofort damit konfrontiert wird, wie gut er damit gelegen hat, wird bezüglich seiner Prognosefähigkeiten realistischer – notgedrungen. Mithilfe solcher Lerneffekte kann man zu einer realistischeren Einschätzung bezüglich der eigenen Fähigkeiten kommen.

Aber es kommt noch etwas hinzu, was den Meteorologen und Bridge-Spielern das Leben erleichtert: Sie haben ihre Prognosen gut dokumentiert. Beim Bridge legt man seine Gebote in Form von Karten auf den Tisch, und die Ergebnisse werden auf einem Begleitzettel eingetragen. Damit kann sich der Bridge-Spieler noch weniger rausreden und behaupten, dass er ja gleich wusste, dass das nicht funktionieren kann. Seine wahre Einschätzung steht auf dem Zettel oder liegt noch auf dem Tisch – hier kann man sich nicht selbst belügen. Das ist also das zweite Geheimnis im Kampf gegen den Überoptimismus: eine sorgfältige Dokumentation der eigenen Prognosen.

Wenn wir also etwas lernen wollen von den Meteorologen und Bridge-Spielern, dann, dass wir unsere eigenen Prognosen möglichst genau machen und sie regelmäßig überprüfen sollten. Zusammen mit der regelmäßigen Rückmeldung ergibt das solide Lerneffekte: Wir erfahren am eigenen Leib unwiderlegbar, dass es mit unseren Fähigkeiten als Investor, Analyst und Prognostiker nicht so weit her ist, wie wir das gerne hätten.

Was also kann man konkret tun? Wie wäre es damit: Führen Sie ein Investmenttagebuch. Schreiben Sie vor jeder Anlageentscheidung auf, warum Sie diese treffen und was Sie sich davon versprechen. Schreiben Sie die Argumente auf, die dafür und dagegen sprechen, schreiben Sie auf, wie Sie diese Argumente einschätzen und gewichten, begründen Sie Ihre Entscheidung möglichst genau und ausführlich.

Dieses Tagebuch hat zwei Effekte: Erstens zwingt es Sie dazu, systematisch über Ihre Anlageentscheidungen nachzudenken – ein angenehmer Nebeneffekt. Und wenn Sie bei der schriftlichen Dokumentation Ihrer Entscheidung feststellen, dass es Ihnen schwerfällt, diese Entscheidung einleuchtend zu begründen, sollten Sie noch einmal nachdenken. Was man nicht mit einfachen, überzeugenden Worten schriftlich darlegen kann, ist vielleicht nicht einleuchtend, sondern ein Bauchgefühl, eine fixe Idee, eine Laune.

Der wichtigere Effekt dieses Tagebuches aber kommt später: Nehmen Sie das Buch ein Jahr später wieder in die Hand, oder wenn Sie das Investment wieder auflösen, und lesen Sie noch einmal, was Sie über dieses Investment geschrieben haben. Jetzt können Sie sich nicht mehr vor Ihrer eigenen Prognose drücken, sondern da steht nun schwarz auf weiß, ob Sie richtiggelegen haben oder nicht. Das sorgt für einen soliden Lerneffekt: Sie erfahren, wie gut Sie wirklich sind. Hier hat der Rückschaufehler keine Chance mehr.

Das Problem bei dieser Strategie ist allerdings, dass sie Zeit braucht. Je konstanter die Umweltbedingungen sind, je häufiger sich eine Entscheidung wiederholt, und je häufiger wir eine Rückmeldung über unser Verhalten bekommen, umso größer ist die Chance, dass wir aus unseren Fehlern lernen. Die Übung mit dem Investmenttagebuch eignet sich hervorragend für Menschen, die regelmäßig an der Börse ihre eigenen Investmententscheidungen treffen, ihr eigenes Portfolio managen. Was ist aber mit den Anlegern, die nicht jeden Tag über das Parkett springen?

Hier wird die Sache schwieriger – wie will man lernen, wenn man nur wenig Gelegenheit hat, Fehler zu begehen, aus denen man lernen kann? Das ist schwierig, hier kann man allenfalls auf strukturierte Entscheidungshilfen zurückgreifen. Da wäre beispielsweise der Fehlerbaum. Ein Fehlerbaum ist eine hierarchische Darstellung aller möglichen Risiko- und Fehlerquellen, die bei einer Entscheidung auftreten können. Nehmen wir an, Sie wollen in eine Internetaktie investieren. Was kann schiefgehen? Zuerst einmal überlegen wir uns, welche Risikoquellen dieses

Unternehmen hat: Lahmende Konjunktur, neue Konkurrenz, neue Technologien – was kann diesem Unternehmen gefährlich werden? Unter die jeweilige Überschrift schreiben wir alle möglichen Ursachen, die uns einfallen – wie könnte neue Konkurrenz aussehen, wie eine neue Konkurrenztechnologie, was könnte bewirken, dass die Konjunktur lahmt? Auf diese Weise generieren wir automatisch Argumente, die gegen ein Investment sprechen, das macht unsere Entscheidung zumindest durchdachter.

Das Leben wird vorwärts gelebt, aber rückwärts verstanden, und wir Menschen neigen zur Überheblichkeit. Das soll nicht heißen, dass Erfahrung keinen Wert hat oder keine besseren Ergebnisse verspricht, aber wer um das Phänomen des Überoptimismus weiß, legt möglicherweise etwas mehr Sorgfalt und Vorsicht an den Tag. Man darf aber auch nicht die Vorteile des Überoptimismus verkennen: Wer überoptimistisch ist, geht mehr Risiken ein und kann damit eine höhere Rendite erwirtschaften – wenn sein Plan aufgeht, sei es auch per Zufall. Überoptimismus motiviert, ermuntert zu Taten, die wir sonst vielleicht nie gewagt hätten. Nichtsdestotrotz empfehlen sich die obigen Übungen – schwer zu sagen, ob sie unseren Überoptimismus wirklich reduzieren, ob wir dem Rückschaufehler entkommen, aber sie systematisieren zumindest unsere Entscheidungen, und das kann nie verkehrt sein.

Lassen Sie uns nun in einem nächsten Schritt darüber nachdenken, auf welcher Basis wir unsere Entscheidungen treffen – oft mithilfe von Daten. Gibt es da Fallstricke? Fragen wir einmal einen Mann, der eines Tages die Nase voll hatte und anfing, eine unbequeme Frage zu stellen.

9 LÜGEN UND GOTTVERDAMMTE LÜGEN

Glaube keinem Zitat, das du nicht selbst fälschst

Irgendwann, eines Tages, muss Werner Barke die Nase voll gehabt haben. Das wird der Tag gewesen sein, an dem er anfing, Fragen zu stellen, genauer gesagt eine Frage. Barke war Referent im Referat »Grundsatzfragen, Öffentlichkeitsarbeit, Büro der Amtsleitung« des Statistischen Landesamtes Baden-Württemberg. Das klingt nicht nach einem nervenaufreibenden Job. Aber eines muss Barke die Nerven gerüttelt haben, nämlich das immer gleiche Zitat. Vermutlich muss man sich das immer anhören, sobald man sagt, dass man einen Job hat, der mit Statistik zu tun hat: »Glaube keiner Statistik, die du nicht selbst gefälscht hast.«

Es ist ein abgedroschenes Intellektuellen-Bonmot, das jeder benutzt, der gerne amüsant sein und in Diskussionen Gegenargumente rasch vom Tisch wischen möchte: »Glaube keiner Statistik, die du nicht selbst gefälscht hast«, blökt es regelmäßig jedem entgegen, der versucht, Argumente mit Zahlen zu entkräften. Und dieses Zitat hat Gewicht, denn es stammt von einem Politiker von Format: Winston Churchill, Briten-Premier, Soldat, Kriegskorrespondent, Premierminister, Nobelpreisträger und Briten-Ikone. Das jedenfalls behaupten jene, die dieses Zitat gerne verwenden, um ihre Verachtung gegenüber Zahlen auszudrücken.

Werner Barke jedenfalls hat – seinem Job gemäß – wohl kaum Verachtung für Zahlen. Zahlen und Statistiken helfen, Sachverhalte auf den Prüfstand zu stellen, sagt er. Und Werner Barke hat einen Sachverhalt selbst auf den Prüfstand gestellt – nämlich eben jenes Churchill-Zitat. Stammt es wirklich vom Briten-Premier? Also wandte sich Barke an Quellen, die doch wissen müssten, ob dieses Zitat von Churchill stammt. Beispielsweise den Falken-Verlag, der *Das große Falken-Buch der modernen Zitate* verlegt und darin Churchill mit den gefälschten Statistiken zitiert – ob der Verlag ihm denn die Originalquelle aus Churchills Werk nennen könne? Die Antwort des Verlags war eher enttäuschend:

> »Ihre Frage bezüglich der Quelle des Churchill-Zitats zur Statistik können wir nur sehr ungenau beantworten. Der Herausgeber hat ... unzählige Zeitungen und Zeitschriften sowie andere öffentlich zugängliche Periodika ausgewertet, ohne jedoch die Quelle eines jeden Zitats exakt zu dokumentieren.«

Das Zitat, so der Verlag weiter, könne aus der *Süddeutschen Zeitung* stammen, man bedauere, dass man keine präzisere Auskunft erteilen könne. So einfach wollte Werner Barke wohl nicht aufgeben, also forschte er weiter, beispielsweise beim statistischen Amt von Großbritannien – dort, so erklärte man, habe man von dem Zitat noch nie etwas gehört. Dem schloss sich auch die altehrwürdige *Times* an – auch dort erklärte man, habe man von diesem Zitat noch nie etwas gehört.

Studiert man Churchills Werk genauer, so muss man vermuten, dass er eine Vorliebe für Zahlen, Fakten und nachprüfbare Informationen hatte – also ein Freund der Statistik war, wenngleich er auch um die Probleme gefälschter Statistiken wusste, beispielsweise der Statistiken der deutschen Heeresberichte. War das Zitat möglicherweise gar nicht von Churchill? Und von wem stammt es dann? Vielleicht von einem Herrn, der es mit der Statistik nicht immer so genau nahm, vor allem im strategischen Interesse, und der lehrt,

> »... dass man sich zur Lancierung von Lügen niemals amtlicher Apparate, Nachrichtenagenturen und so weiter bediene, sondern man muss grundsätzlich die Quelle einer Lüge sofort vernebeln«.

Der Mann, von dem dieses Zitat stammt, heißt Joseph Goebbels und war Propagandaminister im Deutschen Reich, und vermutlich ist er der Erfinder des Churchill-Zitats. Er wies die deutsche Presse an, Churchill als Lügner vorzuführen, der Zahlen fälschte – von da aus ist es nur noch ein kleiner Schritt zu der Vermutung, dass Goebbels selbst dieses Zitat in Umlauf gesetzt hat und es Churchill untergeschoben hat, um diesen zu diskreditieren. Nichtsdestotrotz dürfte es auch in Zukunft weiter gerne als Beleg dafür angeführt werden, dass Statistiken und Zahlen Lügen sind, die man sich zurechtbiegen kann, wie man es braucht. In den amerikanischen Staaten spricht man in diesem Zusammenhang von »lies, damned lies and statistics«, also von »Lügen, gottverdammten Lügen und Statistiken«. Populär gemacht hat unter anderem der Schriftsteller Mark Twain diesen Ausdruck, und ihn ebenfalls einem britischen Premier, Benjamin Disraeli, zugeschrieben. Allerdings findet sich auch dieses Zitat nicht in Disraelis Schriften – man könnte meinen, dass man dieses Muster bereits kennt.

Es scheint, als wären Zitate über das Mogeln mit Statistiken ebenfalls gemogelt, was ihrer Wirkung keinen

Abbruch tut – Statistiken werden von vielen Menschen mit Verachtung gestraft, als Fälschungen denunziert, obwohl es nichts Objektiveres gibt als Zahlen. Oder wollen Sie Ihre Entscheidungen auf der Grundlage eines unbestimmten Bauchgefühls treffen? Dieses Kapitel soll Ihnen zeigen, dass es nicht die Zahlen sind, die uns täuschen, sondern wir selbst, die wir Statistiken oft falsch lesen, falsch interpretieren und mit falschen Erklärungen adeln. Oder aber wir scheitern daran, dass wir zu leichtfertig Zahlen hinnehmen, die uns serviert werden, zu unkritisch hinterfragen. Das bringt uns zum Beispiel zur Fondsbranche.

Drei K.-o.-Kriterien

Ein Investmentfonds ist eine einfach geniale Erfindung: Anleger, die nur kleines Geld besitzen, vertrauen dieses Geld einer Fondsgesellschaft an, die versucht, dieses Geld im Dienste ihrer Kunden zu vermehren. Und je erfolgreicher die Fondsgesellschaft ist, umso reicher werden die Kunden der Fondsgesellschaft, ist es doch ihr Geld, das die Gesellschaft da vermehrt. Natürlich bleibt da auch für die Fondsgesellschaft etwas hängen, schließlich ist das ja eine entlohnenswerte Dienstleistung. Dazu muss man nur noch wissen, dass die Einnahmen der Fondsgesellschaft umso höher sind, je mehr Kunden ihr Geld anvertrauen – also wirbt man um diese Kunden. Und womit? Mit der Leistung. Natürlich. Also sind die Fachmagazine und Zeitschriften voll mit Werbung, in denen Fondsgesellschaften ihren Anlageerfolg präsentieren – und hier grummelt es dem statistikgeprüften Geist des Öfteren im Magen. Hier gibt es einige Kriterien, die man beachten sollte – so kann man auf einfachem Weg ein paar Anbieter aussortieren.

Werbetrick Nummer eins bei der Präsentation der eigenen Erfolge ist zumeist eine Grafik, ein Chart, das die

Wertentwicklung des Produktes einer Gesellschaft zeigt. Und wie zu erwarten zeigt dieses Chart, diese Kurve, stets nach oben, was einen grandiosen Anlageerfolg suggeriert. Die Profis in der Grafikabteilung stauchen ein wenig die waagrechte Achse, wodurch der Anstieg noch steiler wird, und adeln das Ganze mit einer Pfeilspitze am Ende der Kurve – das macht alles ein wenig dynamischer. Ist doch nicht gemogelt, oder?

Über die kreative grafische Aufarbeitung solcher Erfolgsbilanzen lässt sich vielleicht streiten, aber über andere Unterlassungssünden bei der Werbung mit Anlageerfolgen nicht. Die ersten Lügner in dieser Abteilung sortiert man rasch aus, das sind all diejenigen Charts, bei denen kein Vergleichsmaßstab angegeben ist. »Hurra Investments überzeugt mit einem Plus von zehn Prozent« klingt für sich betrachtet recht gut, ist aber ohne Aussagekraft, solange man nicht weiß, wie die Konkurrenz respektive der entsprechende Vergleichsmarkt abgeschnitten hat. Handelt es sich bei den Hurra-Investments um konservative Produkte wie Staatsanleihen, sind zehn Prozent eine ganze Menge, bei hochriskanten Technologiewerten hingegen sind zehn Prozent eher bescheiden. Also: Wer keinen Vergleichsmaßstab – der Fachausdruck lautet Benchmark – nennt, wird sofort aussortiert. Ein einfaches K.-o.-Kriterium.

Die zweite Runde zum Aussortieren folgt unmittelbar: Wenn Sie obiges Beispiel nochmals lesen, fällt Ihnen sofort die entscheidende Frage ein: Über welchen Zeitraum haben Hurra-Investments zehn Prozent erwirtschaftet? Hier gibt es einen einfachen Trick: Hurra rechnet die Gewinne seiner Investments vom Tiefpunkt aus, das führt zu stolzen Gewinnen. Ein Beispiel: Der Hurra-Investments-Fonds ist 1999 mit einem Preis von 100 gestartet, steigt bis auf 200 im Jahr 2000, fällt auf 20 im Jahr 2003 und steht heute bei 60. Welche der folgenden Aussagen ist nun richtig: »Hurra verdreifacht Ihr Geld« oder »Hurra verliert 40 Prozent«? Und welche der beiden Werbeaussagen wird das Management von Hurra wohl in die Zeitungsanzeige schubsen? Dummerweise sind beide Aussagen richtig, vom Tiefpunkt aus betrachtet hat sich der Wert von Hurra verdreifacht – was denen wenig hilft, die den Fonds 1999 oder gar 2000 gekauft haben. Für die Letzteren heißt es sogar: »Hurra vernichtet 70 Prozent Ihres Geldes.«

Ergo: Die Wertentwicklung eines Fonds oder eines Investments hat nur Aussagekraft, wenn man diese über einen langen Zeitraum verfolgen kann – wenn die Fondsgesellschaft selektiv den entsprechenden Zeitraum auswählt, können Sie sich sicher sein, dass da immer ein Erfolg in den Zeitungen steht. Das wäre K.-o.-Kriterium Nummer zwei.

Überhaupt – wendet man die letzte Bemerkung noch einmal hin und her, wird ein nächster Punkt rasch klar: Warum wird der Hurra Classic Fonds beworben, nicht aber der Hurra New Technology Fonds? Ganz einfach deswegen, weil der Hurra Classic zufällig Gewinne gemacht hat, nicht aber der Hurra New Technology. Hätte der höhere Gewinne gemacht, dann hätte man eben den Technology Fonds beworben. Will heißen: Die Fondsgesellschaft macht mit dem Fonds Werbung, der vielleicht nur zufällig Gewinne gemacht hat, und wir lassen uns davon beeindrucken. Vielleicht sind alle anderen Fonds der Gesellschaft Investmentschrott, aber wir denken, dass Hurra eigentlich eine ganz gute Gesellschaft ist, die haben doch diesen Classic Fonds, und der ist ja wirklich gut gelaufen, oder?

Damit wären wir bei K.-o.-Kriterium Nummer drei: Eine Investmentgesellschaft sollte man nach ihrer Gesamtleistung beurteilen, nicht nach einem erfolgreichen Produkt, das vielleicht nur ein Zufallstreffer war. Aber hier wartet gleich die nächste Statistikfalle, der sogenannte »survivor bias«. Nehmen wir einmal an, unsere Gesellschaft Hurra wirbt damit, dass alle ihre fünf Fonds, die sie anbietet, erfolgreich sind und im Plus liegen. Hört sich gut an. Oder? Wie aber beurteilen Sie Hurras Leistung, wenn Sie erfahren, dass Hurra in den vergangenen zehn Jahren zehn weitere Fonds aufgelegt hat, die wegen Misserfolg allesamt wieder eingestellt wurden? Ups. Auf einmal stellt man fest, dass Hurra respektive Hurras Kunden bei zwei Dritteln der Produkte Schiffbruch erlitten haben. Da wirken die fünf erfolgreichen Produkte nicht mehr so erfolgreich.

Dieser survivor bias – auf Deutsch könnte man Auslassungsfehler dazu sagen – schlägt unbarmherzig in den Statistiken zu, beispielsweise, wenn es um den Erfolg einer Anlageklasse geht. »Deutsche Fonds erzielen auf zehn Jahre fünf Prozent« lesen Sie da – erfahren aber nicht, wie viele deutsche Fonds nicht mehr im Rennen sind und schlechte Ergebnisse zu dieser Statistik beitragen, weil sie liquidiert worden sind. Das kann – je nach Länge des Untersuchungszeitraums – zwischen 40 Basispunkten und einem Prozent ausmachen, um welche die Messung der Wertentwicklung von Investments zu hoch ausfällt, weil man die größten Verliererfonds außen vor lässt.

Diesen Unterlassungsfehler begeht man übrigens auch bei Aktienindizes wie dem 1896 gegründeten Dow-Jones-Industrial-Index oder beim Deutschen Aktienindex Dax. In solche Indizes werden die größten, erfolgreichsten Unternehmen aufgenommen, und diejenigen Unternehmen, die sich schlecht entwickeln, werden wieder aus dem Index geworfen. Ein solcher Index zeigt also nur die Wertentwicklung der erfolgreichen Unternehmen und unterschlägt die Wertentwicklung jener Unternehmen, die auf die Verliererstraße geraten sind. Wenn also ein Finanzunternehmen damit Werbung macht, dass der Dow-Jones oder der Deutsche Aktienindex Dax in den vergangenen 20 Jahren soundso viel Prozent gewonnen hat, dann ist das keine Aussage darüber, wie der gesamte Aktienmarkt gelaufen ist; noch weniger ist das eine Aussage darüber, was Sie heute verdient hätten, wenn Sie vor 20 Jahren einige der Aktien gekauft hätten, die damals in diesen Indizes waren.

Platz eins per Münzwurf

Das waren bisher allerdings allenfalls die Vorwärmarbeiten für die Königsklasse der Investmentwerbung und -suche, die legendären, gefürchteten, geliebten und missbrauchten Ranglisten, im Fachsprech auch Rennlisten genannt. Die Grundidee der Ranglisten ist einfach und mächtig: Wer den besten Fonds, das beste Investment sucht, schaut in die Ranglisten, wo die Produkte nach ihrer Wertentwicklung gelistet werden, und was dort ganz oben steht, ist auch ganz oben, ist das Beste für die eigenen Finanzen. Wenn das stimmt, kann man sich eine ganze Menge Aufwand und Beratung sparen: Einfach ein Blick in die Rennliste – fertig. Genau das macht diese Lösung so sympathisch: Sie ist einfach, schnell, erfordert wenig Aufwand, ist plausibel und eine einigermaßen gute Rechtfertigung für den Fall, dass es schiefgeht – wie konnte man wissen, dass der Fonds des Jahres 2010 im nächsten Jahr so miserabel abschneiden würde? Der war doch bisher so gut – wer sollte das ahnen? Vielleicht jeder, der über das Wesen einer solchen Rangliste nachgedacht hat – oder Piloten trainiert hat.

Passiert ist das Ausbildern, die Piloten im Flugsimulator schulten: Sie bemerkten, dass ein Lob nach einer besonders gelungenen Landung im Simulator dazu führte, dass die nächste Landung nicht besser, sondern schlechter wurde. Zugleich bemerkten sie, dass ein Anpfiff nach einer besonders schlechten Landung dazu führte, dass die nächste Landung besser wurde. Das hören Pädagogen nicht gerne: Lob schadet, Kritik spornt an. Oder? Nicht notwendigerweise, sagen Statistiker und verweisen auf ein

Phänomen, das sie »regression to the mean«, also Rückkehr zum Durchschnitt nennen.

Die Idee dahinter: Viele Phänomene – auch die Landungsversuche eines Piloten – unterliegen zufälligen Schwankungen, mal wird eine Landung besser, mal schlechter. Wenn also einem Piloten eine sehr, sehr gute Landung gelingt, die am oberen Rand seiner Möglichkeiten liegt, dann ist die Wahrscheinlichkeit sehr hoch, dass seine nächste Landung schlechter wird – er kehrt mit seiner Leistung zu dem zurück, was er durchschnittlich kann. Sehr gute oder sehr schlechte Landungen sind sozusagen Ausreißer nach oben oder nach unten, die im Schnitt aber nicht repräsentativ für das Können eines Piloten sind. Und nach jedem Ausreißer kommt wieder eine Leistung, die eher dem durchschnittlichen Können des Piloten entspricht. Seine Leistung kehrt zurück zum Durchschnitt – regression to the mean eben. Damit ist klar, was wirklich im Flugsimulator passiert: Nicht das Lob oder die Kritik hat die Piloten schlechter (besser) gemacht, sondern der Durchschnitt. Dass nach einer herausragenden Landung eine verglichen damit schlechtere Landung folgt, bedingt die Logik dieser Überlegung ebenso wie den Befund, dass nach einer besonders schlechten Landung eine bessere folgen muss. Das Lob und die Kritik haben damit nichts zu tun.

Wenden wir diese Überlegungen auf den Platz eines Fonds auf einer Rangliste an, verliert der Platz an der Sonne an Strahlkraft: Steht ein Fonds auf Platz eins, so muss das nicht viel heißen – im Gegenteil, es kann bedeuten, dass der Fonds im kommenden Jahr nicht mehr an Platz eins stehen wird, weil dieser erste Platz, diese außergewöhnliche Leistung, nur ein Ausreißer nach oben war, dem die Rückkehr zum tristen Durchschnitt folgt. Dieses Argument gilt generell für überdurchschnittliche Wertentwicklungen eines Anlageproduktes im vergangenen Jahr – das muss kein Beweis für überdurchschnittliche Fähigkeiten sein, sondern ist möglicherweise reiner Zufall, eine zufällige Spitzenleistung, die schon im kommenden Jahr wieder vergessen ist, wie die außergewöhnlich gute Landung des Piloten. Denkt man diesen Gedanken konsequent zu Ende, so wäre es logisch, nicht auf die Sieger einer Rangliste zu setzen, weil die Wahrscheinlichkeit, dass sie im darauffolgenden Jahr enttäuschen werden, recht hoch ist.

Dieser Gedanke legt eine abenteuerlich klingende Investmentstrategie nahe: Sollte man nicht lieber die Verlierer eines Jahres kaufen, in der Hoffnung, dass ihre Schwäche auch nur zufällig ist und eine Rückkehr zum Durchschnitt folgt? Die Ökonomen Werner De Bondt und Richard Thaler haben diesen Gedanken auf den Prüfstand gestellt, indem sie zwei Portfolios zusammengestellt haben: Ein Portfolio bestand aus den Aktien, die in den zurückliegenden drei Jahren zu den besten zehn Prozent gehört haben, das andere aus Aktien, die in den vergangenen drei Jahren zu den schlechtesten zehn Prozent gehörten. Die Folge: In den nächsten 60 Monaten, nachdem man das Portfolio zusammengestellt hatte, lag das Portfolio mit den schlechten Aktien 30 Prozent besser als der Vergleichsmarkt, das Portfolio der besten Aktien lag zehn Prozent schlechter als der Vergleichsindex. Rückkehr zum Durchschnitt eben.

Was aber, wenn ein Fonds nicht nur ein, sondern zwei oder drei Jahre auf den vorderen Rängen einer Rennliste notiert? Zeigt das nicht überlegene Fähigkeiten? Das kann, muss aber nicht sein – selbst eine Spitzenposition über drei Jahre hinweg kann immer noch zufällig bedingt sein. Belegt ein Fonds mehrere Jahre hintereinander Platz eins, so kann das, es muss aber nicht Ausdruck eines überwältigenden Fondsmanagements sein. Nehmen wir einmal an, an der Börse herrschte drei Jahre hintereinander Flaute – die Kurse fielen. Ein Fondsmanager, der für jedes Jahr eine Münze geworfen hätte – Kopf für steigende

Kurse, Zahl für sinkende Kurse –, hätte mit einer Wahrscheinlichkeit von 12,5 Prozent drei Jahre hintereinander auf fallende Kurse gewettet, hätte seine Investments dementsprechend ausgerichtet und alle Kollegen geschlagen, die auch nur ein Jahr auf steigende Kurse gehofft haben. Das würde ihn auf Platz eins der Rangliste spülen – per Münzwurf.

Unser Gehirn allerdings geht mit diesen drei Jahren auf den vorderen Plätzen der Rangliste nicht ganz so emotionslos um – hier unterliegen wir oft dem, was Wissenschaftler »das Gesetz der kleinen Zahlen« getauft haben. Eigentlich gibt es dieses Gesetz nicht, stattdessen gibt es das Gesetz der großen Zahlen, das wir dem Mathematiker Jakob Bernoulli zu verdanken haben. Jakob Bernoulli, geboren 1655, war Mitglied einer der berühmtesten Familien der Mathematik, die viele prominente Mathematiker hervorbrachte, unter ihnen Jakob, Johann, Daniel, die zu den größten Mathematikern aller Zeiten gezählt werden. Gegen seinen Willen, auf Wunsch des Vaters, studiert Bernoulli Theologie, bis er sich seiner eigentlichen Leidenschaft, der Mathematik, zuwendet. Er unternimmt Bildungsreisen durch Holland, England und Deutschland, hält Privatvorlesungen in Basel und schafft es 1689 mit 34 Jahren, eine Mathematikprofessur an der Universität Basel zu ergattern.

Bernoullis Gesetz der großen Zahlen lässt sich am Beispiel des Münzwurfs illustrieren: Die Wahrscheinlichkeiten für »Kopf« und »Zahl« sind jeweils 50 Prozent. Wirft man nun, sagen wir, sechsmal eine Münze, so kann man nicht erwarten, dass genau in der Hälfte aller Fälle Kopf respektive Zahl fällt. Auch bei zehn oder 20 Würfen darf man noch nicht damit rechnen, dass genau fünfmal respektive zehnmal jeweils Kopf und Zahl fallen. Je häufiger man allerdings die Münze wirft, umso sicherer kann man sein, dass die Anzahl von Kopf und Zahl sich dem theoretisch erwarteten Ergebnis annähert. Werfen wir also

10 000-mal eine Münze, so können wir recht zuversichtlich sein, dass wir in etwa 5000-mal Kopf respektive Zahl haben. Je größer also die Anzahl der Würfe ist – Mathematiker sagen dazu Stichprobenumfang –, desto näher werden wir mit unserem Ergebnis an dem theoretisch richtigen Ergebnis liegen. Das ist das Gesetz der großen Zahlen.

Wir allerdings unterstellen oft fälschlich etwas, was Psychologen als »Gesetz der kleinen Zahlen« bezeichnen: Wir erwarten, dass sich schon bei kleinen Stichproben das Gesetz der großen Zahlen einstellt, dass auch bei sechs Münzwürfen dreimal Zahl und dreimal Kopf fällt – fällt fünfmal hintereinander Zahl, so empfinden wir das als nicht zufällig, nicht repräsentativ für den Zufall, das kennen wir bereits. Die meisten Menschen setzen intuitiv auf Kopf, wenn fünfmal hintereinander Zahl gefallen ist, weil wir erwarten, dass sich auch in diesen sechs Würfen das Gesetz der großen Zahlen zeigen wird – obwohl Sechs keine große Zahl ist.

Das bringt uns zurück zu unseren Ranglisten: Steht ein Fonds drei Jahre in Folge auf den vorderen Plätzen einer Rangliste, so ist das in unseren Augen nicht repräsentativ für ein zufälliges Ereignis. Wir haben nur eine kleine Stichprobe – drei Jahre –, unterstellen aber, dass das Ergebnis dieser Stichprobe repräsentativ für die Realität ist. Drei Jahre hintereinander – das kann doch nicht zufällig sein, oder? Kann es doch, wie wir oben gesehen haben: Wenn die Chancen bei 50 zu 50 liegen, dass ein Fonds oben in der Rangliste steht, dann ist die Wahrscheinlichkeit für dieses Ereignis 12,5 Prozent. Drei Jahre – das ist statistisch gesehen viel zu wenig, um Rückschlüsse auf die dahinter liegende Realität zu ziehen. Wir messen den Ranglisten also im Lichte des Gesetzes der großen Zahlen eine zu große Bedeutung bei.

Noch schlimmer kommt es für die Freunde von Ranglisten, wenn man den Basiseffekt berücksichtigt: Nehmen wir an, im ersten Jahr hat ein Fondsmanager – zufällig – sehr gut gelegen und sich einen respektablen Vorsprung gegenüber der Konkurrenz erarbeitet. Selbst wenn er nun in den beiden darauffolgenden Jahren durchschnittlich erfolgreich ist, kann das erste gute Jahr ausreichen, den Fonds auf Platz eins in der Drei-Jahres-Liste zu heben. »Hurra Investments führt Rangliste der Fonds auf Drei-Jahres-Frist an«, lesen wir dann in der Werbung – ohne zu wissen, dass der Manager des Hurra-Fonds im ersten Jahr einfach viel Dusel hatte und ansonsten gerade einmal Durchschnitt war. Wollen wir ihm dennoch unser Geld anvertrauen? Wer als Anleger diese Falle vermeiden will, schaut auf die jährliche anstatt auf die kumulierte Rendite. Die Werbung darf also nicht lauten »Hurra auf drei Jahre die Besten«, sondern »Hurra erzielt x Prozent jährlich«.

War es das mit den Ranglisten? Leider noch nicht ganz, es gibt noch ein Problem, und das ist ganz unerfreulich – was, wenn die Gesellschaft respektive der Fondsmanager mogelt? Hier hilft die Tatsache, dass man ja nicht Äpfel mit Birnen vergleichen will. Also vergleicht man einen Fonds, der in Internetwerte investiert, nicht mit einem Fonds, der in Staatsanleihen investiert – fair, oder? Absolut. Aber was sich jetzt so objektiv anhört, wird rasch zu einer schwammigen Angelegenheit, wenn man versucht, die einzelnen Fonds in die für sie relevante Gruppe einzuordnen. Ein Beispiel macht diese Idee deutlich: Nehmen wir an, es gibt zwei Gruppen von Investments: Apfel-Fonds und Birnen-Fonds. Äpfel sind bekannt für ihre Ertragsstärke und ihr Risiko, Birnen hingegen sind sichere Anlagen, die aber nicht so große Erträge erwirtschaften. Nun liegt der Manager des Hurra-Birnen-Fonds recht weit hinten auf der Rangliste für Birnen-Fonds, ist aber ehrgeizig – also warum nicht ein paar Äpfel mit ins Depot legen? Das erhöht zwar ein wenig das Risiko, bringt aber mehr Ertrag, und schon kann der Manager des Hurra Birne-Investmentfonds seinen Kollegen von den Birnen-Fonds die Rücklichter zeigen und die Rangliste für Birnen-Investoren anführen.

Das finden Sie unfair? Ja, irgendwie schon, aber in der Welt der Investmentfonds lassen sich einzelne Fonds nicht so leicht voneinander abgrenzen, da es hier mehr gibt als Äpfel und Birnen – eine Einstufung eines Produktes in eine der Anlagekategorien ist oftmals Meinungssache und lässt viel Interpretationsspielraum zu. Und als Fondsgesellschaft weiß man auch, wo man seinen eigenen Fonds einstuft – nämlich dort, wo er am weitesten in der entsprechenden Rangliste vorne liegt. Man muss sich nur mit den richtigen Gegnern messen, um zu siegen. Und selbst wenn die Gesellschaften oder Finanzdienstleister, die solche Ranglisten erstellen, versuchen, auf solche Tricks zu achten, gelingt es ihnen nicht immer, Fonds einwandfrei und sauber einer Kategorie zuzuordnen.

Das liegt auch daran, dass es immer mehr solcher Kategorien gibt – Auszüge gefällig? Da wäre beispielsweise die jährliche Auszeichnung für die besten Fonds durch ein Analysehaus im noblen Bad Homburg in der Nähe Frankfurts – in 14 (!) Kategorien wurden jeweils fünf Fonds prämiert (das macht 70 stolze Preisträger). Ausgezeichnet wurde in den Kategorien:

Aktien Asien Pazifik ex Japan, Aktien Deutschland, Aktien Emerging Markets, Aktien Mittel-/Osteuropa, Aktien Nachhaltigkeit/Ethik Welt, Aktien Nordamerika, Aktien Welt, Mischfonds Global flexibel, Renten Euro, Renten EURO Corporate Investment Grade, Renten Europäische Währungen, Renten Globale Währungen.

Huh, das reicht Ihnen? Nicht so schnell aufgeben, da gibt es noch die »Fund Awards« eines anderen Finanzdienstleisters, unter anderem werden da folgende Kategorien prämiert:

Bond Large, Bond Small, Equity Large, Equity Small, Mixed Assets, Mixed Assets Overall, Large Overall, Small

Bond Convertibles, Europe Bond Convertibles, Global Bond Emerging Markets, Global Bond Euro, Bond Euro – High Yield, Bond Euro – Inflation Linked, Bond Euro – Short Term, Bond Eurozone, Bond Global – Euro Hedged, Bond Pound Sterling.

Und als wäre das nicht genug, wird in diesen Kategorien teilweise noch einmal zwischen Wertentwicklung auf drei, fünf oder zehn Jahre unterschieden. Und das sind beileibe nicht alle Preise, die in der Finanzwelt vergeben werden, dann gibt es noch House Awards für das beste Fondshaus, Awards für einzelne Fondsmanager – alles, was nicht bei drei auf den Bäumen ist, wird mit einem Preis ausgezeichnet, der im Rahmen eines festlichen Abendessens in einem ausgezeichneten Hotel Ihrer Wahl vergeben wird. Spötter sagen, dass man sich als Fondsgesellschaft anstrengen muss, um keinen Preis umgehängt zu bekommen. Aber die Essen zur Preisverleihung sind in der Regel echt gut.

Diese großen Preisspektakel erfüllen zwei wichtige Funktionen: Erstens sind sie immer ein netter Anlass für die Branchenprofis, sich zu treffen und zu plaudern, und zweitens kann man danach wunderbar mit einem Preis für sein Produkt werben – »bester Fonds in der Kategorie ostsibirische Nebenwerte auf Viereinhalb-Jahres-Frist« ist doch allemal eine veritable Werbeaussage, oder? Kritiker sagen, dass diese Preise noch eine dritte Funktion erfüllen, nämlich die, den Anbietern solcher Preise die Taschen zu füllen, indem sie solche Preisverleihungen anbieten und ausrichten.

Leider lassen wir uns nur allzu gerne von der Strahlkraft solcher Ranglisten verlocken – wir nehmen die Platzierung eines Produktes in einer solchen Rangliste zu sehr als repräsentativen Ausdruck seiner Leistungsfähigkeit, anstatt erstens darüber nachzudenken, wie stark eine solche Platzierung durch Umstände beeinflusst wird, die außerhalb der Fähigkeiten der Fondsgesellschaft liegen, und zweitens zu überlegen, wie man eine Rangliste zu bewerten hat, mit der ein Anbieter Reklame macht.

Das Resultat kann man in Studien ablesen: Anleger tendieren dazu, ihr Geld in die Fonds zu schieben, die in der Vergangenheit am besten abgeschnitten haben. Wer an Platz eins ist, erregt die meiste Aufmerksamkeit, bekommt das meiste Geld. Das funktioniert auch bei der betrieblichen Altersvorsorge, beispielsweise in Amerika: Dort zeigte sich, dass die Beschäftigten eines Unternehmens umso mehr ihrer betrieblichen Altersvorsorge in die Aktie des eigenen Unternehmens stecken, je besser diese Aktie in der Vergangenheit gelaufen ist. Grundsätzlich keine gute Idee, wie wir noch sehen werden. Aber auch die Idee, dass Erfolg sich eins zu eins in die Zukunft fortsetzt, ist kein brauchbarer Ratgeber für die Geldanlage – wenn das so einfach wäre, dann bräuchte man keine Berater, keine Bücher, keine Finanzprofessoren.

Gut, wie wäre es, sich stattdessen auf einen Börsenguru zu verlassen? Zeit für ein Rendezvous mit übersinnlichen Menschen, Riesenkaninchen und dem Ungeheuer von Loch Ness.

Auf der Suche nach dem grünen Bären

Das Jahr 2010 war schlimm: Da wurde eine südamerikanische Stadt von Riesenfledermäusen angegriffen, die Maschine des amerikanischen Präsidenten gekidnappt, es gab Raketenangriffe auf Flugzeuge in Berlin und Frankfurt und am 13. August – natürlich einem Freitag – überrollte um 10:15 Uhr ein totaler Crash die Menschheit. Das alles hätte zumindest passieren müssen, wenn man an Hellseher glaubt. Das alles sind Prognosen von Hellsehern für das Jahr 2010, die vorsichtig gesagt nicht ganz Wirklichkeit geworden sind. 2008 und 2009 waren da nicht besser: Weder wurde das Ungeheuer von Loch Ness gefangen, noch wurde in China eine sensationelle grüne Bärenart entdeckt, ebenso wenig wie das Riesenkaninchen, und die Golden-Gate-Brücke stürzte auch nicht ein, genauso wenig, wie die britischen Kronjuwelen gestohlen wurden und 100 Staaten sich in einen Dritten Weltkrieg verwickelten.

Die Bandbreite der Wahrsagungen ist überschaubar: So wird regelmäßig ein Anschlag auf den amerikanischen Präsidenten vorhergesagt, werden Katastrophen geweissagt, Hochzeitsglocken für fürstliche Häupter geläutet und Promi-Ehen geschieden. Einen Treffer landete eine Wahrsagerin, die im Dezember 2007 die Hochzeit des Dänenprinzen Joachim im Jahr 2008 vorhergesagt hatte. Das dänische Königshaus hatte die Hochzeit zwar bereits im Oktober 2007 öffentlich bekannt gegeben, aber niemand ist perfekt. Die 100 Staaten und den Dritten Weltkrieg wollen Experten übrigens den Schriften des Renaissance-Wahrsagers Nostradamus entnommen haben – vermutlich ein Übersetzungsfehler. Auch für die Börse wird gerne geweissagt, beispielsweise durch den Starastrologen, der für 2008 ein stabiles Börsenjahr erblickte und den Deutschen Aktienindex Dax bis Jahresende um fünf bis neun Prozent steigen sah. Tatsächlich fiel der Deutsche Aktienindex in diesem Jahr um rund 40 Prozent. Na ja, nichts im Leben ist wirklich exakt.

Exaktheit ist ein Schlüssel zum Erfolg als Wahrsager – oder als Börsenguru, wie man es nimmt. Dabei machen sich professionelle Gurus oder Wahrsager eine einfache Macke unserer Psyche zunutze: Wir pflegen neue Informationen in den Kontext unserer Umwelt, unserer Voreinstellungen und unserer Vorabinformationen einzubinden und zu interpretieren.

Wie so etwas zu Vorurteilen führt, zeigt ein kleines Experiment: Man bittet Studenten, die Lesefähigkeit eines Mädchens zu beurteilen, dazu zeigt man ihnen ein Video mit dem Mädchen. Allerdings gibt es dabei einen kleinen

Trick: Der einen Hälfte der Studenten zeigt man das Mädchen, wie es in einer gut situierten Vorstadt spielt; die Eltern werden als College-Abgänger mit guten Bürojobs beschrieben. Einer zweiten Gruppe Studenten zeigt man ein Video mit dem gleichen Mädchen, aber nun in einer weniger schönen Innenstadtanlage; die Eltern werden als Highschool-Absolventen und Arbeiter beschrieben.

Das Ergebnis war fast zu erwarten: Dem Mädchen aus der gut situierten Vorstadt mit den Bürojob-Eltern attestieren die Studenten die höhere Lesefähigkeit; das Mädchen aus dem Arbeiterhaushalt wird als schwächer eingestuft – obwohl es sich um das gleiche Mädchen handelt, man hat nur die Begleitinformationen verändert. Alleine die Information, dass das Mädchen nicht aus gutem Haushalt kommt, führt dazu, dass es von den Studenten als schlechter eingestuft wird. Eine Vorverurteilung per Elternhaus.

Und es kommt noch dicker: Man macht noch einmal das gleiche Experiment, aber zusätzlich sehen die Studenten aus beiden Gruppen ein Interview mit dem Mädchen – beide Gruppen sehen das gleiche Video. Das Ergebnis: Die Vorverurteilung des Mädchens wird noch ausgeprägter, beide Studentengruppen sehen sich in ihrer Einschätzung bestärkt, obwohl man hätte erwarten können, dass das Interview zu einer objektiveren Einschätzung in beiden Gruppen führt. Aber das Gegenteil ist der Fall: Die zusätzliche Information – das Interview – verstärkt sogar die Vorurteile gegen das Mädchen. Die gleiche Information – das Interview – hat je nach Voreinstellung der Studenten deren Meinung gefestigt.

Das ist der sogenannte »confirmation bias«, man könnte auch sagen der Bestätigungsirrtum oder die Vorurteilsfalle: Was wir sehen und wahrnehmen, hängt ab von unseren Vorinformationen und Vorurteilen, und es sind unsere Vorurteile und Vorinformationen, die unsere Interpretation von Informationen beeinflussen. Wie das obige Experiment zeigt, kann das dazu führen, dass man Informationen tendenziös interpretiert. Und das funktioniert umso besser, je unpräziser die betreffenden Informationen sind. Das kann so weit führen, dass ein und dieselbe Information völlig unterschiedlich interpretiert wird. Gibt man beispielsweise einer Gruppe von Studenten eine Quelle zur Todesstrafe, dann stellt man fest, dass diese Quelle von den Befürwortern der Todesstrafe als Beleg für ihre Meinung gewertet wird – ebenso wie die Gegner der Todesstrafe die gleiche Quelle als Beleg für ihre Meinung werten.

Es ist dieser Bestätigungsirrtum, den sich Hellseher gerne zunutze machen – clevere Hellseher zumindest. Man macht eine Prognose, die möglichst unscharf und unpräzise formuliert ist, und die Empfänger dieser Prognosen interpretieren und vervollständigen diese Information im Kontext ihrer Vorurteile, Voreinstellungen und Erwartungen. »Ich sehe eine wichtige Entscheidung in finanziellen Dingen auf Sie zukommen« wird von unserem Gehirn vervollständigt – der neue Job, das neue Haus, die Gehaltserhöhung, was auch immer gerade ansteht, wird auf diese unscharfe Aussage gemünzt und verleiht ihr damit Inhalt, Bedeutung und macht den Hellseher zum Menschen mit prognostischen Fähigkeiten.

Das funktioniert auch mit Börsenprognosen: Je unpräziser man sie formuliert, umso eher werden sie Realität – man adelt hohle Prognosen nachträglich damit, dass man sie auf die Gegenwart interpretiert. Beispielhaft dafür jener Hellseher, der prophezeite, dass der Widder-Ingress für das Frühjahr 2009 ankündige, dass sich die für die »Weltöffentlichkeit am besten erkennbaren Angelegenheiten hauptsächlich zwischen Europa und Amerika abspielen werden«. Eine klare Aussage, die irgendwie sicher wahr geworden ist.

Damit haben wir ein erstes Rezept für eine veritable Karriere als Börsenguru: Seien Sie in Ihren Aussagen möglichst unpräzise – sagen Sie, dass die Aktien um mindestens fünf Prozent steigen werden, aber nicht, in welchem Zeitraum, sagen Sie, dass der Euro in den kommenden drei Monaten fallen wird, aber nicht, um welchen Prozentsatz, werfen Sie Nebelkerzen und Plattitüden – und wenn dann die Aktien steigen oder der Euro fällt, wird das geneigte Publikum ehrfürchtig feststellen, welche brillanten Prognosen Sie abgegeben haben. Und wie bei den Hellsehern hat das Publikum dabei die Arbeit selbst geleistet.

Wem das nicht genug ist, der kann sich damit trösten, dass es noch weitere Methoden gibt, um ein guter Börsenanalyst zu werden. Methode Nummer eins war, wie gesehen, möglichst ungenau in den Prognosen zu sein und den Bestätigungsirrtum auszunutzen – und die Welt staunt, wie gut man etwas prognostiziert hat, obwohl eine hinreichend diffuse Prognose immer eintrifft. Methode Nummer zwei, um ein guter Prognostiker zu werden, kennen Sie bereits: Es ist der mexikanische Scharfschütze. Sie erinnern sich: Der mexikanische Scharfschütze schießt mit einer Pistole auf eine Wand, malt anschließend Zielscheiben um die Einschusslöcher und preist lauthals seine Fähigkeiten als Schütze. Genauso macht man es als guter Prognostiker: Man macht möglichst viele Prognosen – und sorgt dafür, dass nur diejenigen im Gedächtnis der Öffentlichkeit hängen bleiben, die eingetreten sind. Je mehr Prognosen man dabei macht, umso größer ist die Wahrscheinlichkeit, dass die eine oder andere Prognose zutrifft – und schon staunt das Publikum über die seherischen Fähigkeiten des Gurus. Man schießt also mit einer Schrotflinte auf eine Zielscheibe und wertet die Löcher in der Scheibe als Beleg für besondere prognostische Fähigkeiten – die restlichen Einschusslöcher um die Zielscheibe herum kehrt man elegant unter den publizistischen Teppich. Eine einfache, recht effektive Technik, die Spaß macht.

Eine dritte Methode zur Börsenprognose setzt auf Kontinuität: Man stellt eine Behauptung auf und bleibt standhaft dabei. Also: Der Dax wird über 8000 Punkte steigen. Nun muss man einfach lang genug an dieser Prognose festhalten, irgendwann wird der Dax wieder über 8000 Punkte steigen – und dann ist man zur Stelle und verweist darauf, dass man bereits seit Jahren wusste, dass dies passieren wird. »Jahre hat Beck prophezeit, dass der Dax auf 8000 Punkte steigen wird«, das liest sich gut – ist das nicht ein Mensch mit bemerkenswerten prognostischen Fähigkeiten? Na ja, eher ein Mensch mit ausgesprochenem Beharrungsvermögen, der vermutlich in der Zeit, in der seine Prognose falsch war, viel Geld verpasst oder verloren hat. Aber man will ja nicht kleinlich sein.

Und welche Methode nutzt man in der Praxis? Hier werden Batterien von statistischen Methoden, ökonometrischen Techniken und sonstigen halbesoterischen Modellen genutzt – offiziell jedenfalls. Wenn Sie aber als Prognostiker überleben wollen, wählen Sie die risikominimierende Methode: Sie prognostizieren das, was die Mehrheit prognostiziert. Warum? Ganz einfach, weil es den Arbeitsplatz sicher macht: Liegt man jetzt falsch, kann man darauf verweisen, dass es die anderen ja auch nicht besser gewusst haben – was soll der Boss schon dagegen sagen?

Gut, wir wollen ja nicht so bösartig sein, natürlich werden auch ernsthafte statistische Methoden bemüht, um sich dem Problem des Hellsehens auf wissenschaftlichem Weg zu nähern. Das ist grundsätzlich nicht verkehrt, aber auch hier lauert der confirmation bias, der Bestätigungsirrtum. Oder glauben Sie, dass der Storch die Kinder bringt? Nein? Sicher? Was sagt denn die Statistik dazu?

Wenn der Storch die Kinder bringt

Der weiße Storch (Ciconia ciconia) kommt in Europa recht häufig vor – und laut dem Statistiker Robert Matthews hat er etwas mit der Zahl der Geburten zu tun. Matthews hat die Zahl der Storchenpaare für 17 europäische Länder mit der dort herrschenden Geburtenrate verglichen, und tatsächlich – je mehr Störche, umso mehr Geburten. Ein solider statistischer Beweis, denn laut Matthews' Berechnungen gibt es das, was Statistiker eine Korrelation nennen. Vereinfacht gesagt berechnet man eine Korrelation, indem man die Werte zweier Zahlenreihen miteinander vergleicht: Wenn die Werte der ersten Zahlenreihe (Anzahl der Storchenpärchen in einem Land) hoch sind und zugleich auch die jeweils dazugehörigen Werte der zweiten Zahlenreihe hoch sind (Zahl der Geburten im gleichen Land), so lässt sich das mathematisch erfassen und ausrechnen. Gäbe es keine Korrelation, dann gäbe es mehr Fälle, in denen viele Storchenpärchen in einem Land mit einer geringen Geburtenrate einhergehen.

Tut es aber nicht, der sogenannte Korrelationskoeffizient, der diesen Zusammenhang ausdrückt, liegt für die Störche bei 0,62. Ein Wert von eins wäre eine perfekte Korrelation – Storchenpaare und Geburten steigen eins zu eins im Einklang –; bei einem Wert von null gäbe es keinen Zusammenhang. Die 0,62 zeigt also, dass es durchaus einen Zusammenhang zwischen Storchenhäufigkeit und Geburtenrate gibt – auf einer Skala von null (kein Zusammenhang) bis eins (perfekter Zusammenhang) liegt er bei 0,62. Wenn Sie sich an das zweite Kapitel erinnern, kommt Ihnen sofort eine Idee, was hier passiert sein kann: Dieser Zusammenhang ist rein zufällig entstanden, wie beim Hindenburg-Omen oder beim Super-Bowl-Indikator. Aber diesmal lassen wir uns nicht vom Zufall narren, oder?

Auf keinen Fall, deswegen hat Matthews auch einen Test auf Zufälligkeit gemacht. Das ist ein wenig komplizierter, aber im Prinzip recht einfach: Man nimmt an, dass es keine Korrelation gibt – wie groß wäre dann die Wahrscheinlichkeit, dass dieses Ergebnis zufällig entstanden ist? Das lässt sich ausrechnen, und das Ergebnis von Matthews' Berechnungen: Die Wahrscheinlichkeit, dass sich diese Korrelation zufällig in den Daten zeigt, liegt bei 1 zu 125. Oder umgekehrt: Nach diesen Berechnungen liegt die Wahrscheinlichkeit dafür, dass der Storch die Kinder bringt, bei 99,2 Prozent. Aua.

Nun sind wir bei den Störchen recht sicher, dass sie nicht die Kinder bringen, weshalb wir uns automatisch fragen, wo der Fehler ist – was aber, wenn es sich um andere Zusammenhänge, sogenannte Korrelationen, handelt, die sich recht plausibel anhören? Oder noch schlimmer: Was, wenn es sich dabei um Korrelationen handelt, von denen wir möchten, dass sie existieren?

Der Bestätigungsirrtum kann dazu führen, dass wir solche Korrelationen glauben und nicht hinterfragen. »illusorische Korrelation« nennen Experten das: Man stellt eine Hypothese auf – an Tagen mit gutem Wetter steigen die Börsenkurse, weil die Händler dann besser gelaunt sind – und sucht nur noch nach Informationen, die diese Hypothese bestätigen. Dadurch konstruiert man einen möglicherweise falschen Zusammenhang zwischen Sonne und Kursen, der die eigene Hypothese bestätigt. Die Annahme einer Hypothese und die selektive Suche nach bestätigenden Informationen führen dazu, dass man einen Zusammenhang zwischen Variablen konstruiert, der so statistisch gesehen nicht existiert oder aber zumindest nicht in der Intensität existiert, in der man es vermutet. Statistisch gesprochen wird im letzteren Fall die Höhe der Korrelation überschätzt.

Nun existiert aber im Falle der Störche die Korrelation, und sie scheint auch nicht zufällig zu existieren – hat man in diesem Fall recht? So offensichtlich man bei den Störchen weiß, dass Kinder nicht so zur Welt kommen, so schwierig wird es bei anderen Hypothesen, Zusammenhängen zwischen Währungen, Börsenkursen, Wirtschaftswachstum, Zinsen oder anderen volkswirtschaftlichen Variablen – irgendwie hängt das doch alles mit allem zusammen, oder? Und sobald diese Zusammenhänge unscharf werden, schlägt der Bestätigungsirrtum zu: Statt offen zu sein für verschiedene, alternative Erklärungen, legen wir uns rasch auf eine favorisierte These fest – bei Sonne kaufen fröhliche Händler mehr Aktien – und versuchen gar nicht mehr, den beobachteten Zusammenhang mit anderen Argumenten zu erklären. Man interpretiert Beobachtungen im Sinne einer vermuteten Hypothese, ohne zu überprüfen, inwieweit die Beobachtungen kompatibel mit anderen Hypothesen sind. Je mehr aber eine Beobachtung auch zu anderen als der bevorzugten Hypothese passt, umso weniger kann sie als Beleg für diese Hypothese gelten. Experten sprechen von Pseudodiagnostizität – man glaubt, man hätte eine korrekte Diagnose erstellt, in Wahrheit verpasst man andere Erklärungsmöglichkeiten für ein beobachtetes Phänomen oder einen Zusammenhang.

Womit wir wieder bei den Störchen wären: Der wahre Grund für diese Korrelation ist das, was Statistiker eine Hintergrundvariable nennen, eine dritte, gemeinsame Variable, welche die beiden anderen Variablen erklärt. Zwei Kandidaten dafür sind beispielsweise die Fläche eines Landes und sein Industrialisierungsgrad: Je größer ein Land ist, umso mehr Fläche gibt es für Störche, und umso mehr Geburten gibt es. Und je höher der Industrialisierungsgrad eines Landes ist, umso weniger Natur gibt es für Störche, und umso weniger Kinder haben Menschen – statistisch gesehen ist es ein alter Hut, dass mit steigender Industrialisierung und damit steigendem Reichtum eines Landes die Menschen weniger Kinder haben (ein Grund dafür mag beispielsweise die geringere Kindersterblichkeit sein, ein anderer die Existenz von Kapitalmärkten und Alterssicherungssystemen, bei denen man sich individuell immer weniger auf seine Kinder verlassen muss).

So einleuchtend diese Idee bei den Störchen ist – man muss befürchten, dass wir bei weniger offensichtlichen Nonsenskorrelationen in die Falle des Bestätigungsirrtums geraten. Wir fassen eine Meinung und sind dann zunehmend unfähig, diese Meinung zu überprüfen, anzupassen, zu ändern oder gar aufzugeben. Die Folge können Fehlentscheidungen sein. Schauen wir dazu einmal in die Zeitung. Da heißt es:

> »Blickt man einerseits auf die Preisentwicklung von Gold in den vergangenen Monaten und auf die simultane Dollar-Schwäche, so scheint genau das der Fall zu sein. Dieser intuitive Eindruck wird bestätigt durch eine statistische Untersuchung, die Global Insight im Auftrag des World Gold Council anhand der Daten der Jahre 2002 bis 2006 durchführte. Sie zeigt, dass ein negativer Zusammenhang zwischen der Entwicklung des amerikanischen Dollar und dem Goldpreis besteht. Der Korrelationskoeffizient liegt bei minus 0,45.«

Das klingt einleuchtend, und da ist ja auch unsere Korrelation, unser Korrelationskoeffizient, in diesem Fall ist er negativ: Minus eins bedeutet einen perfekten inversen Zusammenhang – fällt der Dollar, steigt das Gold. Null würde bedeuten, dass es überhaupt keinen Zusammenhang gibt, und minus 0,45 bedeutet, dass es da einen Zusammenhang geben könnte. Also bilden wir unsere These – fallender Dollar, steigender Goldpreis – und investieren. Aber haben wir uns auch die Zeit genommen, diesen Zusammenhang zu hinterfragen? Warum soll das so sein? Reichen fünf Jahre an statistischen Daten aus, um so eine solide Hypothese aufzustellen? Was war in den Jahren vorher? Welche Gründe sprechen gegen einen solchen Zusammenhang, welche Argumente sprechen dafür, dass sich dieser Zusammenhang in den kommenden Jahren in Luft auflösen wird? Und welches Interesse hat der World Gold Council an einer solchen Berichterstattung? Lassen wir den World Gold Council am besten selbst über seine Mission sprechen:

> »Die Aufgabe des World Gold Council ist es, die Nachfrage für Gold zu beleben und aufrechtzuerhalten ... Die Organisation repräsentiert die führenden Goldminenunternehmen weltweit, die zusammen rund 60 Prozent der jährlichen Goldproduktion herstellen.«

Um es klar zu sagen: Die These, dass Gold sich immer gegensätzlich wie der Dollar entwickelt, kann, muss aber nicht zutreffen, muss vor allem nicht für alle Zeiten gelten. Und fünf Jahre sind ein kurzer Zeitraum, um steile Thesen zu formulieren. Und die allerwichtigste Frage fehlt: Wie viel hätte man in dieser Zeit mit Gold verdient, verglichen mit anderen Investments?

Diese Ideen sollen Sie nicht davon abhalten, in Gold zu machen oder darüber nachzudenken, Sie sollen Ihnen nur helfen, kritischer und flexibler über solche Dinge nachzudenken, zu lernen, den Bestätigungsirrtümern weniger aufzusitzen. Das ist umso wichtiger, als viele Befunde darauf hinweisen, dass Menschen dazu neigen, Argumente, die für ihre Position sprechen, stärker zu gewichten. Wenn wir in Gold investiert haben, dann wollen wir, dass Gold eine lukrative Sache ist, also werden wir die Argumente, die für Gold sprechen, gerne betonen, die Gegenargumente hingegen – na ja, so überzeugend sind die nicht, oder? Diesen Mechanismus haben wir bereits im ersten Kapitel kennengelernt: Menschen streben nach Kongruenz, also beachten sie gerne Argumente, die ihre Meinung bestätigen. Wie bereits gesagt: Wer CSU wählt, liest den *Bayernkurier* und nicht den *Vorwärts*. Und an den Finanzmärkten kann das teuer werden.

Betrachtet man den Bestätigungsirrtum aus dieser Perspektive, so drängt sich der Verdacht auf, dass Menschen schlichtweg glauben wollen. Wir finden es einfacher, Dinge zu glauben, von denen wir möchten, dass sie wahr sind, als Ideen zu glauben, die wir nicht mögen. So wie wir uns eher an angenehme als an unangenehme Dinge erinnern, favorisieren wir angenehme Erklärungen statt der unangenehmen. Wir können also offenbar zumindest in begrenztem Rahmen unangenehme Hypothesen verdrängen, in nicht eindeutige Daten eindeutige Erklärungen hineininterpretieren oder unangenehme Argumente in den Hintergrund drängen. Auf diesem Weg bringen wir unser subjektives Weltbild in Einklang mit unserer persönlichen Meinung. Unser Weltbild ist damit schlüssig, selbst wenn wir dazu einige Informationen mental ein wenig zurechtrücken mussten.

Wir müssen also lernen, weder den Prognosen der Börsengurus noch unseren eigenen Vorurteilen zu sehr zu trauen, oder wie es auf der Homepage des Astrologen Winfried Noé heißt:

> »Auskünfte sind nicht dazu geeignet und bestimmt, professionellen medizinischen, psychologischen, psychiatrischen, rechtlichen, steuerlichen, finanziellen oder wirtschaftlichen Rat zu ersetzen. Die Befolgung von Ratschlägen aus einer Auskunft liegt außerhalb der Verantwortung des Beraters. Jeder Nutzer und Berater handelt insofern auf eigene Verantwortung ... Noé Astro übernimmt keinerlei Gewähr für die Aktualität, Korrektheit, Vollständigkeit oder Qualität der vermittelten oder bereitgestellten Informationen.«

Dem gibt es wenig hinzuzufügen – auch nicht für Börsenanalysten. Immerhin bleibt diesen die Schmach erspart, die britische Hellseher erleiden: Britische Hellseher, Wahrsager oder Kartenleger müssen ihren Kunden von Gesetzes wegen vorher mitteilen, dass ihre Dienste »lediglich Unterhaltungszwecken dienen«.

Bedeutet das, dass wir jeglicher Börsenprognose entsagen sollten? Nicht notwendigerweise, aber man muss schon ein wenig darüber wissen, wie solche Prognosemodelle gezimmert werden und wie sie funktionieren – dann weiß man auch mehr darüber, wann sie nicht funktionieren. Also fragen wir die Profis.

Zu Besuch bei den Zahlenfressern

Andreas Sauer ist nicht das, was man einen klassischen Fondsmanager nennen würde. Klassische Fondsmanager wühlen sich durch Unternehmensbilanzen, durchforsten volkswirtschaftliche Statistiken, sinnieren über Unternehmensstrategien, studieren Marktverhältnisse und befragen sogar die Unternehmenslenker – dann werfen sie das alles in einen Topf, machen sich ein abschließendes Bild und investieren.

Andreas Sauer ist kein solcher Unternehmensforscher, er ist das, was die Investmentszene »Quants« nennt – die Abkürzung für quantitative Analyse. Sauer ist promovierter Wirtschaftsingenieur und seit mehr als 20 Jahren in diesem Geschäft, er ist Vorstand des Vermögensverwalters Quoniam Asset Management GmbH, und er wirkt nicht gerade wie jemand, der täglich tonnenweise mit Zahlen, Daten und Formeln hantiert. Aber genau darum geht es, wenn man über quantitatives Portfoliomanagement redet – quantitatives Portfoliomanagement ist die Analyse und Auswertung von kapitalmarktrelevanten Zusammenhängen mit statistischen Methoden mit dem

Ziel, so viel Informationen wie möglich für Prognosen zu nutzen. Quantitative Kapitalmarktanalyse, das ist eine Anlagephilosophie, bei der man eine Fülle von Daten sammelt und deren Entwicklung über längere Zeiträume hinweg betrachtet. Mithilfe statistischer Methoden werden die Einflüsse aller möglichen Ereignisse und Faktoren auf die Preisbildung an den Kapitalmärkten untersucht; aus den Ergebnissen der Vergangenheit werden Prognosen erstellt. »Wichtig ist dabei, dass Sie sich auf lange Zeiträume stützen, um Zufallseinflüsse auszuschließen, und dass Sie nur ökonomisch plausible Zusammenhänge in ihren Prognosen berücksichtigen«, sagt Sauer in leicht süddeutschem Singsang. Das ist ein entscheidender Punkt: Quantitatives Portfoliomanagement nutzt die grundsätzlich gleichen Informationen, die auch traditionelle Fondsmanager in der sogenannten Fundamentalanalyse nutzen – wir hatten bereits im ersten Kapitel mit Hank einen Vertreter dieser Analystengattung kennengelernt.

Quantitative Analyse, das muss man sich in etwa so vorstellen: Man sammelt Unmengen von Daten, steckt diesen Zahlensalat in einen silbernen, glänzenden Apparat mit einer riesigen Festplatte und rasend schnellen Prozessoren und verarbeitet diese Daten mithilfe eines mathematischen Modells. Und nach einigen Rechenschritten, die das Mathematikverständnis der meisten Normalsterblichen überfordern, kommt eine Handlungsempfehlung auf Grundlage der mathematisch verwurstelten Daten heraus. Und wegen der vielen Zahlen, die bei dieser Form der Kapitalmarktprognose verarbeitet werden, nennt man quantitative Analysten wie Andreas Sauer auch »number cruncher«, was man frei deutsch mit »Zahlenfresser« übersetzen könnte.

Man muss sich diese Form der Kapitalmarktprognose vorstellen wie eine Fahrt mit dem Auto, bei der man durch die Frontscheibe nichts sehen kann und den Wagen deswegen lenkt, indem man in den Rückspiegel schaut.

Grundsätzlich ist das keine verkehrte Idee: Wenn man nicht nach vorne schauen kann, schaut man eben nach hinten, und hofft, dass die Straße voraus genauso oder zumindest ähnlich verläuft wie die Straße, die hinter einem liegt. Und wenn die Kurven nicht ganz zu scharf sind, kann man sogar eine Kurve nehmen, indem man in den Rückspiegel schaut. Die Alternative wäre ja, das Auto nach Gefühl oder Gehör zu fahren – beides definitiv die unterlegene Methode.

Welche Zahlen und Daten man dabei in den glänzenden Prognoseapparat packt, ist Geschmacks- und Überzeugungssache: fundamentale Kennzahlen über Unternehmen, historische Kursverläufe, Wechselkurse, Zinsen, Sozialprodukte, Stimmungsindikatoren – irgendwie hat ja alles irgendwo irgendeinen Einfluss auf alles, und genau diese Zusammenhänge wollen quantitative Modelle einfangen. Ein wichtiger Unterschied zu den technischen Analysten und den Börsenastrologen, die wir bereits kennengelernt haben, liegt darin, dass man sich bei so einer Analyse auf Fakten beschränkt, die ökonomisch plausibel und objektiv messbar sind und denen man einen tatsächlichen Einfluss auf die Wertpapierkurse nachweisen kann – statistisch überprüfbare Zusammenhänge. Damit will man verhindern, auf Scheinkorrelationen wie bei unserem Storchenproblem hereinzufallen. Und indem man möglichst lange Zeitreihen nimmt, also sich auf Zusammenhänge konzentriert, deren Wirksamkeit über einen langen Zeitraum hinweg bestätigt ist. Man will nicht kurzfristige Erfolge feiern, das, was Profis »Timing« nennen – einfach zum richtigen Zeitpunkt den glücklichen Griff zu tun. »Timing-Entscheidungen sind schwierig und nicht in den Griff zu bekommen«, sagt Sauer. Die mathematischen Modelle sollen frei machen von unsystematischen Vorgaben und subjektiven Einflüssen, Anlageentscheidungen sollen objektiv und aufgrund fest definierter Bewertungskriterien erfolgen – damit schaltet man die Fehlerquelle Nummer eins aus: den emotionellen, impulsiven Menschen.

Was ist davon zu halten? Grundsätzlich ist das allemal besser als Tarotkarten oder Investments nach Mondscheinzyklen, aber natürlich gibt es auch hier einen Haken: Man muss darauf hoffen, dass die Vergangenheit immer wieder als Zukunft verkleidet durch die Vordertür hereinkommt. Bösartig formuliert kann man sagen, dass diese Modelle die Zukunft gut vorhersagen, solange sich die Gegenwart nicht ändert. Passiert hingegen das, was Statistiker einen Strukturbruch nennen – die Welt ändert sich einschneidend –, so geraten sie rasch an ihre Grenzen. Das kann man sich in etwa so vorstellen: Nehmen wir einmal an, dass sich über Jahre hinweg gezeigt hat, dass bei sinkenden Zinsen die Aktienkurse steigen, da sich dadurch die Finanzierungsbedingungen bessern. Als nun wieder die Zinsen steigen, prognostiziert unser Modell, dass die Aktienkurse sinken, so wie in der Vergangenheit. Allerdings hat sich vielleicht mittlerweile etwas in der wirtschaftlichen Gesamtwetterlage geändert; steigende Zinsen beflügeln nun die Aktienkurse (was durchaus möglich ist), der Zusammenhang aus der Vergangenheit hat sich aufgelöst. Und schon fährt unser Auto an die Wand, während wir im Rückspiegel noch eine gerade Strecke sehen. Und das Schlimme daran ist, dass wir noch nicht einmal richtig wissen können, wann sich ein solcher Strukturbruch ereignet, zumeist stellen wir es erst im Nachhinein fest, wenn das Auto bereits an die Wand gefahren ist. Ereignisse wie der 9. September oder die Weltfinanzkrise 2008 werden vermutlich ein Strukturbruch sein, aber dann wissen wir immer noch nicht, welche Folgen diese Risse im Finanz-Raum-Zeit-Kontinuum für unsere Prognosemodelle haben.

Egal also, wie lange der Zeitraum ist, den die quantitativen Modelle erfassen, egal, wie ausgefeilt die ökonomischen Theorien sind, die dahinter stehen – das schützt nicht vor solchen unerwarteten Ereignissen. Das ist das Blöde an der Zukunft: Sie kommt meistens recht unerwartet. Aus diesem Grund gibt es auch Modelle, die erst gar nicht versuchen, sich Gedanken um langfristige Entwicklungen zu machen: Sie nehmen einen Haufen Zahlen und Daten, quälen sie mit komplexen mathematischen Methoden und generieren Signale, die ihnen verraten sollen, wann es Zeit ist, in den Markt ein- oder aus ihm auszusteigen. Im Unterschied zu den oben beschriebenen Modellen verzichtet man hier zumeist darauf, ökonomische Theorien zur Rechtfertigung von Kauf- oder Verkaufsentscheidungen zu bemühen – man schaut einfach, ob es einen statistischen Zusammenhang gibt, und lässt es krachen. Deswegen sind diese Modelle recht kurzfristig orientiert, sie versuchen, kurzfristigen Bewegungen der Kapitalmärkte zu folgen, kurzfristigen Trends, weswegen man sie Trendfolgemodelle nennt. Das Ziel solcher Modelle ist es, frühzeitig zu erkennen, wann ein Abwärts- oder Aufwärtstrend beginnt, also wann die Börsenkurse auf einen neuen Kurs einschwenken. Bestimmte Signale – wie beispielsweise gleitende Durchschnitte – geben den Fondsmanagern das Zeichen für den Ein- oder Ausstieg.

Wenn Sie sich nun an den Börsenastrologen Uwe Kraus aus dem zweiten Kapitel erinnern, dann müssen Ihnen leichte Zweifel aufkommen. Erinnern wir uns:

> Smart Investor: Warum sollen denn die Sterne Einfluss auf Aktien, Anleihen oder sonstige Kurse haben?
>
> Kraus: Das ist eine rein empirische Sache. Man betrachtet eben, ob's funktioniert oder nicht. Wenn beispielsweise Dax-Prognosen aufgrund des Dax-Horoskops in über 50 Prozent der Fälle richtig sind, und zwar immer wieder, dann ist das schon ein markanter Hinweis, dass es sinnvoll ist, Astrologie einzusetzen.

Bösartig formuliert sind Trendfolgemodelle nicht weit davon entfernt, nur dass sie mehr Daten nehmen und, statt auf Sternenkonstellationen zu achten, lieber auf Wirtschaftsdaten schielen, die ja schon irgendwie irgendwas mit den Börsenkursen zu tun haben. Wenn es funktioniert, dann funktioniert es eben, braucht man dann noch eine Begründung dafür? Das ist wohl Ansichtssache – die Nutzer solcher Modelle werden sich nicht um eine theoretische Fundierung der Modelle scheren, solange sie ihnen Gewinne liefern.

Bleibt zum Abschluss unseres Ausflugs in die Welt der Statistik und der Prognosetechniken nur noch eine Frage: Was lernen wir daraus? Fragen wir doch den DAU.

Was lernen wir daraus?

Er ist der Albtraum aller Computerspezialisten: der DAU, der dümmste anzunehmende User. Damit sind Nutzer von Rechnern gemeint, die auch von wirklich gar nichts eine Ahnung haben und den Spezialisten von der IT-Abteilung den Tag, die Zeit und die Nerven rauben, weil sie mit ihrem Arbeitswerkzeug, dem Computer, nicht umgehen können. Und weil der Mensch sich ja bisweilen Erleichterung verschaffen muss, finden sich die Computerspezialisten im Internet (wo auch sonst) zusammen, um ihre schaurigen Erlebnisse mit den DAUs auszutauschen. Zum Beispiel auf daujones.com finden sich einige nette Erlebnisse und Zitate wie folgende:

> »Kannst du mir ein neues Internet installieren? Meins hat nur eine Seite ...«

> »Spul mal die DVD zurück!«

> »Haben Sie auch DSL?« »Ja, in der Küche.«

> Kunde: »Mein iMac schaltet sich net ein.« Ich: »Also wenn Sie den Einschaltknopf drücken, tut er gar nix?« Er: »Welchen Einschaltknopf? Der hat keinen!«

> Sekretärin: »Entsorgen Sie auch Toaster?« Netzbetreuer: »Wenn er 'nen Internetanschluss hat.« Sekretärin: »Ich schau mal nach ...«

> »Mein Computer geht nicht mehr.« »Gibt es eine Fehlermeldung? Was steht denn auf Ihrem Bildschirm?« »Eine Kaffeetasse.«

> »Der Computer hat mein Passwort vergessen!«

Solche Erlebnisse können PC-Betreuer, IT-Spezialisten oder Mitarbeiter bei Hotlines oder Helpdesks zu Hunderten erzählen, und sie bergen immer wieder die gleiche Botschaft: »A fool with a tool still remains a fool«, oder auf Deutsch: »Man kann einem Esel ein Jackett anziehen und einen Doktorhut aufsetzen – er bleibt aber trotzdem ein Esel.« Statistik oder statistische Modelle sind nichts weiter als Werkzeuge, und wer ein Werkzeug klug nutzt, profitiert davon, wer aber ein Werkzeug nicht gescheit einsetzen kann, wird davon nichts haben – ein Narr mit einem Werkzeug bleibt ein Narr.

Statistiken und Statistik, Daten und Tabellen sind wertvolle, hilfreiche Werkzeuge, doch in den Händen unkundiger Anwender werden sie zu Irrlichtern – genauso wie der leistungsfähigste Computer in den Händen eines DAUs zu den oben beschriebenen Phänomenen führt, nur dass diese nicht immer so teuer werden wie die Fehler beim Investieren. Das beginnt mit den Grafiken: dynamische Pfeile, gestreckte senkrechte Achsen, willkürlich gewählte Zeithorizonte – unser Auge ist anfälliger für Täuschungen als unser Verstand. Doch auch der tut sich bisweilen schwer. Beispielsweise bei den Ranglisten, mit denen Investmentgesellschaften gerne Werbung machen – sie sehen gut aus, und die mit ihnen assoziierte Strategie klingt auch plausibel: Ein Produkt, das in so einer Rangliste weit oben steht, muss doch gut sein, oder?

Hier muss man aufpassen, dass man nicht der Illusion vom Gesetz der kleinen Zahlen verfällt – die statistische Realität erschließt sich nicht aus wenigen Datenpunkten. Wer aus der Tatsache, dass ein Produkt über drei Jahre hinweg ganz vorne ist, schließt, dass dieses Produkt exzellent ist, unterschätzt die Macht des Zufalls und überschätzt die Aussagekraft solcher vereinzelter Datenpunkte. Warum erzählt mir die Fondsgesellschaft nur die Wertentwicklung der vergangenen drei Jahre? Warum nicht fünf? Zehn? Vermutlich, weil sie auf diesen Zeitraum nicht so glänzen kann und weil sie darauf vertraut, dass ihre Kunden wenige exzellente Jahre als Beleg für alle Jahre werten. Solche Werbung lebt vom Gesetz der kleinen Zahlen.

Doch es sind noch weitere Fragen, die man an solche Ranglisten stellen muss: Was ist der korrekte Maßstab, mit dem ich diese Wertentwicklung vergleichen muss? Nennt mir der Anbieter den korrekten Vergleichsmaßstab? Wie haben vergleichbare Produkte abgeschnitten, wie viele solcher Produkte haben Schiffbruch erlitten und tauchen in den Statistiken nicht mehr auf? Wie viele seiner Produkte hat der jeweilige Anbieter versenkt? Sobald man sich in Erinnerung ruft, dass die Anbieter ja mit ihren Statistiken auf Kundenfang gehen, ist klar, dass man sich ein wenig selbst darum kümmern muss und sich seine Zahlen selbst zusammensuchen sollte. Immerhin: Mittlerweile hat der Gesetzgeber dieses Kriterium justiziabel gemacht, indem in einer Richtlinie des Europäischen Parlaments und Rates festgeschrieben wurde, dass »alle Informationen, einschließlich Marketingmitteilungen, die die Wertpapierfirma an Kunden oder potenzielle Kunden richtet …«, »redlich, eindeutig und nicht irreführend« sein müssen.

Doch auch wenn man sich um die Daten und Zahlen selbst kümmert, lauert da immer der Bestätigungsirrtum auf uns: Wir laufen Gefahr, dass wir Informationen über ein Thema oder ein Produkt nicht neutral und objektiv sammeln, selektieren und interpretieren, sondern voreingenommen. Wenn wir ein Produkt einmal als gut wahrgenommen haben, besteht die Gefahr, dass jede anschließende Recherche und Informationssuche nur darin besteht, diesen Eindruck zu vertiefen – wir suchen nur noch Informationen, die den ersten Eindruck bestätigen, auch wenn wir das nicht wollen und meinen, wir recherchieren solide und objektiv. Die Folge dieses Irrtums: Wir lernen weniger, es fällt uns schwer, eine einmal gefasste Meinung zu ändern – der erste Eindruck entscheidet über alles Weitere.

Hier zeigt sich die Macht der Werbung: Ihre Aufgabe ist es nicht, uns mit Informationen zu überzeugen oder aufzuklären, sie dient lediglich dem Zweck, einen ersten guten Eindruck von dem betreffenden Produkt zu erzeugen – den Rest leisten wir selbst. Das erklärt, warum Investmentgesellschaften gerne mit Prominenten werben – wer heutzutage das Runde in das Eckige befördert, durch einen Film laufen kann, ohne über die Möbel zu stolpern, klug heiratet oder sich in einem Dschungelcamp ekelhaftes Getier über den Kopf schütten lässt, hat den Promi-Faktor – und ist damit werbetauglich. Der Urahn aller Promi-Aktienwerber ist der ostdeutsche Volksschauspieler, Tatortkommissar und Volks-Liebling Manfred Krug, der sich im Aktienjahre des Herrn 1998 für die Deutsche Telekom durch Werbespots für die T-Aktie grummelte – mit einem durchschlagenden Erfolg, zumindest was den Verkauf der Aktien angeht. Andere Kapitalmarkt-Werbehilfen waren die Ex-Dieter-Bohlen-Gespielin und Spinat-Blubb-Ikone Verona Feldbusch, die Gebrüder Gottschalk oder natürlich der Ex-Fußballweltmeister, Sportkommentator und Friseur-Verweigerer Günter Netzer.

Warum nehmen die Investmentgesellschaften teure Promis? Junge Familien, niedliche Tiere, bunte Farben oder dynamische Grafiken wären sicherlich billiger – aber vermutlich nicht so wirksam. Niemand glaubt ernsthaft, dass Frau Feldbusch eine Börsenexpertin ist, aber das muss sie auch nicht sein. Die Gebrüder Gottschalk machen zwar Reklame für die Post-Aktien (»Postblitz«), aber, das gibt Gottschalk auch unumwunden zu: »Wenn man mir Kompetenz in Börsenfragen abnehmen würde, hätte ich etwas falsch gemacht.« Warum also Gottschalk?

Mit Blick auf den Bestätigungsirrtum ist diese Frage rasch geklärt: Gottschalk soll sein positives Image auf die Aktie übertragen. Wenn wir uns nun fragen, ob wir die Aktie kaufen sollen oder nicht, fällt uns zu der Aktie zuerst Thomas Gottschalk ein, der nette, lustige und charmante Entertainer – und das ist zugleich unser erster Eindruck von der Aktie. Fangen wir nun an, Informationen über diese Aktie zu sammeln, so besteht die Gefahr, dass wir mit dem ersten positiven Gottschalk-Eindruck im Hinterkopf recherchieren, und nun alle Informationen über die Aktie in Richtung dieses positiven ersten Eindrucks interpretieren – Bestätigungsirrtum eben. Und zum Schluss kaufen wir eine Aktie nicht, weil wir sie für gut halten, sondern weil wir den Mann nett finden, der dafür bezahlt wird, uns diese Aktien mit einem netten Lächeln anzubieten.

Oder nehmen wir den Autokauf. Sie haben eine Vorliebe für eine bestimmte Automarke entwickelt, und wollen nun einen neuen Wagen kaufen. Sollen Sie die Marke wechseln? Da Sie schon eine Vorliebe für die betreffende Marke entwickelt haben, wird das schwer, der Bestätigungsirrtum wird Sie veranlassen, jede Information über Ihre oder eine andere Marke im Lichte Ihrer bereits gefassten Meinung zu interpretieren, was Ihnen erstens den Wechsel zu einer anderen Marke erschwert und zweitens dazu führt, dass Sie bereit sind, wesentlich mehr für den neuen Wagen zu zahlen als jemand, der die Marke wechselt. Die Marketingforscher haben sich dieser Frage angenommen und eine nette Untersuchung gemacht: Wer zahlt mehr für sein neues Auto – der Markentreue oder der Neukunde, der die Marke gewechselt hat? Keine Frage, eine Auswertung von 3000 Neuwagenkäufen zeigt, dass Markenwechsler weniger für ihren neuen Wagen zahlen. Loyale Buick-Kunden, die ihrer Marke treu blieben, zahlten im Schnitt rund 1000 Dollar mehr für ihren Neuwagen als Buick-Käufer, die zum ersten Mal einen Buick kauften. Bei Mercedes-Kunden waren das sogar fast 7500 Dollar, die sich die Kunden ihre Markentreue kosten ließen. Der Bestätigungsirrtum kann rasch teuer werden – wir zahlen mehr für unser Auto, weil wir uns selbst davon überzeugt haben, dass es das wert ist, weswegen wir bereit sind, mehr zu zahlen. Und das auch tun.

Kann man etwas unternehmen gegen diesen Bestätigungsirrtum? Vielleicht ein wenig, wenn man sich vergegenwärtigt, welche Folgen dieser Irrtum hat. Ein Experiment: Sie bekommen eine Reihe geometrischer Formen vorgelegt und sollen raten, welche Gemeinsamkeit diese Formen in dieser Reihe haben – welche Formen dürfen in dieser Reihe vorkommen, nach welchem Gesetz werden diese Formen gebildet? Nach den ersten Rateversuchen kommen Sie zu der Hypothese, dass es sich um rote Kreise handelt – alle roten Kreise sind zulässig. Um diese Hypothese aber vollständig zu überprüfen, müssten Sie etwas tun, was die wenigsten Menschen tun: Sie müssten auch die Hypothese testen, dass blaue Kreise zulässig sind. Tun Sie das nicht, entdecken Sie nicht, dass das richtige Bildungsgesetz nicht »alle roten Kreise«, sondern nur »alle Kreise« ist. Sobald Sie die Hypothese gefasst haben, dass »rote Kreise« die Lösung ist, testen Sie keine alternativen Hypothesen mehr und raten deswegen vielleicht falsch. Ein klassischer Bestätigungsirrtum.

Dieses Experiment – das so oder in ähnlicher Form oft durchgeführt worden ist, zeigt uns nicht nur eine der Folgen des Bestätigungsirrtums – wir legen uns zu früh auf eine Meinung fest –, sondern auch einen Ausweg aus diesem Gefängnis: Wir müssen uns dazu zwingen, Gegenpositionen einzunehmen und zu erwägen. Also auch nach den blauen Kreisen zu fragen, selbst wenn wir glauben, dass dies falsch ist. Und selbst wenn dem so ist: Auch die Information, dass blaue Kreise nicht zum Bildungsgesetz gehören, ist eine Information. Wenn wir also die Post-Aktie über Herrn Gottschalk kennengelernt haben und befürchten müssen, dass wir sie deswegen zu positiv einschätzen, auch wenn alle Informationen darauf hindeuten, dass es eine gute Aktie ist, dann müssen wir uns gezielt fragen, was gegen diese Aktie spricht. Wir müssen aktiv nach Argumenten fragen, die unsere eigene Position infrage stellen – keine leichte Übung.

Noch schwieriger allerdings ist die Übung, der eigenen Schwäche zu begegnen und sie zu bekämpfen. Begegnen wir dieser Schwäche in Form eines Mannes, der ein grandioses Leben hatte.

10 DER RUF DER SIRENEN

Ein grandioses Leben

Es war ein grandioses Leben: Jorge Guinle besaß als Erbe einer der reichsten brasilianischen Familien ein immenses Vermögen, das er mit vollen Händen ausgab. Guinle lebte in Saus und Braus, hatte Affären mit Marilyn Monroe, Rita Hayworth, Jayne Mansfield und Anita Ekberg – und gab zu viel Geld aus. Die letzten 20 Jahre seines Lebens fristete Guinle in sehr bescheidenen Verhältnissen – nichts von seinem Vermögen war übrig geblieben. »Das Geheimnis eines guten Lebens liegt darin, ohne einen Cent in der Tasche zu sterben – aber ich habe mich wohl verkalkuliert«, lautete sein Fazit. Guinle hatte sich verkalkuliert, aber er starb, wie er gelebt hatte: Als das Ende kam, verließ er das Hospital, in dem er behandelt wurde, und buchte ein letztes Mal ein Zimmer im Copacabana Palace Hotel, das einst seiner Familie gehört hatte, bestellte ein luxuriöses Mahl und starb, wie die Hotelmanagerin bezeugte, mit Stil und leuchtenden Augen.

So wie der Millionenerbe verkalkulieren sich viele Deutsche. Blickt man auf die Landkarte, so sind es vor allem die Bürger im Norden und im Osten, die sich verspekulieren – sie werden im Alter eine Rente haben, die deutlich unter dem liegt, was sie erwarten und was wohl ausreichen wird, um zu leben. Das lässt sich grafisch zeigen, mithilfe des »Vorsorgeatlas Deutschland«. Dort ist auf einer Karte der Bundesrepublik die erwartete Rente nach Bundesländern farblich markiert – blau bedeutet ein auskömmliches Leben im Alter, rot bedeutet drohende Altersarmut. Ein Blick auf die Grafik hinterlässt Unbehagen: Weite der Teile der Grafik sind rot bis tiefrot.

Tiefrot ist der Osten: Der durchschnittliche Anspruch aus der gesetzlichen Rentenversicherung liegt im Osten Deutschlands in weiten Teilen unter 820 Euro. Lediglich in Teilen von Berlin, Dresden und Mecklenburg-Vorpommern kommen die zukünftigen Rentner knapp an die Marke von 1000 Euro heran. Auch in weiten Teilen von Schleswig-Holstein und Teilen von Niedersachsen wird die kommende Rentnergeneration nicht sonderlich gut versorgt sein, wenngleich ein wenig besser als im Osten. Nur im Süden Deutschlands jagt einem der »Vorsorgeatlas Deutschland« nicht so großen Schrecken ein.

»Die gesetzliche Rentenversicherung alleine reicht für den Großteil der Bundesbürger nicht aus, um den Lebensstandard im Alter zu halten«, sagt Bernd Raffelhüschen, Professor am Forschungszentrum Generationenverträge der Universität Freiburg. Er hat den »Vorsorgeatlas Deutschland« erstellt. »Ausreichend«, das ist für Raffelhüschen eine Rente von 60 Prozent des letzten Bruttoeinkommens – alleine mithilfe der gesetzlichen Rente lässt sich das kaum noch erreichen. »Aktuell können 56 Prozent der erwerbstätigen Deutschen mit einer zusätzlichen privaten Vorsorge mindestens 60 Prozent ihres letzten Bruttoeinkommens ersetzen«, sagt Raffelhüschen – nur 56 Prozent, möchte man hinzufügen. Dreht man dieses Zitat nämlich um, kommt man zu dem Resultat, dass 44 Prozent der Deutschen im Alter erhebliche Probleme haben werden – sie haben zu wenig gespart.

Wenn wir ehrlich sind, ist das keine sonderlich originelle Erkenntnis: Die meisten Menschen sind recht realistisch, was ihre Erwartungen an die gesetzliche Rente angeht – sie wissen, dass sie von diesem System nicht viel zu erwarten haben. Zahle viel, bekomme wenig. Und der Spruch »Die Renten sind sicher«, den Norbert Blüm, der ehemalige Bundesminister für Arbeit und Sozialordnung, an die Plakatwände klebte, wird heute mit zynischem Unterton kommentiert, beispielsweise mit dem Hinweis, dass Herr Blüm ja nichts über deren Höhe ausgesagt hat. Machen wir uns nichts vor: Wir wissen, dass wir uns selbst um unsere Altersvorsorge kümmern müssen. Und tun es nicht.

Das ist ein bemerkenswerter Befund, der weit über das Thema Altersvorsorge hinausgeht: Menschen wollen das langfristig Richtige und tun das kurzfristige Falsche. Wir wissen, dass wir für das Alter sparen müssen, schieben es aber immer vor uns her – morgen, morgen werden wir ganz bestimmt anfangen zu sparen. Ähnlich verhält es sich mit Angewohnheiten wie dem Rauchen oder mit Diäten: Wir wissen, dass es uns langfristig nicht guttut, wenn wir rauchen oder zu viel essen – und doch verschieben wir immer wieder den Moment, in dem wir aufhören zu rauchen oder mit der Diät beginnen. Wir opfern unser langfristiges Wohlbefinden – eine auskömmliche Rente im Alter, unsere Gesundheit – der kurzfristigen Willensschwäche oder Versuchung.

»Zeitinkonsistentes Verhalten« nennen Ökonomen diesen Befund: Wir wollen auf lange Frist etwas anderes als das, was wir auf kurze Frist tun. Indem wir der kurzfristigen Versuchung der Zigarette oder des Essens erliegen, verstoßen wir selbst gegen unsere eigenen langfristigen Interessen. Die langfristigen Aussichten auf mehr Gesundheit bewegen uns zu dem Entschluss, dem kurzfristigen Genuss der Zigarette oder dem fetten Essen abzuschwören. Doch in dem Augenblick, in dem wir den Entschluss in die Tat umsetzen wollen, ändern wir unsere Meinung: Noch im Dezember ist uns klar, dass wir kurzfristigen

Genuss gegen langfristige Gesundheit tauschen wollen – und im Januar entscheiden wir zugunsten des kurzfristigen Genusses.

Zeit ist relativ, auch ökonomisch betrachtet – was wir langfristig schätzen, vernachlässigen wir auf kurze Frist. Daraus folgt, dass die Entscheidung für oder gegen eine Handlung davon abhängt, welchen Zeithorizont wir haben. Der Verzicht auf die Zigarette fällt uns leicht, wenn er in weiter Ferne liegt. Steht der Verzicht aber unmittelbar an – soll ich jetzt eine Zigarette rauchen oder an meine Gesundheit denken? –, so entscheiden wir oft gegen unsere langfristigen Interessen.

Zeitinkonsistentes Verhalten lässt sich in einfachen Experimenten zeigen. Man stellt Menschen vor die Wahl: Wollen Sie in 30 Tagen 100 Euro bekommen oder in 31 Tagen 105 Euro? Die meisten Menschen sind bereit, auf die zusätzlichen fünf Euro einen Tag länger zu warten. Jetzt stellt man den Versuchspersonen die zweite Frage: Wollen Sie heute 100 Euro oder morgen 105 Euro? Jetzt neigt eine hohe Zahl der Versuchspersonen dazu, heute die 100 Euro zu nehmen. Das ist unlogisch: Wer in 30 Tagen bereit ist, einen Tag auf fünf Euro zu warten, sollte auch heute bereit sein, einen Tag auf fünf Euro zu warten. Doch genau das tun Menschen nicht.

Übertragen wir dieses Experiment auf unsere Sparbemühungen, stellt sich das so dar: Wir sind eigentlich bereit, für unseren Ruhestand zu sparen – liegt dieser weit weg, so sind wir bereit, einen Tag länger zu warten respektive etwas zu sparen, um einen Tag später eine höhere Rente zu bekommen. Doch wenn es zum Schwur kommt – jetzt müssen wir Geld beiseitelegen, jetzt müssen wir einen Tag warten, um mehr Geld zu bekommen –, kneifen wir und geben das Geld lieber gleich aus. Und sorgen nicht für das Alter vor. Wir sind grundsätzlich bereit zum Verzicht und wissen um dessen Notwendigkeit – doch in dem Moment, in dem wir verzichten müssen, schieben wir selbigen auf die lange Bank. Das Ergebnis: Wir hören nicht auf zu rauchen, halten keine Diät ein, lernen nicht für Klausuren und sorgen nicht für das Alter vor.

Schlimm an diesem Verhalten ist, dass es umso schlimmer wird, je länger wir die Entscheidung, fürs Alter vorzusorgen, vor uns herschieben. Das macht ein kleines Rechenexempel deutlich – dazu können Sie einen Investmentrechner benutzen, davon gibt es im Internet eine Menge. Dort gibt man die Sparsumme, den Zeitraum und die Verzinsung an und erfährt, welche Früchte Sparen bringt.

Ein Beispiel: 100 Euro monatlich, über zehn Jahre angespart, machen ohne Zinsen 12 000 Euro. Wenn sich die 100 Euro nur zu drei Prozent verzinsen, so sind das schon knapp 14 000 Euro – 2000 Euro entstehen alleine aus den Zinsen. Sparen wir den gleichen Betrag über 30 Jahre, so sind das ohne Zinsen 36 000 Euro, mit drei Prozent schon 58 000 Euro. Steigt die Verzinsung auf fünf Prozent, so landen wir bei fast 82 000 Euro.

Dieses Beispiel zeigt, wie wichtig es ist, erstens früh anzufangen und zweitens kontinuierlich zu sparen. Je länger man spart, umso mehr häuft sich an und umso mehr Zeit hat der Zinseszinseffekt, um seine Wirkung zu entfalten – zahlt man im ersten Jahr einen Euro ein, so kommen auf diesen Euro Zinsen, und im nächsten Jahr kommen auf diesen Euro und die dazu angesammelten Zinsen wieder Zinsen und so weiter. Das Ergebnis können Sie dem obigen Beispiel entnehmen.

Der dritte Befund aus dem obigen Beispiel ist, dass die Höhe der Verzinsung massiv über die Höhe Ihrer zukünftigen Altersversorgung entscheidet – je höher, desto komfortabler der Ruhestand. Auch aus diesem Grund ist es wichtig, früh mit dem Sparen anzufangen, denn je früher man anfängt, umso mehr kann man in renditestarke Investments wie Aktien investieren. Diese sind zwar riskanter, aber wer genügend Zeit hat, um die Kursausschläge des Aktienmarktes auszusitzen, kann sich leisten, riskanter zu investieren. Wer mit 25 in Aktien investiert, hat gute Chancen, dass diese Aktien rentabel geworden sind, wenn er 65 ist. Zeit ist Geld.

Das Problem ist aber, wie wir gesehen haben, dass wir in Sachen Altersvorsorge nur schwer in die Gänge kommen, wir wollen zwar sparen, aber wenn es zum Schwur kommt, verlassen uns der Mut und die guten Vorsätze. Schön und gut, dieser Befund ist niederschmetternd genug – kann man auch etwas dagegen tun? Fragen wir doch den berühmtesten Seefahrer aller Zeiten.

Weihnachtsklubs und verriegelte Kühlschränke

Odysseus ist wohl der berühmteste griechische Seefahrer, sein beschwerlicher Weg nach Hause war voller Abenteuer und Gefahren – unter anderem lauerten die Sirenen auf ihn und seine Männer. Ihr Gesang, so hieß es, sei so lieblich, dass er jeden Seefahrer um seinen Verstand bringt – viele Seefahrer folgten den Sirenen auf die Insel, auf der diese hausten, und waren verloren. Odysseus war vor diesem Schicksal gewarnt, aber er war auch neugierig auf ihren Gesang. Also ließ er die Ohren seiner Matrosen mit Wachs verschließen und sich an den Mast des Schiffs binden. Er befahl seinen Männern, ihn in keinem Fall loszubinden – egal, wie sehr er es ihnen auch befehlen sollte. Als sie an den Sirenen vorbeisegelten, versuchte Odysseus, sich loszureißen, befahl seinen Männern, ihn loszubinden – doch da diese nichts hörten, segelten sie weiter, sicher an den Sirenen vorbei. Odysseus hatte die Sirenen überlistet.

Dieses Motiv des Odysseus, der den Verlockungen der Sirenen widersteht, weil er sich selbst an den Mast bindet, ist ein Klassiker nicht nur in der griechischen, sondern auch der ökonomischen Literatur – Selbstbindung nennt man das hier. Die Idee ist einfach, clever und mächtig: Ich weiß, dass ich in Zukunft Schwäche zeigen werde, also treffe ich jetzt schon Vorsorge, um dieser Schwäche zu entgehen. Odysseus weiß, dass er nicht widerstehen wird, wenn er die Sirenen hört, also trifft er jetzt, bevor er die Sirenen hört, Maßnahmen, die verhindern, dass er ihrem Gesang erliegt.

Übertragen auf die Altersversorgung bedeutet das: Wenn wir wissen, dass wir Schwierigkeiten haben, für das Alter zu sparen, müssen wir Maßnahmen dagegen treffen. Ein schönes Beispiel für diese Idee sind Christmas Clubs, die es in den Vereinigten Staaten gibt. Christmas Clubs schützen ihre Mitglieder vor der Versuchung, das Geld für die Weihnachtsgeschenke für andere Dinge auszugeben: Man zahlt zu Jahresbeginn einen Betrag ein, der bis zum Weihnachtsfest in der Klubkasse bleibt – erst kurz vor dem Fest bekommt man sein Geld zurück und kann damit Weihnachtsgeschenke einkaufen. Ökonomisch gesehen ist das Nonsens: Wenn man Geld für Geschenke sparen will, bringt man es zur Bank und streicht Zinsen ein, wenn man es abholt – der Christmas Club hingegen zahlt keine Zinsen. Der Vorteil der Klubs besteht aber darin, dass man das Geld nicht vor dem vereinbarten Termin abheben kann – damit ist sichergestellt, dass man das gesparte Geld nicht abhebt und für andere Dinge als Weihnachtsgeschenke verprasst. Das ist Selbstbindung.

Die Idee der Selbstbindung besteht also darin, dass man in einem starken Moment den Kühlschrank abschließt und den Schlüssel wegwirft – das verhindert, dass man später an den Kühlschrank schleicht und seine Diätvorsätze bricht. Ähnlich geht das in Sachen Altersvorsorge: Man schließt sein Geld für das Alter so weg, dass man erst bei Erreichen der Altersgrenze darauf Zugriff hat – damit ist es uns unmöglich, das Geld für unser Alter bereits vorher zu verprassen. So funktionieren viele staatliche Altersversorgungssysteme, beispielsweise die sogenannte Riester-Rente – Geld gibt es erst bei Erreichen des Ruhestands.

Eine Möglichkeit, diese Selbstbindung privat zu erzeugen, besteht darin, seine Altersversorgung in Beton zu gießen und eine Immobilie zu erwerben. Aus Sicht der modernen Portfoliotheorie ist das unklug: Wer sein gesamtes Vermögen in ein Vermögensobjekt – das Haus – steckt, geht enorme Risiken ein. Oder würden Sie Ihr gesamtes Geld in eine einzige Aktie investieren? Der zweite Nachteil eines Eigenheims besteht in der geringen Liquidität: Das eigene Haus lässt sich nur schwer zu Geld machen, wenn man in die Verlegenheit kommt, welches zu benötigen, und vor allem lässt es sich nicht teilliquidieren – Sie können nicht einfach das Dach verkaufen, um fällige Rechnungen zu bezahlen. Aber die Schwierigkeit, ein Haus rasch zu verkaufen, ist es, die es als Sparobjekt für willensschwache Menschen so attraktiv macht. Wer sein Geld in einem Eigenheim spart, kommt an seine Ersparnisse nicht mehr ohne Weiteres ran, da diese in Beton gebunden sind. Man schützt sich vor der Versuchung, das für das Alter angesparte Geld frühzeitig auszugeben, indem man es so anlegt, dass man es kaum ausgeben kann.

Diese Idee eines spezifischen Investments für das Alter kann man noch ein wenig ausbauen und eine andere Idee der Psychologen nutzen, um seinen Sparwillen zu stärken – erinnern Sie sich an die mentale Kontenbildung? An Dustin Hoffman und seine Einmachgläser? Um Überblick über seine finanziellen Angelegenheiten zu behalten, legt der Mensch verschiedene geistige Konten an, die einen speziellen Verwendungszweck haben – wir stellen im Kopf Einmachgläser auf und beschriften diese mit dem Zweck, für den das darin befindliche Geld gedacht ist. Diese mentalen Konten können wir nutzen, um unsere Disziplin in der Altersvorsorge zu stärken.

Die Idee ist einfach: Man setzt spezifische Konten auf,

die den Zweck des Sparens betonen. Man bietet ein »Erziehungskonto«, ein »Autoansparkonto«, ein »Altersvorsorgekonto« an, das zudem Strafen für einen vorzeitigen Abzug der Spargelder vorsieht. Diese Idee hat mehrere Vorteile: Zunächst einmal stärkt die Benennung der Konten den Vorsorgewillen der Sparer – erinnern Sie sich daran, Dustin Hoffman war unfähig, Geld aus einem Einmachglas für einen anderen Zweck zu verwenden als denjenigen, der auf dem Etikett des Einmachglases klebte. Genau diesen Effekt will man hier nutzen: Indem man ein Konto »Altersvorsorgekonto« oder »Erziehungskonto« nennt, erhöht man die Hemmschwelle der Sparer, auf dieses Geld zuzugreifen und es für einen anderen Zweck zu verpulvern.

Eine weitere kluge Idee auf dem Weg zu mehr Altersvorsorge ist der Autopilot: Man nutzt einen Moment der Stärke, um seinen Schwächen zu entkommen. Und Autopilot bedeutet: Sparpläne. Man schließt einmal einen Vertrag, der bestimmt, dass man regelmäßig eine feste Summe pro Monat spart – und dann vergisst man diesen Vertrag am besten ganz schnell. Je eher man vergisst, dass da nebenher jeden Monat ein paar Euro auf die Seite gelegt werden, umso besser – denn nun bauen Sie fast unbemerkt nebenher eine solide Altersvorsorge auf. Man kann das Ganze noch ein wenig steigern, indem man beispielsweise verfügt, dass bestimmte einmalige Zahlungen – beispielsweise das Weihnachtsgeld – automatisch auf dem Altersvorsorgekonto landen. Hat man diesen Automatismus einmal etabliert, hat man gute Chancen, dem Lockruf der Sirenen zu entkommen. Das liegt zum einen an der Macht der Gewohnheit – wenn der Sparplan einmal etabliert ist, dann läuft er halt so durch, man denkt nicht mehr viel darüber nach. Zum anderen hilft unsere Angewohnheit der mentalen Konten: Finger weg von der Altersvorsorge, ruft uns der Dustin Hoffman in unserem Kopf zu, das stärkt unsere Vorsorgedisziplin.

Man kann diesen Effekt verstärken, indem man die Menschen heute verpflichtet, morgen mehr zu sparen. Das haben die Ökonomen Richard Thaler und Shlomo Bernatzi ausgeknobelt. In ihrem Programm »Save more tomorrow« – sparen Sie morgen mehr – haben sie Arbeitnehmer verpflichtet, einen Teil ihrer zukünftigen Gehaltssteigerungen zu sparen. Wenn Ihr Gehalt also nächstes Jahr erhöht wird, möchten wir, dass Sie einen Teil dieser Gehaltssteigerung in die Altersvorsorge stecken. Der heutige Verzicht auf eine zukünftige Gehaltssteigerung fällt leichter, als morgen auf das höhere Gehalt zu verzichten, wenn es auf dem Tisch liegt. Das ist stimmig im Licht des Experiments mit den 100 Euro in 30 oder 105 Euro in 31 Tagen. Das Ergebnis dieses Programms: Rund 78 Prozent der Arbeitnehmer nahmen an dem Programm teil, 80 Prozent der Teilnehmer blieben auch nach der dritten Gehaltserhöhung dem Programm treu, und die durchschnittlichen Sparraten stiegen über 28 Monate von 3,5 auf 11,6 Prozent. Ein kleiner Trick mit großen Folgen.

Auch der Staat kann helfen, uns zu mehr Altersvorsorge zu ermuntern, beispielsweise mit einem einfachen Trick. Erinnern Sie sich noch an das Framing? Wir empfinden Fleisch, das als »zu 80 Prozent fettfrei« beschrieben wird, attraktiver als Fleisch, das »20 Prozent Fettanteil« hat. Obwohl beide Beschreibungen vom Inhalt her identisch sind, macht alleine die Formulierung einen Unterschied aus und beeinflusst unser Verhalten. Dieses Framing paaren wir nun mit dem Status-quo-Effekt – das war der »Wir wollen so bleiben, wie wir sind«-Effekt. Wie sieht das in der Praxis aus? Ganz einfach. Stellen Sie sich vor, Sie haben einen neuen Job angetreten und sitzen nun in der Personalabteilung, wo man die Einzelheiten Ihres Arbeitsvertrags festklopft. Dabei kommt eine Frage auf: Wollen Sie eine betriebliche Altersvorsorge?

Wenn Sie sich nun an das Framing erinnern, wissen Sie, dass die Art der Fragestellung einen Unterschied macht.

Hier gibt es zwei Möglichkeiten: Sie haben die Möglichkeit, an der betrieblichen Altersvorsorge teilzunehmen – das nennt man »opting in«; Sie müssen aktiv bekunden, dass Sie eine betriebliche Altersvorsorge haben wollen. Die andere Möglichkeit wäre ein »opting out«: Die Teilnahme an der betrieblichen Altersvorsorge ist der Standard, wenn Sie das nicht wollen, müssen Sie explizit sagen, dass Sie keine betriebliche Altersvorsorge wünschen.

Beide Fragestellungen sind ökonomisch betrachtet identisch, doch im Licht des Framing sieht das anders aus. Jetzt kommt noch der Status-quo-Fehler hinzu – wir wollen so bleiben, wie wir sind, und wir halten gerne an bestehenden Dingen fest. Das Ergebnis: Formuliert man die Frage nach der betrieblichen Altersversorgung als opting out – Sie müssen sich also aktiv dagegen entscheiden –, steigt die Anzahl der Teilnehmer an der betrieblichen Altersversorgung, sie ist größer als im Falle des opting in, wo man seinen Willen äußern muss, teilzunehmen.

Sie sehen, das sind recht einfache Kniffe, um sich zu etwas mehr Disziplin in Sachen Altersvorsorge zu bewegen. Das wäre der erste Schritt dazu, beim »Vorsorgeatlas Deutschland« nicht in der roten Zone zu leben. Aber um die rote Zone zu vermeiden, reicht es nicht nur, für das Alter vorzusorgen und zu investieren, wir müssen auch richtig investieren. Eine Antwort, wie man nicht investieren sollte, klingt etwas merkwürdig: Keine Spritzen vor dem Sex.

»Eine Spritze vor dem Sex?«

Es ist schon eine etwas, hm, peinliche Debatte: »Wer gibt sich eine Spritze in sein bestes und einziges Stück, jedes Mal wenn er Sex machen will!!!!!!!???????????????«, fragt Laura. Eine berechtigte Frage, aber nicht für eine Erotikmesse oder einen Medizinkongress, sondern für einen

Chatroom der Online-Anleger-Community »Wall Street Online«. Dort diskutieren Anleger wie Laura, »Jingle«, »Hedges« und »Nokian« nicht über Erotikprobleme, sondern über eine Aktie, nämlich die Aktien des Medizinunternehmens Senetek. Senetek ist Hersteller eines Mittels gegen sexuelle Dysfunktionen, das man sich im Gegensatz zur blauen Konkurrenz spritzen muss – findet Mann das gut? Anleger vermutlich weniger, denn Reichtum hat die Senetek-Aktie ihren Aktionären nicht gebracht. Und ein Aktionär von Senetek war Heiko Thieme.

Ohne Thieme zu nahe zu treten, kann man sagen, dass er polarisiert: Er gilt als eloquenter Redner und Referent, als Verfasser guter Börsenkommentare, er war langjähriger Börsenkolumnist in einer der angesehensten Zeitungen des Landes – und ein deutsches Wirtschaftsmagazin hat ihn genüsslich in die »Hall of Shame« der größten Geldvernichter der Fondsindustrie aufgenommen. Das stimmt ja schon irgendwie, aber ein wenig unrecht tut man ihm damit auch: Im Thiemes Büro in New York, in der 3rd Avenue, Ecke 51. Straße, stehen zwei Pokale der Fachzeitung *Mutual Funds:* einer für den schlechtesten Fondsmanager des Jahres 1995 und einer für den besten Fondsmanager des Jahres 1997. »Ich schäme mich nicht für meine Vergangenheit«, sagt Thieme. So dicht können Triumph und Niederlage beieinanderliegen.

Senetek ist möglicherweise einer der Gründe für die variable Leistung von Heiko Thieme: Berichten zufolge soll Thieme große Teile seiner Gelder lediglich in zwei Werte investiert haben, und einer davon soll Senetek gewesen sein. Stimmen diese Berichte, so wären die Plätze als bester und schlechtester Fondsmanager rasch geklärt: Wer sein Geld in einen einzigen Wert steckt, der in einem Jahr 100 Prozent Plus macht, wird Fondsmanager des Jahres. Fällt der Wert aber im Jahr darauf um 90 Prozent, so hat man 90 Prozent seines Vermögens vernichtet – das reicht lässig für die Aufnahme in die Hall of Shame der

Geldvernichter. Triumph und Niederlage erklären sich durch eine einzige Aktie. Und genau darum geht es hier: Es geht darum, wie man mit Risiken auf den Finanzmärkten umgeht, es geht darum, dass es mehr Risiken gibt, als wir uns vorstellen können, es geht darum, wie man sich auf solche Risiken vorbereitet. Ob man ein Leben auf der Investmentachterbahn führen will oder lieber ruhig schlafen möchte. Beides geht naturgemäß nicht.

Was hier passiert, ist die allererste Investorenweisheit: Lege nie alle Eier in einen Korb. Im Fachsprech heißt das »Diversifikation« und meint den Umstand, dass man eben nie alles auf eine Karte setzen sollte. Wer sein gesamtes Vermögen auf ein Objekt, eine Aktie, ein Pferd wettet, wird entweder sehr reich oder bettelarm, auf alle Fälle schläft er aber schlecht. Das kann dramatische Folgen haben – erinnern Sie sich noch an Alexander, den Fondsmanager aus dem ersten Kapitel? Er hatte sein eigenes Geld in die gleichen Investments gesteckt, die er auch für seine Kunden auswählte. Aus Sicht seiner Kunden ist das zu begrüßen: Sein Verhalten stellt sicher, dass er sich mit äußerster Sorgfalt um die Investments seiner Kunden kümmern wird – schließlich ist das ja auch sei eigenes Geld, das da drinsteckt. Risikotheoretisch hingegen hat Alexander einen kolossalen Fehler begangen: Als ihn die Fortune – und damit auch seine Kunden – verließ, weil seine Investments zu Geldvernichtern wurden, ging es mit seiner Karriere und damit auch seinem Einkommen bergab, zugleich verlor er selbst auch ein Vermögen, weil er ja in den gleichen Werten investiert war wie seine Kunden. Alexander hat sich das eingefangen, was Risikomanager fürchten; sie haben dafür sogar einen recht bildhaften Namen: Klumpenrisiko.

Die ehemaligen Angestellten des amerikanischen Konzerns Enron haben dieses Klumpenrisiko persönlich getroffen: Viele von ihnen hatten einen Großteil ihrer Altersversorgung in die Aktien ihres Arbeitgebers, in die Aktien von Enron investiert. Als Enron in der Folge eines gigantischen Bilanzskandals unterging, verloren sie nicht nur ihren Job, auch ihre Aktien wurden wertlos – und damit ihre Altersversorgung.

Es ist leicht, dieser Klumpenfalle zu entkommen – man streut einfach sein Geld. Das hört sich gut an, aber jetzt die entscheidende Frage: Wie streut man sein Geld? Vor etwa 2000 Jahren, im Judentum, gab es eine einfache Regel: ein Drittel im Beutel, ein Drittel in Häusern, ein Drittel in Geschäften. Übersetzt könnte man sagen: ein Drittel liquide, ein Drittel in Immobilien und ein Drittel in Aktien. Das klingt einfach – viel zu einfach für eine so komplexe und zahlenvernarrte Disziplin wie die moderne Kapitalmarktforschung.

Das Geheimnis eines wohldiversifizierten Portfolios, also eine Anlagestrategie, die das Risiko minimiert und zugleich die Rendite maximiert, ist das Markowitz-Portfolio. Die Idee von Harry Markowitz, der dafür einen Nobelpreis umgehängt bekam, lässt sich ungefähr wie folgt beschreiben: Durch eine geschickte Kombination einzelner Vermögenswerte kann man die gesamte Rendite eines Portfolios steigern, ohne dabei das Risiko zu erhöhen. Der Trick dabei ist, verschiedene Einzelinvestments in einem geschickten Verhältnis zu mischen, wobei für das richtige Verhältnis neben dem Risiko und der Rendite die Korrelation zwischen diesen Investments entscheidend ist. Die haben wir ja schon kennengelernt: Eine Korrelation berechnet man, indem man die Werte zweier Zahlenreihen miteinander vergleicht: Wenn die Werte der ersten Zahlenreihe (Wertentwicklung von Investment A) hoch sind und zugleich die jeweils dazugehörigen Werte der zweiten Zahlenreihe hoch sind (Wertentwicklung von Investment B), so spricht man von einer hohen positiven Korrelation.

Mithilfe der Rendite, des Risikos und der Korrelation lässt sich ein effizientes Portfolio berechnen, also ein Portfolio, dessen Rendite bei gegebenem Risiko nicht zu schlagen ist, oder aber ein Portfolio, das bei gegebener Rendite ein geringeres Risiko aufweist als alle anderen Portfolios.

Das klingt kompliziert, ist es auch – im Internet findet man sogenannte Portfolio-Optimizer, mit deren Hilfe man effiziente Portfolios ausrechnen kann, aber das ist nichts für den schnellen Investor oder den Novizen. Gibt es eine andere Alternative? Schwer zu sagen, aber wir wissen, was Menschen oft machen: Sie berechnen nicht mithilfe komplizierter Formeln effiziente Portfolios, sondern machen sich das Leben einfach – genauso einfach wie Harry Markowitz.

»Nur aus psychologischen Gründen«

Harry Markowitz ist mit seiner Idee vom effizienten Portfolio der Pionier der modernen Portfoliotheorie, seine Ideen legten den Grundstein für zahlreiche weitere Forschungen und sind eines der Kernelemente für die gesamte vermögensverwaltende Industrie. Ein großer Teil der Finanzbranche beschäftigt sich permanent mit der Suche nach dem effizienten Portfolio – und lässt sich dafür recht gut vergüten. Umso peinlicher muss es der Branche sein, dass ausgerechnet jener Harry Markowitz, der geistige Vater ihrer Branche, ein peinliches Geständnis ablegte: Er habe persönlich jeweils die Hälfte in Aktien und in Anleihen investiert – aus psychologischen Gründen, er wolle seine zukünftigen möglichen Sorgen minimieren. Will heißen: Harry Markowitz hat kein Markowitz-Portfolio. Autsch.

Das tut weh: Da ersinnt ein brillanter Wissenschaftler ein ausgefeiltes mathematisches Modell, um die Gewichtung zwischen Aktien und Anleihen, zwischen verschiedenen Komponenten des Portfolios zu optimieren – und hält sich keinen Deut an seine eigene Idee, sondern verwendet eine einfache Faustregel. Mach einfach halbe-halbe. Diese Idee kommt Ihnen vielleicht bekannt vor, das ist recht nahe dran an der 2000 Jahre alten Idee: ein Drittel im Beutel, ein Drittel in Häusern, ein Drittel in Geschäften.

Diese Art des Investierens nennt man auch Heuristik, genauer gesagt ist das hier die 1/n-Heuristik, also die »eins durch n«-Heuristik. Eine Heuristik ist eine einfache Antwort auf ein komplexes Problem, um sich das Leben einfacher zu machen. Und in diesem speziellen Fall ist es eine 1/n-Heuristik, weil man das Geld gleichmäßig auf die Anzahl n der vorhandenen Anlagemöglichkeiten verteilt. Statt also das extrem komplexe Problem – wie verteile ich mein Geld auf drei verschiedene Vermögensklassen? – mit gleichfalls schwierigen Methoden zu lösen, greift man zu einer einfachen Faustregel: Setze dein Geld zu gleichen Teilen auf alle Vermögensklassen.

Eine weitere einfache Möglichkeit, sein Geld mittels einer Heuristik zu verteilen, ist beispielsweise, die Gewichtung der Aktien, in die man investiert, nach dem Sozialprodukt des Heimatlandes der Unternehmen vorzunehmen. Also: Man investiert in Unternehmen aus drei verschiedenen Ländern, und die Anteile dieser Investments im Depot richten sich nach der Höhe des Sozialproduktes der jeweiligen Heimatländer. Unternehmen A kommt aus A-Land mit einem Sozialprodukt von 100, Unternehmen B aus B-Land mit einem Sozialprodukt von 200 und Unternehmen C aus C-Land mit einem Sozialprodukt von 300; das Gesamtsozialprodukt aller Länder beträgt also 600. Also beträgt der Anteil an C-Aktien im Portfolio 50 Prozent (300 Sozialprodukt von einem Gesamtsozialprodukt von 600 sind eben jene 50 Prozent), der an B-Aktien 33 Prozent (200 von 600)und der Anteil an A-Aktien 16 Prozent (100 von 600). Eine andere Methode der naiven Diversifikation, wie man diese Heuristiken auch bezeichnet, kennen Sie bereits: Man gewichtet den Anteil der Unternehmen, in die man investieren will, anhand ihrer

Marktkapitalisierung, also ihrem Börsenwert. Das ist nichts anderes als eine Investition in einen Börsenindex, denn die Mitgliedschaft in einem Börsenindex richtet sich zumeist nach dem Börsenwert der Unternehmen.

Aber wie gut ist die naive Diversifikation – ist eine solche Regel nicht viel zu einfach für ein so kompliziertes Geschäft wie das Investieren an Kapitalmärkten, und sind kompliziere Modelle nicht besser, weil sie viel mehr versuchen, die Realität einzufangen?

Na ja, um ehrlich zu sein – die Jury ist noch nicht zurück. Erste Forschungsergebnisse lassen allerdings darauf schließen, dass naive Diversifikationsregeln keine signifikanten Nachteile gegenüber den hochgezüchteten Portfoliooptimierungsregeln aufweisen. Das mag zum einen daran liegen, dass die Optimierungsregeln nur funktionieren, wenn man die zukünftigen Renditen und das zukünftige Risiko in Form von Kursschwankungen korrekt schätzt – die Schätzfehler, die hier zwangsläufig auftreten, verschlechtern die Bilanz dieser Modelle. Darüber hinaus haben die naiven Strategien Kostenvorteile, da man hier nicht so häufig zwischen verschiedenen Werten umschichten muss – das macht diese Strategie der naiven Diversifizierung billiger als die komplexen Modelle, die häufiger verlangen, dass man Werte kauft und verkauft.

Um es vorsichtig zu formulieren: Bisher bleiben viele Studien den Nachweis schuldig, dass der große theoretische, empirische und rechentechnische Aufwand, den Portfoliooptimierungsmodelle erfordern, durch entsprechende Erfolge gerechtfertigt ist – jedenfalls verglichen mit den einfachen Ansätzen der naiven Diversifikation. Das soll nicht heißen, dass dieser Teil der Vermögensverwaltungsindustrie obsolet ist – aber zumindest muss sich die Branche der Herausforderung stellen, die Ergebnisse solcher einfachen Faustregeln als Messlatte zu begreifen und zu schlagen.

Unter dem Strich: Ein nicht zu einseitig aufgestelltes

Portfolio ist ein wesentlicher Treiber von Diversifikationsgewinnen – vielleicht ist es für diese Gewinne nicht so wichtig, mit welcher Methode man diese Diversifikation erreicht, Hauptsache, man ist diversifiziert. Aber fragen wir doch Heiko Thieme selbst zum Thema »Diversifizierung«:

> Thieme: Sie sollten nie mehr als fünf Prozent Ihres Kapitals in eine Aktie investieren und dabei mindestens 20 verschiedene Titel in Ihrem Portfolio haben. Legen Sie Ihr Geld nicht nur in einem, sondern mindestens in vier verschiedenen Sektoren an.

Genau, dem gibt es wenig hinzuzufügen. Außer der Frage, was die weiteren Renditetreiber in einem Portfolio sind. Eine Antwort darauf liefert der Sohn eines Mannes, der dem Tod in Form eines deutschen Sturzkampfbombers entronnen ist, weil er ein Querulant war.

Ein fraktaler Spaziergang über Wall Street

Der Vater von Benoît Mandelbrot saß im Zweiten Weltkrieg in einem Gefangenenlager, als Widerstandskämpfer dieses befreiten und den Insassen sagten, sie sollten rasch fliehen, bevor die deutsche Armee zurückschlage. Die Insassen machten sich auf den Weg und flohen in einer großen Gruppe zusammen über das offene Feld. Nach einem halben Kilometer entschied Mandelbrot, dass dies unklug ist, verließ die Gruppe und schlug sich durch den dichten Wald, um nach Hause zu kommen. Das war sein Glück: Ein deutscher Sturzkampfbomber griff die übrigen Geflohenen auf offenem Feld an – mit tödlichen Folgen. Mandelbrot hingegen entkam. »Das war mein Vater sein ganzes Leben – unabhängig. Und genau so bin ich«, sagt Benoît Mandelbrot über seinen Vater.

In der Tat, zumindest was die Wissenschaft angeht, war Mandelbrot ein echter unabhängiger Geist, ein Maverick, wie die Angelsachsen sagen – seine Ideen waren revolutionär und haben die Welt verändert. Und sie lehren uns viel darüber, wie Kapitalmärkte wirklich ticken.

Mandelbrots Spezialdisziplin, seine Entdeckung, ist das, was unter dem Namen »fraktale Geometrie« bekannt geworden ist. Vereinfacht gesagt sind Fraktale Objekte, die aus mehreren verkleinerten Kopien ihrer selbst bestehen, sich also im Detail selbst wiederholen. Fraktale Objekte können auch natürliche Gebilde wie Bäume, Wolken, Küstenlinien sein – so sieht beispielsweise ein Baumzweig ungefähr so aus wie ein verkleinerter Baum. Eine Darstellung einer fraktalen Menge, die sogenannte Mandelbrot-Menge, das berühmte schwarze Apfelmännchen auf weißem Hintergrund, sowie andere bunte Darstellungen von Fraktalen haben sich zu einer Art psychedelischer Pop-Ikonen entwickelt.

Ohne zu sehr auf die Details von Mandelbrots Theorien einzugehen, kann man sagen, dass die Ergebnisse seiner Forschung ein Frontalangriff gegen die Standardtheorien sind, mit denen auf den Finanzmärkten gearbeitet wird – so, wie man es von einem Mann erwartet, der sein Leben lang gegen den theoretischen Mainstream geschwommen ist. Mandelbrots fraktale Geometrie zeichnet ein völlig anderes Bild von Kapitalmärkten, als wir es gewohnt sind: Chaotische Systeme, die zunächst ruhig sind, alles läuft in geordneten Bahnen, unterbrochen von chaotischen Ereignissen und unvermittelten Eruptionen der Kurse. In Mandelbrots Welt sind Kapitalmärkte ein Hort von Chaos, Unordnung, Unsicherheit und jeder Menge statistischer Monstrositäten – Chaos pur.

Vertreter der orthodoxen Finanzmarkttheorie glauben an eine Welt, die den Gesetzen der sogenannten Normalverteilung unterliegt: Zwar gibt es an den Börsen extreme Kursbewegungen, aber die kommen selten vor und sind so etwas wie statistische Absonderlichkeiten, mehr eine theoretische Freak-Show als eine reale Bedrohung – die meisten Kursbewegungen bewegen sich im Bereich dessen, was wir als »normal« empfinden. So wie wir beim Münzwurf erwarten, dass die Anzahl der Kopf- und die der Zahl-Würfe sich auf Dauer die Waage halten, glaubt die orthodoxe Theorie, dass sich an den Finanzmärkten auf lange Frist ein ähnliches statistisches Wohlverhalten einstellt – viele kleine Kursbewegungen, und nur ganz, ganz wenige große Kursbewegungen. Die Folge dieses Weltbildes ist, dass sich Kapitalmärkte recht wohlgesittet verhalten, was sie berechenbarer macht.

Mandelbrots Vorstellung von Kapitalmärkten ist eine andere. Märkte sind nach seinem Verständnis turbulent, ihre Bewegungen sind nicht normalverteilt, sie sind chaotisch und unberechenbar. Stimmt diese Annahme, so sind Finanzmärkte wesentlich riskanter, als es die Vertreter der herkömmlichen Theorie wahrhaben wollen, und eine Prognose solcher wilder, ungezügelter Bewegungen ist mehr oder weniger unmöglich.

Die erste Lehre aus Mandelbrots Ideen ist also, dass Märkte wesentlich riskanter sind, als wir es wahrhaben wollen. Die Daten der Vergangenheit zeigen in der Tat, dass es viele Ereignisse gibt, bei denen die Preissprünge zehnmal größer sind als die typischen kleinen, durchschnittlichen Preisänderungen, wie man sie bei statistischem Wohlverhalten erwarten würde. Wären diese Preisänderungen normalverteilt, wie die herkömmliche Theorie unterstellt, so läge die Wahrscheinlichkeit solcher Ereignisse bei etwa eins zu einer Million Million Million Million – das kann eigentlich niemals vorkommen. Und doch finden wir Ereignisse wie den Kurssturz von 1987, der sogar nicht zehn-, sondern mehr als 20-mal so groß war wie eine durchschnittliche Preisänderung. Und wir finden zu viele solcher Ereignisse: Alleine im ersten Jahrzehnt des neuen Jahrtausends gab es mit der Internetblase, der

Immobilienkrise und der Euro-Krise drei Ereignisse, deren Eintreten nach herkömmlicher Auffassung unwahrscheinlich, wenn nicht unmöglich ist. Und doch haben sie sich ereignet.

In der klassischen Theorie und in der praktischen Anwendung betrachtet man solche Ereignisse, solche explosiven Ausbrüche der Kapitalmärkte als Ausreißer – das sind Spezialfälle, das ist nicht normal, also blendet man diese Punkte aus den Modellen aus. Ein schwerer Fehler, glaubt Mandelbrot, seiner Ansicht nach sind gerade diese unmöglichen Ereignisse die wichtigsten beim Studium der Kapitalmärkte. Sie verraten mehr über die wahre Natur der Märkte als die Tage, an denen nichts oder wenig passiert.

Die unmittelbare Lehre aus dieser Erkenntnis lässt sich am besten mithilfe eines einzelnen Tages erklären: Wir schreiben den 18. April 2005.

Vorsicht, Freak-Wellen!

Am 18. April 2005 bricht über das 292 Meter lange norwegische Kreuzfahrtschiff »Norwegian Dawn« die Hölle herein: Eine sieben Stockwerke hohe Welle zerschlägt die Fenster der Kommandobrücke und setzt das Schiff unter Wasser. Die Passagiere kommen mit leichten Verletzungen und Prellungen davon. Andere Schiffe haben nicht so viel Glück, sie werden Opfer eines Phänomens, das man lange Zeit für Seemannsgarn hielt: Monsterwellen. Diese Wellen, »Freak-Wellen« genannt, türmen sich 20 bis 30 Meter auf und sind vermutlich für das Verschwinden vieler Ozeanriesen verantwortlich. Lange Zeit dachte man, dass solche Wellen eine Rarität sind, dass sie nur einmal in 10 000 Jahren auftreten, manche Wissenschaftler erklärten sie sogar für physikalisch unmöglich. Doch mittlerweile wissen wir, dass Monsterwellen keine Rarität, sondern Realität sind.

Für die Schiffe und Reedereien hat das praktische Folgen: Wenn es Monsterwellen gibt, bedeutet das, dass man die Schiffe darauf ausrichten muss, auch solche Naturmonstrositäten zu überstehen – statt die Schiffe für Wellen bis sagen wir zehn Meter Höhe sicher zu machen, muss man nun über 30 Meter hohe Wellen nachdenken und die Schiffe dagegen schützen.

Monsterwellen lassen sich mit den Ideen Mandelbrots erläutern, und die Existenz solcher Monsterwellen ist ein Nachweis von der Relevanz seiner Ideen: Diese Freaks sind keine einzelnen Ausreißer, sondern kommen in der Natur häufiger vor, als es unsere statistische Intuition vermuten lässt. Und was den Reedern die Monsterwellen, sind den Kapitalmärkten und ihren Akteuren die extrem hohen Kursausschläge, die Mandelbrot prophezeit. Und wenn diese häufiger vorkommen, als wir das denken, bedeutet das, dass die Akteure an den Kapitalmärkten ihre Investments, ihre Portfolios nicht gegen die handelsüblichen Kursausschläge absichern müssen, sondern gegen die Monsterwellen der Kapitalmärkte, gegen unmöglich geglaubte Kurskatastrophen.

Untersuchungen zu den Schwankungen an Kapitalmärkten bestätigen diese Idee: Große Kursveränderungen im Dow-Jones-Index beispielsweise kommen 2000-mal häufiger vor, als man es bei normalverteilten Kursbewegungen erwarten dürfte – Ereignisse wie der Kurssturz des Dow-Jones im Jahr 1987 dürften sich nur alle 7000 Jahre ereignen, wenn sie normalverteilt wären.

Diese Erkenntnis ist Dynamit: Wenn es Monsterwellen an den Kapitalmärkten gibt, und wenn die meisten Marktteilnehmer diese ignorieren, also das Ausmaß des Risikos an den Märkten systematisch unterschätzen, bedeutet das, dass ihre Portfolios nicht gegen den Ernstfall geschützt sind. Sie sind im Ernstfall dem Toben der Märkte genauso ausgeliefert wie Schiffe, die nicht gegen Monsterwellen gesichert sind. Wer jetzt an Banken denkt und an die

Immobilienkrise, die diesen Banken sämtliche Sicherungen pulverisiert hat, hat Mandelbrots Ideen begriffen.

Das ist die erste Lektion der fraktalen Geometrie der Märkte: Sichern Sie Ihre Investments gegen Monsterwellen, testen Sie, ob Ihre Investments einer solchen Naturerscheinung standhalten können. Das ist vor allem eine politische Aufgabe, hier müssen wir über Versicherungsunternehmen, Vermögensverwalter und Banken sprechen und darüber, ob ihr aktuelles Risikomanagement diesen Ideen angemessen ist. Wenn nicht – siehe Immobilienkrise.

Aber auch für Privatanleger hat die fraktale Geometrie der Märkte einen bemerkenswerten Ratschlag: Kursschwankungen an Kapitalmärkten, auch große Kursschwankungen, konzentrieren sich oft auf wenige Tage – damit sind Kapitalmärkte unberechenbarer und unfreundlicher als in einer Modellwelt, in der sich diese Schwankungen gesittet benehmen, weil sie sich gleichmäßig über die Jahre verteilen. Wenn also an einem Tag die Kurse wie verrückt ausschlagen, so ist die Wahrscheinlichkeit, dass auch der nächste Tag an den Börsen sehr unruhig wird, recht hoch.

Ein einfaches Bild macht diese Idee deutlich: Stellen Sie sich Kapitalmärkte als Straße vor, die Sie überqueren wollen; und die Wagen stehen für außergewöhnliche Kursbewegungen. Wollen Sie nun die Straße überqueren, so wäre es unklug, zu gehen, sobald ein Wagen vorbeigefahren ist, weil Sie vermuten, dass jetzt erst einmal eine Weile kein Wagen kommt. Warum, ist klar: Ampeln, Langsamfahrer, hinter denen sich der Verkehr staut, und Überholverbote verhindern, dass sich die Wagen gleichmäßig über das Straßennetz verteilen. Deswegen ist es recht wahrscheinlich, dass auf einen Wagen unmittelbar ein zweiter folgt.

Die Vorstellung von starken Kursschwankungen als ein reinigendes Gewitter, nach dem am nächsten Tag die

Sonne der Normalität wieder über das Parkett scheint, ist also verkehrt. Genau so, wie es wahrscheinlich ist, dass auf einen Wagen unmittelbar ein zweiter folgt, ist es wahrscheinlich, dass auf eine starke Kursbewegung an einem Tag weitere in den folgenden Tagen folgen. Unsere Vorstellung, dass Kursbewegungen gleichmäßig über die Zeit verteilt sind, dürfte falsch sein – sie ballen sich um bestimmte Tage, also Zeiten erhöhter Turbulenzen, in denen die Kurse stärker schwanken als normalerweise.

Die Folge dieser Überlegung ist spektakulär: Der richtige Zeitpunkt an der Börse spielt eine sehr große Rolle, da Kursschwankungen nicht symmetrisch über die Zeit verteilt sind, sondern gehäuft vorkommen. Die Anzahl der Tage, die für die Kursentwicklung wirklich wichtig sind, weil dort wichtige Dinge passieren, ist erstaunlich gering. Mit anderen Worten: Der Großteil der Wertentwicklung Ihres Portfolios wird durch nur wenige Tage bestimmt. Es gibt also sehr viele Ereignisse, die geringe Kursschwankungen zur Folge haben, und sehr wenige Ereignisse, die sehr große Kursschwankungen auslösen. Die Kursgewinne oder -verluste verteilen sich in einer solchen Börsenwelt nicht gleichmäßig über die Jahre, sondern ballen sich an wenigen Tagen – deswegen wird es für Anleger dramatisch, wenn sie einzelne, ausgewählte Tage an der Börse verpassen.

Die Fondsgesellschaft Fidelity bietet auf ihrer Homepage einen netten Service an, der verdeutlicht, wie wild die Kapitalmärkte wirklich sind. Wer beispielsweise in den vergangenen 15 Jahren voll am deutschen Aktienmarkt investiert war, hatte laut Fidelity am Ende eine Rendite von rund sieben Prozent jährlich. Wer aber die besten zehn Börsentage in diesem Zeitraum verpasste, kommt nur noch auf 1,7 Prozent jährlich, wer die besten 40 Tage verpasste, sitzt auf mehr als acht Prozent Miesen. Hätte man weltweit investiert, so ändert sich das Bild nicht: Wer über die vollen 15 Jahre investiert war, kommt auf knapp sechs

Prozent jährlich, wer die besten zehn (40) Tage verpasste, kommt nur auf zwei (minus vier) Prozent.

Wie geht man mit diesem Problem um? Es gibt nur zwei Möglichkeiten. Möglichkeit Nummer eins: Sie trauen sich zu, unter den Hunderten von Börsentagen genau jene wenigen Tage herauszufinden, an denen Sie investiert sein müssen oder der Börse fernbleiben müssen. Viel Erfolg damit. Möglichkeit Nummer zwei: Sie bleiben langfristig investiert und sorgen damit dafür, dass Sie auch an den Tagen investiert sind, die wichtig sind – auch wenn das um den Preis ist, das man auch an den Tagen dabei ist, an denen man besser der Börse ferngeblieben wäre. Der Rat, langfristig investiert zu bleiben, ist die pragmatischste Lösung dieses Investmentdilemmas, denn das Wissen darum, dass das ganz große Geld an der Börse nur an wenigen Tagen verdient wird, nützt wenig, solange man nicht weiß, um welche Tage es sich handelt.

Das war jetzt ein fraktaler Parforceritt über die Kapitalmärkte – was lernen wir daraus? Was würde uns Benoît Mandelbrot raten?

Was lernen wir daraus?

»Ich habe es mir in meinem Leben zur Maxime gemacht, über vier Dinge nie zu sprechen: Politik, Religion, Sex – und mein Portfolio«, antwortet Benoît Mandelbrot auf die Frage nach seinem eigenen Portfolio. Schade, aber dennoch – einige Lehren kann man aus seinen Ideen und den Ideen dieses Kapitels ziehen. Was ist also wirklich wichtig?

An erster Stelle steht die Rolle der Zeit: Je mehr Zeit man hat, um zu investieren, umso besser. Denn je länger man investiert ist, umso mehr Zeit hat man, um Geld anzusammeln, umso länger kann der Zinseszinseffekt arbeiten, umso eher kann man in riskantere, aber rentablere Investments investieren. Zugleich sorgt die lange Frist dafür, dass wir eben auch an den Tagen investiert sind, die wichtig sind, und nicht nur an den Tagen, an denen nichts passiert. Mit Blick auf die Ideen zur naiven Diversifikation und die Ideen Mandelbrots liegt die Vermutung nahe, dass es nicht so wichtig ist, wie man sein Portfolio aufteilt, sondern dass man langfristig investiert ist. Zeit schlägt Taktik. Zeit ist Geld.

Daraus folgt Ratschlag Nummer zwei: Nicht nur früh anfangen, sondern regelmäßig sparen, am besten, indem man Automatismen schafft. Sparpläne erfordern einen einmaligen mentalen Kraftakt – und danach lässt man sie laufen. Wer es sich einfach machen will und spätere Entscheidungen vermeiden will, wenn es darum geht, das Portfolio respektive die Ersparnisse an sein steigendes Lebensalter anzupassen, der kann sich sogenannte Life-Cycle-Produkte oder Target-Fonds anschauen. Solche Produkte mischen verschiedene Investments in Abhängigkeit von der Lebensplanung des Anlegers. Zu Beginn der Laufzeit – der Anleger ist jung und hat noch Zeit zu sparen – setzen diese Produkte auf einen hohen Aktienanteil. Im Laufe der Jahre wird das Vermögen – je nach Zielzeitraum und Börsenentwicklung – in risikoärmere Anlagen wie Anleihen und Geldmarkt umgeschichtet. Damit werden zum Ende der Laufzeit die erwirtschafteten Gelder abgesichert. Die Verteilung der investierten Gelder wird automatisch an die Lebensplanung des Anlegers angepasst. Mehr Autopilot geht nicht.

Ratschlag Nummer drei ist die Frage nach einer gescheiten Risikoanalyse: Die Empirie deutet darauf hin, dass große Ausschläge an den Kapitalmärkten häufiger vorkommen, als es uns lieb sein mag. Das bedeutet, dass wir unsere Investments, unser Portfolio, nicht nur gegen herkömmliche Kursturbulenzen absichern müssen, sondern auch gegen Monsterwellen an den Kapitalmärkten. Risikomanagement mit der falschen Vorstellung von der

Häufigkeit von Großereignissen am Kapitalmarkt führt in den Untergang – siehe die jüngste Bankenkrise.

Das sind ein paar Ideen, wie man seine Ersparnisse ein wenig wetterfester machen kann, um sich vor den Tücken der Märkte zu schützen. Aber können wir uns auch vor den Tücken der menschlichen Psyche schützen? Beispielsweise vor Psycho-Sparkassen?

11 MÜSSEN WIR OPFER SEIN?

Die Psycho-Sparkasse

Das schmeckte Verbraucherschützern nicht: »Der rationale Kunde ist tot«, trompetete eine Marketingagentur auf der Suche nach Kunden – und wurde damit auch fündig: Ausgerechnet eine Sparkasse – die Hamburger Sparkasse – ging ihr ins Netz. Mithilfe der Agentur wurde das Konzept »Sensus« entwickelt, mit dessen Hilfe man auf Kundenfang gehen wollte. Ziel war, das Unterbewusstsein der Kunden anzusprechen, ihnen Reize, Ängste, Emotionen zu vermitteln – und dann provisionsförderlich zuzuschlagen. Zu diesem Zweck wurden die Kunden der Sparkasse in Kategorien gesteckt: Da gab es den »Bewahrer«, den »Genießer«, den »Performer«, den »Abenteurer«, den »Toleranten« und den »Disziplinierten« sowie den »Hedonisten«. Und jeder Kundentyp sollte unterschiedlich angesprochen werden: Beim »Genießer« sei eine »weiche Wortwahl wichtig, um Fantasie und Genuss ins Spiel zu bringen«. Beim »Bewahrer« dagegen sollten Ängste geweckt werden, den »Performer« sollten Schlüsselwörter wie »Top-Kunden« locken.

Verbraucherschützer waren empört: »Ekelhaft« sei das, die Bank »schleime sich in das Gehirn der Verbraucher«, um diese gegen ihr Interesse zu beeinflussen. »Der Verdacht: Die Bank könnte die Profile nutzen, um Kunden mittels Psychotricks zu übervorteilen«, schrieb ein Magazin. Ach wirklich? Wie überraschend, genauso überraschend wie die sensationelle Enthüllung, dass die Bank ihren Beratern riet, private Bekanntschaften für Geschäftszwecke auszubeuten.

»Neuromarketing« nannten die Medien das »Sensus«-Programm und präsentierten ihren Lesern diesen Skandal als sensationell und neu – und lagen damit ungefähr genauso richtig wie mit der Idee, die Kategorisierung von Kunden in Profile als »Neuromarketing« zu verkaufen. Was in dieser Disziplin mittlerweile gemacht wird, ist Lichtjahre von solchen trivialen Spielchen entfernt. Abgesehen davon gibt es Menschen, die über solche Profile lachen, die mit der menschlichen Psyche so richtig Schlitten fahren, und nicht so wie ein biederer Sparkassenberater herumeiern, der von einer PowerPoint-Folie gelernt hat, dass man unterschiedliche Menschen unterschiedlich anspricht. Für die Profis vom grauen Kapitalmarkt sind die Sparkassen-Pseudo-Neuromarketing-Berater Amateure. Schauen wir den Profis mal bei der Arbeit zu.

Gauner mit Psychologie-Diplom

Das ist kein Arbeitsplatz für Zartbesaitete: Insider berichten von Vorgesetzten, die Telefone durch den Raum schmeißen, wenn ein Verkäufer nicht genug bringt, von Chefs, die herablassend die monatliche Geldauszahlung an die Verkäufer als »Schweinefütterung« bezeichnen. Wer Umsatz bringt, darf nach Dubai oder Las Vegas reisen, wer zu wenig bringt, fliegt raus. Dieses Betriebsklima wird zumeist durch Alkohol, Zigaretten, Kaffee und Kokain befördert. Allerdings hat diese Branche den Vorteil, dass man vorurteilsfrei ist, Resozialisierung wird da großgeschrieben: Bei manchen Firmen, so wird berichtet, scheinen Vorstrafen ein Einstellungskriterium zu sein. Willkommen in der Welt der grauen Kapitalmärkte.

»Grau« nennt man diese Kapitalmärkte deswegen, weil sie sich in einer Grauzone bewegen: Der graue Kapitalmarkt ist geprägt von Anlageformen, die nur wenigen oder keinen gesetzlichen Regelungen unterliegen. So prüft die Bundesanstalt für Finanzdienstleistungsaufsicht lediglich die Verkaufsprospekte, nicht aber die Finanzprodukte – was die Verkäufer dieser dubiosen Produkte nicht davon abhält, damit Reklame zu machen, dass sie ja von der Finanzdienstleistungsaufsicht überprüft worden seien. Das schafft Vertrauen.

Gehandelt wird mit allem, was Geld vernichtet: vorbörsliche Aktienemissionen, Diamanten, Beteiligungen an geschlossenen Fonds, Beteiligungen in Form von Anleiheobligationen oder Genussrechten, sogenannte atypische stille Beteiligungen, Bankgarantien – wenn es möglich wäre, würden diese Unternehmen auch Grundstücke auf dem Mond verkaufen. Schätzungen der Stiftung Warentest zufolge liegt der jährliche Schaden geprellter Kleinanleger bei 30 Milliarden Euro. Opfer sind sehr oft die in der Branche so bezeichneten »Zahnwälte« – Anwälte, Ärzte, Freiberufler. Warum? Nicht weil diese Berufsgruppe sonderlich anfällig dafür wäre, aber sie haben alle ein paar Gemeinsamkeiten: Einen stressigen Job, deswegen wenig Zeit, sie müssen privat fürs Alter vorsorgen und sie haben zumeist eine hohe Steuerlast – in den Augen der grauen Kapitalmarkthaie ideale Opfer.

Los geht das zumeist mit einem sogenannten »Opener«, das ist derjenige, der die Kunden anfixen soll. Hier kommen schon die ersten psychologischen Tricks zum Einsatz, beispielsweise, indem mit der Verlustangst der potenziellen Opfer gearbeitet wird: »Wie viel Steuern zahlen Sie?«, »Wollen Sie sich das nicht zurückholen?« Die hohen Steuern werden als Verlust dargestellt, und wir haben ja gelernt, was das bedeutet – Menschen wollen Verluste um jeden Preis vermeiden. Also hört man dem geschulten Verkäufer gerne zu. Dieser erzählt eine plausible Geschichte – und wir wissen, Menschen brauchen Geschichten, um etwas zu verstehen und zu akzeptieren. Garniert wird das Ganze mit ein paar Prominenten, die man als Kunden oder Berater habe – auch diesen Effekt haben wir bereits kennengelernt: Der Promi soll sein positives Image auf das angebotene Investment übertragen – hier nutzt man den Bestätigungsirrtum.

Hat man angebissen und einen ersten Betrag investiert, geht die Sause erst richtig los, jetzt kommt nach dem »Opener« der »Loader«. Er soll dem Kunden weiteres Geld aus der Tasche ziehen: Jetzt gehe es darum, die bisherigen Gewinne auszubauen, zufällig sei heute eine gute Gelegenheit, einmalig, versteht sich, das biete man nicht jedem Kunden an. Der Loader nutzt dabei unsere Sehnsucht nach Konsistenz: Wenn wir schon etwas Geld in diese Sache investiert haben, wäre es doch jetzt unlogisch, aufzuhören – einmal damit begonnen, zappelt man jetzt im Netz der eigenen Psyche, die nach konsistentem Verhalten schreit. Also gibt man weiteres Geld.

Und dann kommen die ersten Verluste. Jetzt ist der Loader wieder präsent, er fordert auf, die Verluste wieder reinzuholen, indem man »nachschießt«. Das war eine unglückliche Phase, doch jetzt gehe es wieder aufwärts, und wer jetzt weiter investiert, ist bald wieder oben dabei. Hier kommen mehrere Sachen zusammen: Zunächst unsere Angst vor Verlusten, die uns dem schlechten Geld gutes hinterherwerfen lässt, nur um Verluste zu vermeiden. Dann unsere Sehnsucht nach Konsistenz, die uns verbietet, ein Investment, das wir getätigt haben, zu hinterfragen – denn dann müssten wir uns ja eingestehen, dass wir einen Fehler gemacht haben. Also investieren wir weiter, um unseren Seelenfrieden zu wahren. Und dann noch die mentale Kontenführung: Anstatt auf unser Gesamtvermögen zu achten, zu schauen, wie sich unser Vermögen insgesamt entwickelt, schauen wir nur auf das eine Konto in den Miesen, und versuchen alles, um dieses wieder auf Kurs zu bringen. Mehr kann man kaum noch falsch machen.

Was hilft dagegen? Eigentlich nur eines: Den Hörer auflegen, sobald der erste telefonische Kontakt erfolgt. Seriöse Unternehmen stellen keinen Kontakt über das Telefon her (der übrigens verboten ist, das ist das sogenannte cold calling) – basta. Ist man aber schon hereingefallen, hat man investiert, dann hilft die Besinnung auf *Boris Godunow* – was weg ist, ist weg. Das Eingeständnis, dass man sich geirrt hat, einen Fehler gemacht hat, einem Gauner aufgesessen ist, ist hart, aber immer noch preiswerter, als viel Geld dafür zu bezahlen, sein Gewissen zu beruhigen und weiter zu investieren. Ein Trost, der ein wenig helfen kann, ist die steuerliche Absetzbarkeit solcher Verluste – das hilft ein wenig, den Schmerz zu lindern.

Keine Frage, die Gauner vom grauen Kapitalmarkt haben ihre Lektion in Psychologie gelernt – und die Frage für uns ist, was wir aus den Erkenntnissen der Psychologen lernen können. Wie können wir uns gegen die mentalen Stolperfallen wehren, die überall lauern, wie können wir mit ein wenig Vernunft vernünftig sparen? Also zum letzten Mal die Frage: Was lernen wir daraus?

Was lernen wir daraus?

Wenn wir die einzelnen Kapitel dieses Buches Revue passieren lassen, so kommen ein paar einfache Ratschläge zusammen.

Denken Sie an Newport Beach. Oder an Omaha. Das sind die Orte, an denen so bekannte Investoren wie Bill Gross oder Warren Buffett sitzen, und damit beweisen, dass man auch mit gesunder Distanz zur Börse gut fahren kann. Räumliche und persönliche Distanz zum Geschehen an den Kapitalmärkten ist kein Fehler, sondern schützt Sie vor unnötiger Ansteckung mit dem Herdenvirus. Halten Sie sich von der Hektik des Tagesgeschäftes fern. Nicht jeden Tag ins Depot schauen, nicht jeden Tag die Kurse vergleichen, nicht jeden Tag die Börsenzeitschrift mit den neuesten heißen Aktientipps lesen – einfach eine gesunde Distanz zum alltäglichen Irrsinn herstellen. Und wer unbedingt ein wenig Abenteuer und Nervenkitzel braucht, der soll sich ein wenig Spielgeld zulegen, mit dem er seiner Abenteuerlust nachgehen kann – das ist ein mentales Konto, das Sie auch zu einem echten Konto machen, aber gedanklich und organisatorisch klar von Ihrem restlichen Geld getrennt haben. Damit können Sie es krachen lassen, ohne Ihr gesamtes Vermögen zu riskieren.

Tragen Sie eine Münze bei sich. Vor ein paar Jahren schenkte mir ein Bekannter eine Silbermünze, einen halben Dollar, eine große, auffällige Münze, die meinen Schreibtisch ziert. Ein Blick auf diese Münze hilft immer wieder, sich an die Tücken des Zufalls zu erinnern. Wer ein paarmal eine Münze wirft und die Folgen von Kopf und Zahl notiert, wird in diesen Notizen rasch Muster oder vermeintliche Regelmäßigkeiten finden – dieses Experiment erinnert daran, dass vermeintliche Muster an den Kapitalmärkten oft nur Narrengold sind. Wenn Sie also mal wieder vor einem solchen Muster stehen oder darüber nachdenken, hilft es rasch, ein paar Münzwürfe zu machen und sich die Ergebnisse zu notieren – das kann ernüchtern. Zudem können Ihnen die Ergebnisse dieser Münzwürfe rasch zeigen, dass auch unwahrscheinliche Ereignisse – fünfmal Kopf in Folge – nicht unmöglich sind und häufiger vorkommen, als wir das bisweilen glauben. Nach einer Weile muss man keine Münzwürfe mehr aufschreiben, es reicht dann, einen Blick auf die Münze zu werfen, um an den sprunghaften Charakter des Zufalls erinnert zu werden.

Wetten Sie auf einen Münzwurf. Die Münze kann Ihnen auch helfen, sich an die Verlustaversion zu erinnern. Denken Sie daran: Die meisten Menschen verweigern eine Wette, bei der sie auf den Ausgang eines Münzwurfs wetten – Kopf, man bekommt zehn Euro, Zahl, man zahlt zehn Euro. Erst wenn man im Gewinnfall das Doppelte bekommt – man bekommt 20 Euro bei Kopf, muss bei Zahl aber nur zehn zahlen –, wird die Wette für die meisten Menschen akzeptabel. Nehmen Sie einfach ab und an die Münze aus der Tasche und denken Sie an diese Wette – und schon ist die Verlustaversion präsent. Und sobald Sie sich daran erinnern, dass Menschen Verluste nicht mögen, steigen Ihre Chancen, beispielsweise der Lass-nichts-verkommen-Illusion zu entkommen – das verhindert, dass Sie dem schlechten Geld gutes hinterherwerfen. Verstärken kann man die Erinnerung an diese Illusion – die wir auch als Concorde-Effekt kennengelernt haben –, indem Sie beispielsweise das Dokument einer solchen Illusion rahmen und sich an die Wand hängen. Sie haben mit einer Gesellschaft, einem Investment Verluste gemacht, und haben die Verluste verschlimmert, indem sie nachgekauft haben? Prima. Heben Sie ein Dokument auf, das Sie an dieses Investment erinnert, rahmen Sie es und hängen Sie es auf – und schauen Sie es jedes Mal an, bevor Sie überlegen, ob Sie nachkaufen sollten. Vielleicht hilft Ihnen diese Übung auch, gegen den Dispositionseffekt anzukämpfen – also den Umstand, dass wir dazu neigen, Gewinner zu verkaufen und Verlierer zu behalten, auch ein Ausdruck der Verlustaversion. Hier aber haben wir ein handfestes Mittel: Vergessen Sie den Einstandspreis und setzen Sie eine Stop-Loss-Order. Wenn Sie das beherzigen, haben Sie eine wichtige Runde im Kampf gegen die Verlustaversion gewonnen.

Denken Sie an Jim Knopf und den Scheinriesen. Herr Tur Tur aus dem Kinderbuchklassiker Jim Knopf ist ein

Scheinriese: Je weiter man von ihm entfernt ist, desto größer wirkt er. Nur wenn man ihn ganz aus der Nähe sieht, erkennt man, dass er genauso groß ist wie jeder normale Mensch. So ähnlich wie mit dem Scheinriesen verhält es sich mit den vielen kleinen Ausgaben und Zusatzkosten, denen wir im Alltag begegnen: Aus der Nähe betrachtet wirken sie klein und unscheinbar, doch wenn man einmal den nötigen Abstand hat, erkannt man, dass sie in der Summe eine Menge Geld ausmachen. Wenn wir also an Herrn Tur Tur denken, entgehen wir der Verkäufer-Salamitaktik, uns zu dem teuren Hauptprodukt überteuerte Zusatzprodukte zu verkaufen – dann denken wir nicht mehr, dass es darauf jetzt nicht mehr ankommt, sondern eher, dass auch Kleinvieh Mist macht, respektive aus der Entfernung größer wird, als man es vermutet. Der Gedanke an den Scheinriesen macht uns zudem klar, dass Verluste für uns eine Frage der Perspektive sind, und dass unsere Bereitschaft, Risiken einzugehen, auch von den äußeren Umständen abhängt – am Ende des Tages auf der Rennbahn setzen wir alles auf eine Karte, nur um unsere Verluste wettzumachen.

Denken Sie ans Finanzamt. Aber vielleicht nicht so, wie Sie jetzt denken: Steuern sparen kann man in der Regel nur, wenn man weniger Geld verdient, nicht mehr – auch die sogenannten Steuersparmodelle sind eigentlich nur Steuerstundungsmodelle oder Geldvernichtungsprogramme. Ans Finanzamt sollten Sie denken, wenn Sie darüber nachdenken, Verluste zu realisieren – da diese Verluste Ihre Steuerschuld mildern, hilft Ihnen dieser Gedanke, sich leichter von Verlustbringern zu trennen, statt die Gewinneraktien zu verkaufen. Der Gedanke ans Finanzamt hilft, den Dispositionseffekt zu zähmen.

Denken Sie an die grüne Wiese. Die grüne Wiese ist das Synonym für den Neuanfang – lassen Sie uns von vorne beginnen, das Gewesene vergessen, neu beginnen. Also: Würde ich diese Aktie heute noch einmal kaufen, auch wenn ich sie nicht besitze? Lautet die Antwort »Nein«, so gibt es keinen Grund, an ihr festzuhalten, wenn man sie bereits besitzt. Am besten, Sie wählen sich eine reale Wiese, die Sie kennen, und rufen sich diese immer in Erinnerung, wenn es darum geht, etwas zu behalten oder zu verkaufen. Das Denken in grünen Wiesen reduziert den Einfluss des Bestehenden, des Status quo, und hilft gegen den Concorde-Effekt. Bevor Sie Ihr Portfolio inspizieren, denken Sie an Ihre Wiese, setzen Sie sich an den Schreibtisch und schreiben Sie auf, wie Ihrer Meinung nach Ihr Portfolio aktuell aussehen sollte, wenn Sie bei null anfangen würden. Vergleichen Sie dieses Ergebnis anschließend mit Ihrem tatsächlichen Portfolio – wenn Sie nun staunen, besteht akuter Handlungsbedarf.

Teilen Sie Ihre Pizza nicht in vier, sondern in acht Stücke. Denken Sie also an Yogi Berra: Fragen Sie sich immer, warum man die Pizza nicht in vier, sondern in acht Teile schneiden sollte – fragen Sie nach dem Gegenteil und nach Alternativen. Systematisches Gegensteuern ist eine gute Waffe im Kampf gegen die Verankerung: Wenn der Analyst, der Berater, Kollege oder der eigene Bauch sagt, dass der Aktientipp ein Kursziel von 200 hat, so muss man sich nun systematisch Gedanken darüber machen, welche Gründe es dafür gibt, dass diese Aktie auf 20 fällt. Bei jedem Kauf sollte man sich in die Rolle des Verkäufers versetzen – welche Gründe hat er, zu verkaufen, und sind diese Gründe auch relevant für mich?

Cool down – gönnen Sie Ihrer Brieftasche eine Auszeit. Wenn Sie unverhofft Geld bekommen, Steuerrückzahlungen, Geschenke, Gewinne – geben Sie das nicht gleich alles aus, sondern parken Sie es wenigstens für eine Woche auf einem Geldmarktkonto. Sie werden feststellen, dass erstens sich rasch auf diesem Konto üppige Beträge ansammeln können, und zweitens, dass Sie nach dieser Karenzwoche das Geld nicht mehr so leichtfertig ausgeben. Der Grund dafür sind unsere mentalen Konten: Hat das Geld ein paar Tage auf einem Konto geschlummert, neigen wir dazu, es mental vom Konto »diverse Glücksfälle«, das wir nicht überwachen, auf ein anderes, ernsthafteres Konto umzubuchen – und schon gehen wir damit sorgfältiger um. Sie müssen bei jedem Geldbetrag, den Sie einnehmen, versuchen, zu vergessen, woher er kommt – das sorgt dafür, dass Sie sorgfältiger damit umgehen. Und wenn sich auf diesem Tagesgeldkonto höhere Beträge ansammeln, umso besser – da wir mit höheren Beträgen ernsthafter umgehen. Wem das zu sehr nach Spaßbremse riecht, der kann sich ja ganz bewusst ein echtes Konto einrichten, auf dem er die Glücksfälle des Lebens sammelt und von dem er sich ein wenig Luxus gönnt. Vermutlich werden Sie dann trotzdem sparsamer sein, aber den Luxus mehr genießen, weil Sie sich nun auch bewusst machen, dass Sie sich etwas Luxus gönnen. Und das ist ja auch eine schöne Sache – Luxus ist nur Luxus, wenn man ihn als solchen erlebt.

Verwenden Sie eine Tabellenkalkulation. Natürlich ist es schwierig, stets den Überblick über alle Ausgaben und Einnahmen zu behalten, aber zumindest was Ihre Investments angeht, sollten Sie das versuchen: Statt für jedes Anlageobjekt ein eigenes mentales Konto zu führen, müssen Sie sich über den Zustand des Gesamtportfolios den Kopf zerbrechen. Es geht also darum, das Gesamtportfolio zu pflegen, statt sich darüber aufzureiben, dass Einzelpositionen nicht das machen, was sie machen sollten. Dazu kann man einfach eine Tabellenkalkulation anlegen, in der man alle Investments erfasst und ihre Wertentwicklung ebenso wie ihr Risiko, also die Kursschwankungen verfolgt. Zusätzlich kann man die Investments kennzeichnen – welcher Typ (Aktie, Anleihe, Derivat), welche Branche (Auto, Konsum), welches Land und welche Währung. Mit etwas Farbe und ein paar Grafiken schafft das einen ganz gescheiten Gesamteindruck für das Portfolio und verhindert, dass man vor lauter Bäumen den Wald vergisst.

Seien Sie revolutionär. Ändern Sie jede Woche eine Kleinigkeit in Ihrem Leben, probieren Sie ab und an mal etwas Neues, hinterfragen Sie alte Gewohnheiten – das bewahrt Sie davor, Opfer des Beharrungsirrtums zu werden, so zu bleiben, wie Sie sind. Diese Angewohnheit kann Ihnen helfen, auch bei Ihrem Portfolio dem Beharrungseffekt ein Schnippchen zu schlagen. Also: Ändern Sie die Standardeinstellungen Ihrer Geräte, vielleicht heften Sie sich einfach eine lustige Stelle aus einer Bedienungsanleitung neben den Platz, an dem Sie über Ihre Investments nachdenken, das erinnert Sie auf amüsante Weise immer daran, dass die Gefahr der Entscheidungslähmung besteht – genauso, wie Sie vielleicht nicht die Grundeinstellungen an dem technischen Gerät geändert haben, das zu der lustigen Bedienungsanleitung gehört. Und denken Sie immer daran: Langfristig bereut man das, was man nicht getan hat.

Denken Sie in Opportunitätskosten. Nehmen Sie sich einen Referenzzinssatz – am besten den risikolosen Tagesgeldzinssatz – und rechnen Sie bei jedem Investment nach, was Sie an diesen Zinsen verdienen würden, wenn Sie das betreffende Investment verkaufen und den Erlös zu dem entsprechenden Zinssatz auf das Tagesgeldkonto packen würden. Führen Sie sich diese Kosten stets vor Augen, wenn Sie beschließen, nichts zu tun. Dann wissen Sie, was Sie Ihr Zögern kostet.

Und noch einmal: Werfen Sie eine Münze. Jedes Mal, wenn Sie das Gefühl bekommen, dass Sie clever sind, jedes Mal, wenn Sie glauben, dass Sie das beste Investment finden, den Markt schlagen können, wissen, wie es in Zukunft weitergehen wird – dann werfen Sie eine Münze und versuchen Sie zu prognostizieren, ob Kopf oder Zahl kommt. Machen Sie diese Übung ein paarmal, und Sie werden rasch erkennen, dass Sie das nicht können. Das erinnert Sie an das Risiko des Überoptimismus und führt dazu, dass Sie Ihre Fähigkeiten realistischer einschätzen.

Führen Sie ein Investmenttagebuch. Schreiben Sie vor jeder Entscheidung auf, warum Sie diese treffen und was Sie sich davon versprechen. Schreiben Sie auch die Argumente auf, die dafür und dagegen sprechen, schreiben Sie auf, wie Sie diese Argumente einschätzen und gewichten, begründen Sie Ihre Entscheidung möglichst genau und ausführlich. Dieses Tagebuch zwingt Sie erstens dazu, systematisch über Ihre Anlageentscheidungen nachzudenken. Zweitens ermöglicht Ihnen das Tagebuch eine ehrliche Rückkopplung über Ihre eigenen Fähigkeiten als Analyst, Prognostiker und Börsenprofi – wer schwarz auf weiß liest, was er einmal geglaubt hat, kann sich im Nachhinein nicht mehr belügen, er habe es ja gewusst.

Seien Sie dagegen. Um dem Bestätigungsirrtum zu entgehen, sollten Sie bei allem, was Sie tun, immer eine einfache Frage stellen: Was spricht dagegen, das zu tun, was ich tun will? Nichts ist nerviger als ein Mensch, der permanent alles infrage stellt – aber das ist der einzige Weg, zu vermeiden, dass wir uns eine einmal gefasste Meinung nur noch bestätigen lassen wollen. Ich habe früher wichtige Artikel vor dem Druck immer einem Kollegen gegeben, der mir diese mit schöner Regelmäßigkeit zerpflückte.

Das war nervig, ärgerlich, emotional – und extrem wertvoll. Suchen Sie bewusst Menschen, die Ihnen Kontra geben, und versuchen Sie, diese Kritik ernst zu nehmen – das kann Ihnen unter Umständen viel Geld sparen. Ein guter Freund wird auch bereit sein, Ihnen die unangenehme Wahrheit zu sagen – Jasager und Schmeichler gibt es genug, die kosten Sie aber nur Geld.

Geben Sie Ihren Konten Namen. Denken Sie an Dustin Hoffman: Indem Sie Ihre Ersparnisse auf einem speziellen Konto verbuchen, stärken Sie Ihren Sparwillen – Geld vom Erziehungskonto, Autoansparkonto oder vom Altersvorsorgekonto gibt man nicht so leichtfertig aus. Das erhöht Ihre Spardisziplin, allerdings um den Nachteil, dass Sie dann hohe Dispo-Zinsen zahlen, obwohl Geld auf den Sparkonten schlummert. Aber einen Tod muss man vermutlich sterben.

Sichern Sie sich gegen Monsterwellen ab. Die vergangenen Jahre haben eines hinreichend deutlich gemacht: Es gibt sie, die Monsterwellen an den Kapitalmärkten, und sie sind häufiger, als wir es wahrhaben wollen. Machen Sie Ihr Portfolio ebenso wie Ihre Altersvorsorge wetterfest, indem Sie hinreichend streuen. Überlegen Sie sich dabei, wie viel Risiko Sie vertragen – wie hoch darf die Welle an den Kapitalmärkten sein, bevor Ihr Schiff untergeht respektive Sie die Nerven verlieren? Und dort ziehen Sie die Reißleine mittels automatischer Stop-Loss-Orders. Das bringt uns zu unserem nächsten Tipp.

Gehen Sie auf Autopilot. Die Stop-Loss-Order ist so ein Autopilot – ich lege einmal fest, was ich ertragen kann, und wenn diese Marke erreicht wird, wird automatisch verkauft, ohne Wenn und Aber, und vor allem ohne das Zögern, das unsere Nerven uns anhängen. Auch bei der Entscheidung zur Altersvorsorge spielt der Autopilot eine wichtige Rolle: Fällen Sie einmal eine Sparentscheidung, und lassen Sie diese dann automatisch weiterlaufen. Und selbst wenn es nur kleine Beträge sind – wer lange genug auf Autopilot fährt, kommt auch voran. Vor allem nutzt er den größten Verbündeten – das bringt uns zu unserem letzten Tipp.

Die Zeit ist Ihr Freund. Je früher Sie beginnen, zu sparen, umso mehr sparen Sie, umso mehr hilft Ihnen der Zinseszinseffekt, und umso mehr können Sie auf rentable, aber riskante Investments setzen, da Sie genügend Zeit haben, höhere Kursschwankungen auszusitzen. Zugleich sorgt die lange Sparfrist dafür, dass wir auch an den Tagen investiert sind, die wichtig sind, und nicht nur an den Tagen, an denen nichts passiert. Und wenn Sie glauben, dass Sie es schaffen, die wenigen wichtigen Tage zu finden, an denen man der Börse fernbleiben soll oder an denen man investiert sein muss – dann siehe oben: Werfen Sie eine Münze.

NACHWORT: NARRENGOLD ODER ABSCHIED VON FRANKFURT

Der 30. September 2006 war mein letzter Arbeitstag als Börsenjournalist einer großen deutschen Tageszeitung. Ich packte all die schlauen Bücher, die jahrelang die Regale meines Büros beschäftigt hatten, in Umzugskartons, um sie wieder dahin zu bringen, wo sie herkamen, zurück auf eine Hochschule.

Während ich also den Weg von den Finanzmärkten zurück in den Wissenschaftsbetrieb wählte, gingen die Ideen der Behavioral Finance, von denen wir auf den letzten Seiten viele kennengelernt haben, den anderen Weg: Sie haben zunehmend den Weg von den kreidestaubbeschmierten Pulten der Hochschullehrer an die Finanzmärkte gefunden – mittlerweile gibt es etliche Gesellschaften, die behaupten, die Erkenntnisse dieser Disziplin in ihrem Investmentprozess oder ihren Produkten einzusetzen.

Keine Frage, die Ideen der Behavioral Finance sind clever, intellektuell anziehend und leuchten uns intuitiv ein – doch bisher tut sich die Finanzbranche schwer damit, diese Ideen gescheit umzusetzen. Vermutlich auch deswegen, weil Menschen zu vielfältig, zu unterschiedlich, zu unberechenbar sind, als dass sie sich über einen einheitlichen psychologischen Kamm scheren ließen. Und so muss man auch die Ideen dieses Buches verstehen: Nicht jeder ist überoptimistisch oder stürzt über die vielen Stolpersteine, die uns unsere Psyche auslegt. Aus dieser Perspektive verabreicht die Behavioral Finance eine Medizin, die helfen kann, aber bei manchen Patienten unnötig ist.

Im Gegenteil muss man davor warnen, dass man nicht zu viel dieser Medizin einnimmt: Mittlerweile nistet sich in den Köpfen und Leitartikeln der Welt immer mehr die Idee ein, dass Menschen eben immer und komplett irrational sind, und dass Finanzmärkte ein Tollhaus sind, in dem der Wahnsinn Methode ist und die Akteure allesamt plemplem. Dieser Schluss ist übereilt und gefährlich, vielleicht unterliegen diejenigen, die diese Meinung vertreten, selbst einem psychologischen Irrtum – sie erklären eine Theorie, die weder den Anspruch hat, in sich geschlossen zu sein, noch, alles erklären zu können, zur alleinig gültigen Wahrheit. Und Absolutheitspostulate enden mit schöner Regelmäßigkeit auf dem Scheiterhaufen der gescheiterten Ideen.

Kapitalmärkte sind bisweilen turbulent, chaotisch und in ihrem Wesen schwer verständlich – aber das bedeutet nicht, dass dort nur Idioten arbeiten. In den acht Jahren, die ich für meine Zeitung die Kapitalmärkte verfolgte, erlebte ich mehrere Krisen und Booms, Kursaufschwünge und -einbrüche und lernte viele Menschen kennen, die eine Haupt- oder Nebenrolle in diesen Dramen spielten – und keiner von ihnen war ein Idiot, viele waren gut ausgebildet, extrem clever und scharfsinnig, und auch keineswegs Monster ohne Moral. Sie waren einfach Menschen, die einen interessanten Arbeitsplatz haben. Und so muss man auch Kapitalmärkte verstehen: Ein Ort, an dem viele Menschen arbeiten, manche klug, manche weniger klug, manche risikofreudig, manche risikoscheu, manche unvorsichtig, manche zu feige – die ganze Bandbreite des menschlichen Charakters findet sich hier. Deswegen sollte man es nicht übertreiben mit der Idee, dass Menschen plemplem sind und sich immer irren. Auch wenn wir bisweilen dumme Sachen anstellen, auf eines ist immer Verlass: auf die Cleverness, Findigkeit und Kreativität des Menschen. Das ist auch der Grund, warum wir immer noch hier sind.

ANHANG

Literatur

Die Ideen der Behavioral Finance finden sich in vielen Fachbüchern und -artikeln, die Beispiele und Studien stammen – soweit nicht in den Angaben zu den einzelnen Kapiteln anders vermerkt – aus den folgenden Quellen.

Bazerman, Max H.: *Smart Money decisions. Why you do what you do with money*, John Wiley & Sons, 1999.

Beck, Hanno: *Die Logik des Irrtums. Wie uns das Gehirn täglich ein Schnippchen schlägt*, Frankfurter Allgemeine Buch, 2008.

Belsky, Gary; Gilovich, Thomas: *Why smart people make big money mistakes and how to correct them*, Simon & Schuster Paperback, 1999.

Dubben, Hans-Hermann; Beck-Bornholdt, Hans-Peter: *Mit an Sicherheit grenzender Wahrscheinlichkeit. Logisches Denken und Zufall*, Rowohlt Taschenbuch Verlag, 2005.

Gigerenzer, Gerd; Todd, Peter M.; ABC Research Group (eds.): *Simple Heuristics that make us smart*, Oxford University Press, 1999.

Gilovich, Thomas; Griffin, Dale; Kahneman, Daniel (eds.): *Heuristics and biasses. The psychology of intuitive Judgment*, Cambridge University Press, 2002.

Glaeser, Edward L.: *Psychology and the market*, NBER Working Paper No. 10203, December 2003.

Kahneman, Daniel; Slovic, Paul; Tversky, Amos (eds.): *Judgment under uncertainty: Heuristics and biasses*, Cambridge University Press, 1982.

Kahneman, Daniel; Tversky, Amos (eds.): *Choices, Values and Frames*, Russel Sage, 2000.

Jungermann, Helmut; Pfister, Hans-Rüdiger; Fischer, Katrin: *Die Psychologie der Entscheidung. Eine Einführung*, Spektrum Akademischer Verlag, 1998.

Mlodninow, Leonard: *The drunkard's walk. How randomness rules our lives*, Vintage Books 2009.

Shefrin, Hersh: *Beyond greed and fear. Understanding behavioral finance and the psychology of investing*, Oxford University Press, 2007.

Vieles in diesem Buch basiert – neben der hier aufgeführten Fachliteratur – auf meinen Erfahrungen und Gesprächen aus meiner Zeit als Journalist; einiges, aber nicht alles, hat auch seinen Niederschlag in meiner Berichterstattung gefunden; die wichtigsten Artikel hierzu sind ebenfalls im Literaturverzeichnis aufgenommen.

1 Der Ruf der Herde

Argentesi, Elena; Lütkepohl, Helmut; Motta, Massimo: *Acquisition of information and share prices: An empirical investigation of cognitive dissonance*, Economics Working Papers ECO2006/32, European University Institute.

Beck, Hanno: »Der Bulle tanzt blind auf den Klippen der ›Goldilock-Ökonomie‹«, in: *Frankfurter Allgemeine Zeitung* vom 27. 05. 2001.

Beck, Hanno: »Den goldenen Zwanzigern folgten eine Börsenkrise und die Große Depression«, in: *Frankfurter Allgemeine Zeitung* vom 29. 10. 2004.

Beck, Hanno: »Eine Straße gestorbener Hoffnungen«, in: *Frankfurter Allgemeine Zeitung* vom 29. 10. 2004.

Beck, Hanno: »Dem Anleger in den Kopf geschaut«, in: *Frankfurter Allgemeine Zeitung* vom 20. 11. 2008.

Cialdini, Robert B.: *Influence. The power of persuasion*, Quill, William Morrow, 1993.

Döhle, Patricia: »Das Orakel von Newport Beach«, in: *Manager Magazin*, Nr. 3, vom 19. 02. 2010, S. 114.

Galbraith, John Kenneth: *Der große Crash 1929: Ursachen, Verlauf, Folgen*, Finanzbuch Verlag, 2005.

Husmann, Nele: »Erfolgreich jenseits der Wall Street«, in: *Welt am Sonntag*, Nr. 43, vom 24. 10. 2010, S. 45.

Iken, Katja: »Grauen im Garten Eden«, Spiegel Online, http://einestages.spiegel.de/static/topicalbumbackground/3158/grauen_im_garten_eden.html.

Lüscher, Stefan: »Die unheimlichen Gewinne der Fonds-Magier«, in: *Bilanz. Das Schweizer Magazin für Politik und Wirtschaft*, Heft 10/95.

Prast, H. M.: *Herding and financial panics: a role for cognitive psychology?*, De Nederlandsche Bank, Econometric Research and special studies department, Research Memorandum No. 611, March 2000.

Rook, Laurens: »An Economic Psychological Approach to Herd Behavior«, in: *Journal of Economic Issues*, Vol. XL, No. 1, March 2006, pp. 75 – 95.

Thomas, Philipp: »Selbst Gurus sind fehlbar«, in: *Versicherungswirtschaft,* Nr. 7, vom 01. 04. 2009, S. 542.

2 Narren des Zufalls

Althof, Joachim: »Wir haben den Mut, unseren Stil durchzuhalten«, in: *Euro-Finanzen*, Nr. 11, vom 01. 11. 2008, S. 92.

Andreassen, Paul B.: »Judgmental Extrapolation and Market Overreaction: On the Use and Disuse of News«, in: *Journal of Behavioral Decision Making*, Vol. 3, 1990, pp. 153 –174.

Beck, Hanno: »Bayern München schadet der Börse«, in: *Frankfurter Allgemeine Zeitung* vom 03. 02. 2004.

Beck, Hanno: »›Hindenburg-Omen‹ verschreckt die Börsianer«, in: *Frankfurter Allgemeine Zeitung* vom 22. 07. 2006.

Beck, Hanno: »Narrengold, der Scharfschütze und der Traum von der Zukunft«, in: *Frankfurter Allgemeine Zeitung* vom 02. 02. 2010.

Boes, Florian: »Börsenpsychologie: Ruhe bewahren«, in: *Sparkasse*, Nr. 8, August 2006, S. 36.
Ferken, Ralf: »Millers Mirakel«, in: *EURO*, Nr. 10, vom 01.10.2009, S. 80 - 83.
Flierl, Ralf: »Das persönliche Horoskop ist maßgeblich«, in: *Smart Investor* 2/2005, S. 20.
Kanter, Larry: »Warren Buffett«, Salon.com, http://www.salon.com/people/bc/1999/08/31/buffett/.
Kaplan, Michael; Kaplan, Ellen: *Chances are. Adventures in probability*, Penguin Books 2007.
O. V.: »›Hindenburg‹-Unglück: Tödlicher Funke für tausend Theorien«, Spiegel Online, http://www.spiegel.de/wissenschaft/mensch/0,1518,480858,00.html.
O. V.: »Der Dax wird langfristig unter 2000 Punkte fallen«, in: *Frankfurter Allgemeine Zeitung* vom 14. 06. 2006, S. 22.
Szola, Karin: »Charttechnik«, in: *Euro am Sonntag,* Nr. 36, vom 04. 09. 2010, S. 55.

3 Wir Verlierer

Arkes, H. R.; Ayton, P.: »The sunk cost and Concorde effects: Are humans less rational than lower animals?«, in: *Psychological Bulletin*, 125, pp. 591 - 600.
Arkes, H. R.; Blumer, C.: »The Psychology of Sunk Cost«, in: *Organizational Behavior and Human Decision Processes*, 35, pp. 124 -140.
Beck, Hanno: »Vom Depot auf die Couch«, in: *Frankfurter Allgemeine Zeitung* vom 07. 01. 2003.
Clark, Matthew P. A.; Westerberg, Brian D.: »How random is the toss of a coin?«, in: *Journal of the Canadian Medical Association*, Vol. 181(12), December 8, 2009, pp. E36 - E38.
Fellner, Gerlinde; Sutter, Matthias: »Causes, consequences, and cures of myopic loss aversion - an experimental investigation«, in: *Economic Journal*, 119 (April), pp. 900–916.
Jungermann, Helmut: »Das Aktienprämien-Rätsel«, in: *Wisu - das Wirtschaftsstudium*, Heft 5, 2007, S. 1.
Mackenzie, Deborah: »Euro coin accused of unfair flipping«, New Scientist, http://www.newscientist.com/article/dn1748-euro-coin-accused-of-unfair-flipping.html.
Mehra, Rajnish; Prescott, Edward C.: *The equity premium in retrospect*, NBER Working Paper No. 9525, February 2003.
Meuren, Daniel: »Elfmeterschießen schon in der Vorrunde«, FAZ.net, http://www.faz.net/s/RubB7A8FA5FA12D4B20A3A3B3662F3A2127/Doc~EED6D6C662EC54E77BCCBE3E4FF2069E2~ATpl~Ecommon~Scontent.html.
Navarro, Anton D.; Fantino, Edmund: »The sunk cost effect in pigeons and humans«, in: *Journal Of The Experimental Analysis Of Behavior* 2005, Vol. 83, No. 1, January, pp. 1 -13.
O. V.: »behaving badly«, Dresdner Kleinwort Wasserstein, February 2006.
O. V.: »Strukturierte Anlageprodukte: Garantiert undurchsichtig«, in: *Konsument*, Nr. 02/10, vom 01. 02. 2010, S. 38.
Obertreis, Rolf: »Privatanleger sind gelassener als die Profis«, Tagesspiegel, http://www.tagesspiegel.de/wirtschaft/finanzen/privatanleger-sind-gelassener-als-die-profis/1333016.html.

Odean, Terrance: »Are Investors Reluctant to Realize Their Losses?«, in: *Journal of Finance*, 1998, Vol. 53 (5), pp. 1775 -1798.
Shefrin, Hersh; Statman, Meir: »The Disposition to Sell Winners Too Early and Ride Losers Too Long: Theory and Evidence«, *Journal of Finance,* Vol. 40 (3), July 1985, pp. 777 - 790.

4 Alles ist relativ

Christensen, Caryn: »The psychophysics of spending«, in: *Journal of Behavioral Decision Making*, Vol. 2, 1989, pp. 69 - 80.
Hillenbrand, Thomas: »Zehn Jahre Barings-Kollaps. Wie ein Arbeiterjunge die Hausbank der Queen ruinierte«, Spiegel Online, http://www.spiegel.de/wirtschaft/0,1518,343182,00.html.
MacGowan, Gail: »James Lick, Miser and Philanthropist«, San Francisco City Guide, http://www.sfcityguides.org/public_guidelines.html?article=240&submitted=TRUE&srch_text=&submitted2=&topic=San%20Francisco%20Characters.
O. V.: »Geräteversicherungen: Entbehrliches Extra«, in: *Konsument*, Nr. 12/09, vom 01.12.2009, S. 42.
O. V.: »IKEA billionaire a proud miser«, in: Financial Express, http://www.financialexpress.com/old/latest_full_story.php?content_id=121382.
O. V.: »Lieber geizig«, in: *Cash* vom 16.11.2004, S. 6.
O. V.: »Milliardär mit Vorliebe für Busse«, Focus Online, http://www.focus.de/immobilien/wohnen/ikea/ikea-gruender-kamprad_aid_20711.html.
O. V.: »Nick ›The Greek‹ - The Greatest Gambler«, PokerPlayerNewspaper.com, http://www.pokerplayernewspaper.com/node/5432.
O. V.: »TV-Reportage - Deutschland und seine Millionäre«, Welt online, http://www.welt.de/fernsehen/article6490086/TV-Reportage-Deutschland-und-seine-Millionaere.html.
Pellinghausen, Walter: »Sparmeister«, in: *Bilanz*, 12/2002, vom 01.12.2002, S. 216.
Schulz, Bettina: »Als handele man mit Seifenblasen«, FAZ.net, http://www.faz.net/s/RubFDD3C7AC2DA84A62B07572E50A34044D/Doc~EA9273E02CF7E4FB49AF9A5FA3D58195C~ATpl~Ecommon~Sspezial.html.
Steiner, Rüdi: »Die Geiz-Tipps des Ikea-Milliardärs«, Der Blick, http://www.blick.ch/news/wirtschaft/artikel32202.
Tversky, Amos; Kahneman, Daniel: »The Framing of Decisions and the Psychology of Choice«, in: *Science,* New Series, Vol. 211, No. 4481, January 30, 1981, pp. 453 - 458.

5 Eine Frage der Perspektive

Driesen, Oliver: »Tendenz: negativ«, in: *Wirtschaftsjournalist*, Nr. 04/08, vom 01.09.2008, S. 24.
Joyce, Edward J.; Biddle, Gary C.: »Anchoring and adjustment in probabilistic inference in auditing«, in: *Journal of Accounting Research*, Vol. 19 (1981), pp. 120 - 145.

Northcraft, G. B.; Neale, M. A.: »Experts, Amateurs, and Real Estate: An Anchoring-and-Adjustment Perspective on Property Pricing Decisions«, in: *Organizational Behavior and Human Decision Processes*, Vol. 39, 1987, pp. 84 - 97.

O. V.: »›Smartsourcing‹ kostet weitere 3300 Stellen«, Spiegel Online, http://www.spiegel.de/wirtschaft/0,1518,339918,00.html.

Orr, Dan; Guthrie, Chris: *Anchoring, Information, Expertise, and Negotiation: New Insights from Meta-Analysis*, Vanderbilt University Law School Law and Economics, Working Paper Number 06-12.

Rath, Kai Peter; Reimer, Hauke: »Das war eine dumme Sache«, in: *Wirtschaftswoche*, Nr. 48, vom 23.11.2000, S. 294.

Schwartz, Janet et al.: *Boosting program take-up: An experiment with flexible spending accounts*, Paper presented at »Behavioral Decision Research in Management Conference«, Santa Monica, June 15 - 17, 2006.

Winterbauer, Stefan: »Hansdampf in eigener Sache«, in: *Wirtschaftsjournalist*, Nr. 05/06, vom 19.10.2006, S. 40.

6 Einmachgläser im Kopf

Gene Hackman und Dustin Hoffmans Einmachgläser gab es unter http://www.youtube.com/watch?v=qNlroV6Pas4; leider wurde dieses Video wieder entfernt.

Beck, Hanno: »Teure Geschenke«, in: *Frankfurter Allgemeine Sonntagszeitung* vom 23.08.2008, http://www.fazfinance.net/Aktuell/Wirtschaft-und-Konjunktur/Teure-Geschenke-verleiten-zum-Kaufrausch-Teure-Geschenke-3764.html.

Milkman, Katherine et al.: *Mental accounting and small windfalls: Evidence from an online Grocer*, Harvard Business School Working Paper No. 08-024.

O. V.: »Internationale Überschuldung«, in: *Creditreform*, Nr. 12, vom 01.12.2008, S. 51.

Schäfer, Tim: »Schimpfen, schreien, schießen«, in: *Euro am Sonntag*, Nr. 25, vom 22.06.2008, S. 24 - 25.

Vedantam, Shankar: »Mental Accounting: Why It's Easy to Blow the Tax Refund and Hard to Catch a Cab in the Rain«, The Washington Post Online, http://www.washingtonpost.com/wp-dyn/content/article/2007/05/19/AR2007051900316.html.

7 Ich will so bleiben, wie ich bin

Gilovich, Thomas; Medvec, Victoria Husted: »The Experience of Regret: What, When, and Why«, in: *Psychological Review*, Vol. 102, No. 2, 1995, pp. 379 - 395.

Kahneman, Daniel; Knetsch, Jack L.; Thaler, Richard: »Experimental tests of the endowment effect and the coase theorem«, in: *Journal of Political Economy*, Vol. 98, 1990, pp. 1325 -1348.

Knetsch, Jack L.: »The endowment effect and Evidence of nonreversible indifference curves«, in: *American Economic Review*, Vol. 79, No. 5, 1989, pp. 1277 -1284.

Ritov, I.; Baron, J.: Reluctance to vaccinate: Omission bias and ambiguity, in: *Journal of Behavioral Decision Making*, Vol. 3, 1990, pp. 263 - 278.

Spranca, M.; Minsk, E.; Baron, J.: »Omission and commission in judgment and choice«, in: *Journal of Experimental Social Psychology*, Vol. 27, 1991, pp. 27, 76 – 105.

8 Wir Überflieger

Barber, Brad M.; Odean, Terrance: »Boys Will be Boys: Gender, Overconfidence, and Common Stock Investment«, in: *The Quarterly Journal of Economics*, 2001, pp. 261 – 292.

Barber, Brad M.; Odean, Terrance: *Online investors: Do the slow die first?*, University of California Working Paper, Vol. 116 (1), 1999.

Barber, Brad M.; Odean, Terrance: »Trading Is Hazardous to Your Wealth: The Common Stock Investment Performance of Individual Investors«, in: *The Journal of Finance*, Vol. LV, No. 2, April 2000, pp. 773 – 806.

Beck, Hanno: »Sind Frauen die besseren Anleger?«, in: *Cortal Consors Magazin*, Juni 2010, S. 20 – 21.

Böhmer, Reinhold: »Tradingcenter: Wie ein Jäger auf der Lauer«, in: *Wirtschaftswoche*, Nr. 33, vom 12.08.1999, S. 114.

Fischhoff, Baruch: »Hindsight ≠ foresight: The effect of outcome knowledge on judgment under uncertainty«, in: *Journal of Experimental Psychology*, Vol. 1, 1975, pp. 288 – 299.

Heins, Cornelia: »Der Pleitegeier lässt täglich grüßen«, in: *Cash* vom 08.10.1999, S. i6.

Holst, Elke; Wiemer, Anita: »Frauen in Spitzengremien großer Unternehmen weiterhin massiv unterrepräsentiert«, in: *Wochenbericht des DIW Berlin*, Nr. 4/2010, S. 2 -10.

Koch, Markus; Eusterbrock, Dirk: *Backstage Wall Street*, Finanzbuch Verlag, 2008.

Langer, E.: »The illusion of control«, in: *Journal of Personality and Social Psychology*, Vol. 32, 1975, pp. 311 – 328.

Langer, E.; Roth, J.: »Heads I Win, Tails It's Chance: The Illusion of Control as a Function of the Sequence of Outcomes in a Purely Chance Task«, in: *Journal of Personality and Social Psychology*, Vol. 32, 1975, pp. 951 – 955.

Mark, M. M. et al.: »I Couldn't Have Seen It Coming: The Impact of Negative Self-Relevant Outcomes on Retrospections About Foreseeability«, in: *Memory*, Vol. 11, Issue 4 & 5, 2003, pp. 443 – 454.

Metcalfe, Janet: »Cognitive Optimism: Self-Deception or memory-based processing heuristics?«, in: *Personality and Social Psychology Review*, Vol. 2, No. 2, 1998, pp. 100

Meyers, David G.: *Exploring Social Psychology*, McGraw-Hill, 1994.

Olsen, Robert A.; Cox, Constance M.: »The Influence of Gender on the Perception and Response to Investment Risk: The Case of Professional Investors«, in: *The Journal of Psychology and Financial Markets*, Vol. 2, No. 1, 2001, pp. 29 – 36.

Russo, J. E.; Schoemaker, P. J. H.: »Managing Overconfidence«, in: *Sloan Management Review*, Vol. 33, 1992, pp. 7 – 17.

Schubert, Christian: »Jérôme Kerviel: Sein Leben bleibt ein Ruinenfeld«, FAZ.net, http://www.faz.net/artikel/C30770/jerome-kerviel-sein-leben-bleibt-ein-ruinenfeld-30311182.html.

Schulz, Bettina: »UBS-Skandal: Die Gefahren des 'Delta One'-Handels«, FAZ.net, http://www.faz.net/artikel/C31501/ubs-skandal-die-gefahren-des-delta-one-handels-30687876.html.

Törngren, Gustaf; Montgomery, Henry: »Worse Than Chance? Performance and Confidence Among Professionals and Laypeople in the Stock Market«, in: *Journal of Behavioral Finance*, Vol. 5, No. 3, 2004, pp. 148 - 153.

Weinstein, N. D.: »Unrealistic optimism about future life events«, in: *Journal of Personality and Social Psychology*, Vol. 39, 1980, pp. 806 - 820.

9 Lügen und gottverdammte Lügen

Benartzi, S.: »Excessive extrapolation and the allocation of 401(k) accounts to company stock«, in: *Journal of Finance*, Vol. 56, 2007, pp. 1747 - 1764.

Beck, Hanno: »Höhere Risikoprämien«, in: *Frankfurter Allgemeine Zeitung* vom 09. 05. 2003.

Beck, Hanno: »Schrotflinten und Meinungssitzfleisch«, in: *Frankfurter Allgemeine Zeitung* vom 24. 06. 2006.

Beck, Hanno: »Auf der Suche nach dem grünen Bären«, in: *Frankfurter Allgemeine Zeitung* vom 11. 01. 2010.

Carhart, M. M.: »On persistence in mutual fund performance«, in: *Journal of Finance*, Vol. 52, 1997, pp. 57 - 82.

De Bondt, Werner; Thaler, Richard: »A mean reverting walk down Wall Street«, in: *Journal of Economic Perspectives*, Vol. 3, No. 1, 1989, pp. 189-202.

Elton, Edwin J.; Gruber, Martin J.; Blake, Christopher R.: »Survivorship bias and mutual funds performance«, in: *The Review of Financial studies*, Vol. 9, No. 4, 1996, pp. 1097 - 1120.

Europäisches Parlament: »Richtlinie 2004/39/EG des Europäischen Parlaments und des Rates vom 21. April 2004 über Märkte für Finanzinstrumente, zur Änderung der Richtlinien 85/611/EWG und 93/6/EWG des Rates und der Richtlinie 2000/12/EG des Europäischen Parlaments und des Rates und zur Aufhebung der Richtlinie 93/22/EWG des Rates«, in: *Amtsblatt der Europäischen Union* vom 30. 04. 2004.

Gesellschaft zur wissenschaftlichen Untersuchung von Parawissenschaften e.V.: »Obama lebt und Nessie ließ sich nicht fangen«, http://www.gwup.org/infos/nachrichten/943-obama-lebt-und-nessie-liess-sich-nicht-fangen.

Matthews, Robert: »Storks Deliver Babies (p= 0.008)«, in: *Teaching Statistics*, Vol. 22, Issue 2, June 2000, pp. 36 - 38.

O. V.: »Deutsche Post: Gottschalk in Gelb«, Spiegel Online, http://www.spiegel.de/wirtschaft/0,1518,86171,00.html.

O. V.: »Die Prognosenauswertung der GWUP zum Jahr 2010«, http://www.gwup.org/images/stories/pdf/themen/PrognosenFAQ2010.pdf.

O. V.: »Gold: Negative Korrelation mit Euro-Dollar«, FAZ.net, http://www.faz.net/s/Rub58BA8E456DE64F1890E34F4803239F4D/Doc~E532308BAC87147D39EBADA6FD16258A6~ATpl~Ecommon~Scontent.html.

O. V.: »Von Riesenkaninchen und Transvestiten-Missen: Die grössten Flops der Hellseher«, Tagesanzeiger, http://www.tagesanzeiger.ch/panorama/vermischtes/Von-Riesenkaninchen-und-TransvestitenMissen-Die-groessten-Flops-der-Hellseher/story/13605102.

10 Der Ruf der Sirenen

Beck, Hanno: »Schwierig: Für das Alter richtig sparen«, FAZ.net, http://www.faz.net/aktuell/finanzen/fonds-mehr/fondsmarkt-schwierig-fuer-das-alter-richtig-sparen-1157822.html.

Beck, Hanno: »Finanzmarkt-Risiken sind größer, als wir annehmen« Interview mit Benoît Mandelbrot, FAZ.net, http://www.faz.net/aktuell/finanzen/fonds-mehr/interview-finanzmarkt-risiken-sind-groesser-als-wir-annehmen-1234053.html.

Bellos, Alex: »Jorge Guinle. A Brazilian playboy of the 1940s and 50s, he died in penury«, The Guardian, http://www.guardian.co.uk/news/2004/mar/11/guardianobituaries.brazil.

Bertrand, Marianne; Mullainathan, Sendhil; Shafir, Elgar: »A Behavioral-Economics View of Poverty«, *American Economic Association, Papers and Proceedings,* Vol. 94, No. 2, 2004, pp. 419 - 423.

DeMiguel, Victor; Garlappi, Lorenzo; Uppal, Raman: 1/n. Paper presented T the EFA 2006 Zurich Meetings, 22.06.2006, mimeo.

Döring, Claus: »Die Versorgungslücke ist sicher«, in: *Rendite* vom 03.09.2009, S. 50.

Frederick, Shane; Loewenstein, George; O'Donoghue, Ted: »Time Discounting and time preference: a critical review«, in: *Journal of Economic Literature*, XL, 2002, pp. 351 - 401.

Jahn, Thomas: »Der Schaumschläger«, Capital, http://www.capital.de/finanzen/geldanlage/100005178.html.

Laibson, David: »Golden Eggs and Hyperbolic Discounting«, in: *The Quarterly Journal of Economics*, Vol. 112 (2), 1997, pp. 443 - 477.

Loewenstein, George; Thaler, Richard: »Anomalies: Intertemporal choice«, in: *Journal of Economic Perspectives*, Vol. 3(4), 1989, pp. 181 - 193.

Maier, Martin; Kremer, Reinhard: »Das sagten die Gurus«, in: *Gewinn*, Nr. 11, vom 01.11.2004, S. 20.

Mandelbrot, Benoît; Hudson, Richard L.: *The (mis)behavior of markets. A fractal view of risk, ruin and reward*, Basic Books, 2004.

McDonald, Ian: »American Heritage Fund's Trading Practices Might Attract Regulator Scrutiny«, The Street.com, http://www.thestreet.com/funds/funds/868423.html.

O.V.: »Heiko Thieme: Einer der größten Geldvernichter der Fondsindustrie«, Manager Magazin, http://www.manager-magazin.de/finanzen/rente/0,2828,190337,00.html.

O.V.: »Portfoliooptimierung: Naivität schlägt Optimierung?«, Institutional Money.com, http://www.institutional-money.com/cms/magazin/uebersicht/artikel/portfoliooptimierung-naivitaet-schlaegt-optimierung/?tx_ttnews%5BbackPid%5D=15&cHash=819029cdcc.

O.V.: »Was hat Market-Timing mit ihrer Renditeerwartung zu tun?«, Fidelity, https://www.fidelity.de/anleger/maerkte/maerkte-strategien/default.page?smid=g5gf7h4j

Rohter, Larry: »Jorge Guinle, 88, a Playboy Who Outlived His Millions, Dies«, The New York Times Online, http://www.nytimes.com/2004/03/06/international/americas/06GUIN.html.

Ryser, Hansjörg: »Überflieger im Jammertal«, in: *Bilanz*, Nr. 17, vom 10.10.2007, S. 126.
Zydra, Markus: »Vorsorgeatlas: Wo die armen Rentner leben«, Süddeutsche Zeitung Online, http://www.sueddeutsche.de/wirtschaft/vorsorgeatlas-wo-die-armen-rentner-leben-1.157658.

11 Müssen wir Opfer sein?

Driesch, Franz von den: »Grauer Kapitalmarkt: Weniger ist mehr«, *VDI Nachrichten*, Nr. 29, vom 17. 07. 2009, S. 10.
Hornung, Peter; Webermann, Jürgen: »Die Psycho-Sparkasse«, NDR Online, http://www.ndr.de/regional/hamburg/kontodaten107.html.
Reißman, Ole: »Psycho-Profile alarmieren Verbraucherschützer«, Spiegel Online, http://www.spiegel.de/wirtschaft/unternehmen/0,1518,727293,00.html.
Schüller, Thorsten: »Sie müssen ein Schwein sein«, in: *Euro am Sonntag*, Nr. 1, vom 06. 01. 2008, S. 66 - 67.

Register

L

M

N

O

P

Q

R

S

T

U

V

W

Z

ROLF DOBELLI

Die Kunst des klugen Handelns

52 Irrwege, die Sie besser anderen überlassen

ca. 244 Seiten; ISBN 978-3-446-43205-5, auch als E-Book erhältlich

Die Kunst des klaren Denkens hat sich bisher weit über 250.000-mal verkauft und beherrscht seit Monaten die Bestsellerlisten. Unzählige Leser begeistern sich für Rolf Dobellis gescheite Texte über unsere häufigsten Denkfehler.

Doch wer Dobellis Ratschläge zum klaren Denken beherzigt, ist noch lange nicht aus dem Schneider, denn auf dem Weg vom Denken zum Handeln lauern weitere Fallstricke. Glücklicherweise kann man die umgehen – wenn man weiß, wie. Genau das verrät *Die Kunst des klugen Handelns*: In 52 Kapiteln zeigt Dobelli,

- warum es sich lohnt, Türen zu schließen und auf Optionen zu verzichten,
- warum Informationsüberfluss zu unklugem Handeln anstiftet,
- warum Geld stets in emotionale Kleider gehüllt ist und wir es darum oft unbedacht ausgeben.

Rolf Dobelli gibt Ihnen das nötige Rüstzeug: Schlagen Sie nicht jeden Irrweg ein, nur weil andere ihn gehen!

HANS-WERNER SINN

Die Target-Falle

Gefahren für unser Geld und unsere Kinder

ca. 300 Seiten; ISBN 978-3-446-43353-3, auch als E-Book erhältlich

Im Januar 2002 wurde der Euro mit großen Hoffnungen eingeführt – heute, nur zehn Jahre später, stehen wir vor einem Scherbenhaufen: Was als großes europäisches Friedensprojekt begann, hat zu Streit und Unfrieden geführt, der nur durch den tiefen Griff in das Sparkonto der Deutschen im Zaum gehalten wird. Die Länder des Südens haben über ihre Verhältnisse gelebt und hohe Außenschulden aufgebaut. Griechenland, Irland und Portugal sind eigentlich schon lange pleite. Doch die Notenbanken dieser Länder bedienen sich einfach der Notenpresse, um die Finanzprobleme der Wirtschaft zu lösen und den Lebensunterhalt der Bevölkerung weiter zu bestreiten. Ungehemmt ziehen sie mit Billigung der EZB unsere Ersparnisse aus dem Kassenautomaten, den sie mit dem Beitritt des Euro bei sich aufstellen durften. Um sie davon abzuhalten, bleibt uns nichts anderes übrig, als ihnen nun auch noch Geld über die offiziellen Rettungsschirme zuzuleiten. Deutschland sitzt in der Falle.